고음내(古音川), 해(太陽)를 품다

임진왜란 시 고음내는 忠孝의 발원지

고음내(古音川),
해(太陽)를 품다

초판 1쇄 인쇄 | 2024년 09월 09일
지은이 | 남영식
펴낸이 | 이재욱(필명:이승훈)
펴낸곳 | 해드림출판사
주 소 | 서울 영등포구 경인로82길 3-4(문래동1가 39)
센터플러스빌딩 1004호(07371)
전 화 | 02-2612-5552
팩 스 | 02-2688-5568
E-mail | jlee5059@hanmail.net

등록번호   제2013-000076
등록일자   2008년 9월 29일

ISBN   979-11-5634-592-3

고음내(古音川), 해(太陽)를 품다

임진왜란 시 고음내는
忠孝의 발원지

남영시 지음

여수여해재단
추천도서

_임진왜란 시 고음내는 忠孝의 발원지

이순신 장군과 어머니 변씨 부인

이충무공 영정(影幀)

이충무공 어머니 사시던 곳

이순신은 「난중일기」 곳곳에 어머니를 그리는 마음을 적는다

▶ 아침에 어머님을 뵙기 위해 배에 올라 순풍을 타고 곧바로 고음내(웅천)에 도착했다. 남의길, 윤사행, 조카 분과 함께 갔었다. 어머님께 나아가 뵈니 아직 주무시고 계시어 일어나지 않으셨다. 소란스런 소리에 놀라 깨어 일어나셨는데, 기운이 많이 떨어져 사실 날이 얼마 남지않은 듯하니 그저 소리 없이 눈물만 흘릴 뿐이다. 그래도 말씀하시는데는 틀린 것이 없었다. 왜적을 치는 일이 급하여 오래 머물지 못하였다. (1594. 1. 11.)

▶ 새벽 2시께 어머님 앞에 들어가 뵈었다. 늦게 남양 아저씨와 신사과(정6품외 군자직)가 와서 이야기 했다. 저녁에 어머님께 하직하고 본영으로 돌아왔다. 마음이 몹시 심란하여 잠을 이루지 못했다. (1596. 1. 1.)

▶ 어머님을 곁에 모시고 아침 식사를 드시게 하니 대단히 즐거워 하시는 빛이었다. 늦게 하직 인사를 드리고 본영으로 왔다. (1596. 윤8. 13.)

진 남 관

추천사 1

이순신을 흠모하는 남영식 선생의 발품이 들어간 『고음내(古音川) 해(太陽)을 품다』 발간을 축하합니다

지난 2015년 여수에서 당시 국회의원이신 김성곤 의원 중심으로 여수 이순신 아카데미가 첫발을 내디디고 최초 수군통제영 본영인 여수에서 이순신 정신을 전파하고자 하는 열정이 모이는 단계였습니다. 당시 맨 먼저 등록해 김종대 전 헌법재판관의 저서를 교재로 저자 강의를 들으며 여수 이순신 아카데미 1기를 수료한 분이 바로 저자 남영식 선생입니다.

그 이후 2016년과 2017년 이순신 아카데미 2기, 3기가 매년 수료했고 1기 남영식 선생을 비롯한 이순신 아카데미 출신의 뜻있는 분들이 모여서 2018년 사단법인 여수여해재단을 설립하게 되었습니다. 저자인 남영식 선생이 1기로 졸업한 이순신 아카데미는 바로 저희 사단법인 여수여해재단의 모태가 되어 오늘에 이르고 있습니다. 저자는 저희 여수여해재단의 창립 멤버이기도 합니다.

충무공 이순신을 추앙하는 남영식 선생을 비롯한 여러분들이 이순신 업적을 배워서 알고 또한, 이를 따르며 충무공의 정신을 잇고자 하는 운동이 사단법인 여수여해재단을 중심으로 일고 있습니다.

사단법인 여수여해재단은 창립과 동시에 이순신학교를 설립하여 2021년 7월 현재 제9기까지 배출해 우리 사회에서 꼭 필요한 '작은 이순신'을 양성해 오고 있습니다.

또한, 사단법인 여수여해재단은 사랑과 정성, 정의와 자력에 뿌리를 둔 이순신 정신을 선양하고 교육함으로써 이 사회의 근본을 바로 세워 밝고 건강한 사회를 이룩해 이를 후손에 물려줄 것을 목적으로 하는 비영리 법인으로 그 소명을 다하고자 노력하고 있습니다.

단채 신채호 선생님은 '역사를 잊은 민족에게 미래는 없다.'라고 하였습니다. 대한민국 역사에서, 호남 역사에서, 여수 역사에서 이순신이 차지하는 비중은 막중합니다. 이순신의 업적을 제대로 이해하고 충무공의 정신을 올바로 실천하는 것이야말로 우리 역사를 바로 아는 것이라고 봅니다.

저자 남영식 선생은 이순신을 배우고 공부하고자 하는 열정이 그 누구보다 뜨거운 사람입니다. 역사를 잊지 않으려고 노력한 분입니다. 도서관에서 관련 서적을 탐독하는가 하면 역사 현장을 발로 뛰어다니며 확인하고, 메모하고, 그러한 사실을 누구에게건 만나는 사람들에게는 꼭 전파하려고 애쓰는 분입니다.

이순신에 대해서 배워 알고 있는 내용을 몇 사람에게 설명하고 전파하는데 그치지 않고 이제 글로 잘 엮어서 선보이게 되어 찬사와 박수를 보냅니다.

이순신을 전공한 전문 연구자가 아닌 아마추어 연구가로서 내용 일부가 거친 부분도 있으리라고 봅니다. 하지만 경찰공무원 정년 후 칠순이 넘은 나이에도 꾸준히 답사를 다니고 자료를 정리해 오고, 또한 팔순을 넘긴 나이에 메모를 모아서 다시 재구성하여 책으로 펴낸 그 열정만큼은 박수를 받아 마땅하다고 봅니다.

　저희 사단법인 여수여해재단 남영식 회원의 고음내(古音川) 해(太陽)을 품다』 발간을 진심으로 축하합니다.

2024년 7월 10일(음력 6월 2일)
이순신 함대가 임진년(1592년) 당포승첩을 이룬 날 아침에
사단법인 여수여해재단 이사장 강용명

추천사 2

예사롭지 않은 충무공을 생각하는 마음
임용식 전 여수문화원장

　남영식 선생이 이순신 장군의 유적지를 탐방한 수상집을 선보이게 되었다. 이는 일관되게 충무공에 관하여 나름의 연구를 하고 현장답사와 관찰한 느낌을 담아서 펴낸 책이라 우선 반갑다.
　그는 일찍부터 진남제전 집행부에 참여하여 홍보 임무를 맡아서 임란 유적지 탐방지를 소개하는데, 앞장서 왔다. 그뿐만 아니라 평소에는 관련 책자를 많이 찾아 읽고 틈만 나면 원근 간에 장군의 발자취가 스민 곳이라면 반드시 찾아가 탐방해 왔다.
　오관 오포는 물론이고 전투가 벌어진 전적지라면 빠지지 않고 다녀왔다. 옥포, 사천, 달랑도, 율포, 한산도를 비롯하여 부산포와 군영 구미, 그리고 울돌목과 완도, 진도, 아산까지 그의 발길이 닿지 않는 곳이 거의 없다.
　나와도 함께해 다녀온 곳도 여러 곳으로 보성의 조양창, 고흥 내발, 심지어는 서울 이순신 장군 동상 세척행사에도 박원순 전 서울시장의 초청을 받고 참석했다.
　남영식 선생의 충무공을 생각하는 마음은 예사 사람은 따라가지 못한다. 장군의 어록을 줄줄 외우는 것은 물론, 여수에다 장군 관련 기념물을 남기기 위해 앞장서 뛰어다니기도 했다. 여수

초입에 세워진 '여수문'이 그것인데, 애초에는 충무공을 상징하는 개선문이나 좌수영문을 염두에 두었지만, 본래의 취지에서 벗어나 지금은 다소 애매하게 이름이 바뀌어 아쉬움을 준다.

선생이 이순신 장군에 빠져 지내는 것은 그의 가계와도 관계가 있지 않나 생각한다. 문중에서 오 충신을 모시고 있는데 임진왜란 시에 활동한 분들이 여러분이 있는 것이다.

그는 여수를 들르는 외지인을 만나면 반드시 붙들고서 장군의 행적과 업적을 알리는데 앞장서고 있다. 장군과 관련하여 하나라도 얻어 가도록 하려고 힘쓴다.

그런 그가 그동안 발로 뛰어 모아온 장군 관련 기행문을 내놓는다. 크게 손뼉 쳐 격려해 마지않는다. 이 책은 여수를 알리고 장군의 위대한 발자취를 느끼게 하는 좋은 자료가 될 것을 확신한다. 차제에 다시 한 번 역작을 내느라 수고가 많았다는 말을 전하고자 한다.

추천사 3

충무공 해를 품다
수필가 임병식

　여수는 충무공 이순신 장군을 빼놓고서 이야기할 수 없는 고을이다. 전라좌수영이 위치한 곳이기도 하지만 여기에서 오로지 병란을 이겨낼 계책을 수립하고 모든 것을 대비했다. 앞서 조선통신사로 파견한 황윤길과 김성일은 조정에 돌아와 서로 다른 보고를 했지만, 일본의 동태는 심상치 않았다. 임진왜란이 일어나기 5년 전 이미 왜구가 여수 손죽도까지 침입하여 이대원 장군이 나아가 싸웠으나 전사하기에 이르렀다.
　조정에서는 적의 동태를 두고 왈가왈부가 많았다. 대비를 위해 이순신 장군을 전라좌수사에 낙점했으나 반대가 극심했다. 당시 장군은 하급직인 정읍현감으로 있었는데 전라좌수사 직급은 정 3품직으로 7계급이나 건너뛴 자리였다. 그렇지만 선조 임금은 반대 상소를 억누르고 서류상 진도 군수를 거쳐 가리포 첨사에 보직했다가 기어이 전라좌수사에 앉혔다.
　그때가 1591년 음력 2월 13일. 장군은 기대에 부응하여 부임하자마자 5관 5포를 점검하고 병장기 제작에 나섰다. 판옥선을 건조하는 한편, 지자포와 천자포를 제작하고 화살도 충분히 확보했다.

무엇보다도 돌격함인 거북선 건조를 창안하여 그 제작을 나대용 장군에게 맡겼다. 이것은 나중에 신의 한 수가 되었다.

왜적은 원래 전법이 접근전을 벌인 다음 배에 기어올라 칼을 휘두르는 것을 주로 하는데 거북선은 배 위에 철갑이 씌우고 쇠못을 박아 접근하지 못하게 만들었던 것이다.

장군은 병력 충원과 훈련에 집중했다. 장군 스스로 활쏘기를 게을리하지 않으며 틈틈이 훈련 상황을 점검했다. 마침내 임진왜란이 일어났다. 장군이 전라좌수사로 부임한 지 1년 2개월 후인 1592년 음력 4월 13일이었다. 선발대로 소서행장(小西行長)이 부산포로 6만 대군을 이끌고 쳐들어왔다. 이날은 비장의 함선인 거북선이 건조되어 화포실험을 마친 바로 다음 날이었다.

그만큼 장군은 일 년여에 걸쳐 철두철미하게 전쟁에 대비했다. 장군은 옥포 해전을 치른 후 5월 29일, 마침내 사천전투에 거북선(돌격장 이언량)을 출동시켰다. 이날 전투는 격렬하여 적을 크게 물리쳤으나 장군도 어깨에 적탄에 맞았다.

장군을 이야기하면서 모친에 대한 효심을 언급하지 않을 수 없다. 장군은 모친(변씨 부인)을 여수 웅천의 정대수 가에 모셔 놓고 늘 안부를 살폈다. 워낙에 고령인 점도 있었지만, 효심이 남달랐다.

장군은 전투에서 연전연승했으나 모함을 받았다. 이유는 공적을 부풀렸다는 것과 간자 요시라의 말이 가토 기요마사가 부산에 오게 되므로 이때를 노려서 치면 좋을 것이라고 했던 것이다. 그렇지만 장군은 섣불리 움직일 수가 없었는데 선조는 어명을 어겼다며 파직을 시킴과 동시에 장군을 한양으로 압송했다.

1597년 2월 26일. 이때는 전쟁이 소강상태에서 휴전이 한참 논의되던 때였다. 장군은 고신을 받아 죽음 직전에 놓이게 되었다. 이때 나선 이가 정경달(丁景達) 선산군수였다. 그는 장군의 보급 참모로서 적극적으로 도와 전투를 안정적으로 치르게 한 사람이다. 그는 빈틈없이 장군을 보필했다. 문관의 신분이었지만 둔전을 일구고 적기에 씨앗을 파종해 넉넉하게 군량미를 확보했다. 행정 처리에서도 솜씨를 발휘하여 장군을 안도케 했다. 그런 그가 목숨을 걸고 위기에 처한 장군을 구명하기 위해 임금 앞에 나아가 아뢰었다. 그의 말은 논리 정연했다. 그의 말을 선조가 경청했다.

"이순신의 애국심과 적을 방어하는 재주는 일찍이 그 예를 찾아볼 수 없습니다. 전장에 나가 싸움을 미루는 것은 병가의 승책(勝策)인데 어찌 적세를 살피고 싸움을 주저한다고 하여 죄를 돌릴 수 있습니까. 왕께서 이 사람을 죽이면 나라가 망하겠으니 어찌하겠습니까." 하고 직언을 했다. 그러면서, "이순신을 죽이면 종묘사직이 망합니다." 단호하게 말했다. 그러자 선조는 다소 노여움을 누그러뜨렸다. 그때 정탁 대감이 정황을 파악하기 위해 정경달에게 물었다. 그가 대답했다. "누가 옳고 그른가는 말로써 해명할 게 아니라, 다만 보니 이순신이 붙잡혀가자 모든 군사와 백성들이 울부짖지 않은 이가 없었으며, '이 공이 죄를 입었으니 이제 우리는 어떻게 살꼬' 할 뿐이었소. 이것을 보면 그 시비를 알 수 있을 것이오." 했다. 그 말을 들은 정탁 대감은 사정을 파악한 후 마음을 바꿔 먹었다. 목욕재계하고 나서 죽음을 각오하고 신구차(伸救箚)를 써 올렸다. 그로 인해 장군은 살아났고 그것은 실로 정경달과 정탁 대감이 목숨 걸고 구명한 결과였다.

　내가 이만큼이나마 장군에 대해서 아는 것은 지역에 살면서 누가 물으면 이야기해 줄 정도는 되어야 한다는 평소의 신념도 작용한 것이지만, 친구인 남영식 선생의 영향도 적지 않다. 지역에서 30여 년간 함께 지내면서 오직 이순신 장군에 빠져 사는 그에게 이야기를 듣거나 자료를 넘겨받아 읽은 덕이 큰 것이다.

　그런 남영식 선생이 책을 내겠다고 찾아와서 추천사를 부탁했다. 그 말을 듣고 전에 연암 선생이 아정 이덕무 선생의 자제가 부친의 책 서문을 부탁하자 "나 말고 그를 더 아는 사람이 없는데 내가 쓰지 않고 누가 쓰겠는가."라는 말이 생각나서 흔쾌히 승낙했다. 사실이 그러하기도 한 것이다.

　내가 알기로 남영식 선생은 이순신 장군의 유적지라면 반드시 찾아가 답사를 하고, 새로운 내용이 보이면 문의하고 확인하는 일을 멈추지 않아 왔다. 그것을 잘 알기에 이번에 펴내는 기행문은 새로운 시각에서 포착한 내용이 많아 읽을거리가 풍성하지 않을까 한다.

　그런 만큼 학자가 아닌 사람이 쓴 글이라는 선입견을 버리고 애정 어린 마음으로 일독하기를 권한다.

차례

추천사

  강용명   8
  임용식   11
  임병식   13

  prologue   21
  별책부록   385

上

  1. 고음내(古音川)   30
  2. 입향조 월천(月川) 정계생(丁戒生) 선생   34
  3. 전라좌수영(全羅左水營)의 설치   45
  4. 전라좌수사 이순신(李舜臣) 부임   51
  5. 국보(國寶, 난중일기, 임진장초, 서간첩)   58
  6. 천기(天氣)의 예측(豫測) 날씨   65
  7. 이순신(李舜臣)의 참스승   72
  8. 신(臣)은 준비를 마치었나이다   75
  9. 거북선(龜船) 진수(進水)   83
  10. 철쇄설(鐵)의 진실(眞實)   86
  11. 대첩을 예고하는 징후들   89
  12. 옥포대첩(玉浦大捷)   91
  13. 전라좌수영의 승리(勝利)   102

14. 일본(日本) 풍신수길(豊臣秀吉) 웃음소리　　　　　　104

15. 명나라 황제(皇帝)의 칙령(勅令, 명령)　　　　　　106

16. 한산대첩(閑山大捷)　　　　　　　　　　　　　　109

17. 한산도(閑山島)로 진(陣)을 옮기다　　　　　　　113

18. 고음내(古音川) 함께한 식솔들　　　　　　　　　119

19. 약무호남 시무국가(若無湖南 是無國家) 글월　　122

20. 삼도수군통제사(三道水軍統制使) 임명(任命)　　128

21. 영의정 유성룡(柳成龍) 곤장을 맞을 뻔하다　　　131

22. 선조 임금 환궁　　　　　　　　　　　　　　　　136

23. 일본(日本)을 도운 반역자(叛逆者)들　　　　　　143

24. 금토패문(禁討牌文, 공문서)　　　　　　　　　　145

25. 수사(水使)끼리 갈등(葛藤)　　　　　　　　　　　148

26. 왕릉(王陵)을 파헤친 왜적(倭賊)들　　　　　　　154

27. 종(奴婢) 춘세(春世)가 불을 내다　　　　　　　　157

28. 통제사 이순신(李舜臣) 사경(死境)을 헤매다　　　160

29. 진중(陣中)에서 과거(過擧) 시험을 청하는 장계(狀啓) 165

30. 광양현감 어영담(魚泳潭) 병사(病死)　　　　　　168

한산도가(閑山島歌)　　　　　　　　　　　　　　　　172

32. 점(占)을 치는 통제사 이순신(李舜臣)　　　　　　176

下

1. 선조 임금의 양위(讓位)　　　　　　　　　　　　186

2. 관왕묘(關王廟) 건립   189

3. 어머니(天只)를 뵙기 위한 휴가 신청서   192

4. 사람이 가장 살기 좋은 터(吉地)   198

5. 이순신(李舜臣) 비서실장 정경달(丁景達)   201

6. 정탁의 신구차(伸救箚)   210

7. 임진왜란 세계용병의 집합장소(集合場所)   214

8. 조선(朝鮮)의 '어머니' 신사임당(申師任堂)   220

9. 영웅(英雄)들의 사생활   229

10. 조선(朝鮮)의 길지(吉地) 고음내(古音川)   238

11. 어머니(天只) 변씨 부인   260

12. 이순신(李舜臣)의 파직(罷職)과 수감(收監)   268

13. 어머니(天只) 귀향(歸鄕)   274

14. 상중 삼도통제사 임명 교서(三道統制使 任命 敎書)   302

15. 노비(奴婢)   306

16. 전라좌수영의 의승수군(義僧水軍)   310

17. 정유재란과 칠천량(漆川梁) 패전(敗戰)의 전말(顚末)   321

18. 서산대사(西山大師)에 벼슬을 하사(下賜)   329

19. 전하! 신에게는 12척의 전선(戰船)이 있습니다   338

20. 명량대첩(鳴梁大捷)   341

21. 임진왜란(壬辰倭亂)의 참상   345

22. 임진왜란의 결산서(決算書)   355

23. 여수의 타루비(墮淚碑)   360

24. 노량해전의 전말(顚末)   362

prologue

1.

 지금으로부터 30여 년 전 1990년 봄, 여수 거문도 파출소장으로 근무할 당시 여수시와 일본 당진(唐津:가라츠)시가 자매(姉妹) 결연식(結緣式) 행사를 하였는데, 필자는 직능 대표로 참석하였다. 여기서 각 기관 단체 소개와 환영 만찬이 끝나고 가라츠 경찰 서장(후지모토)의 호화저택(?)인 13平 아파트에 초대되어 1박을 했다.

 2박 3일간의 공식 일정을 마무리할 즈음, 인근 유적지를 방문할 시간이 주어져 특별 사적지로 지정된 명호옥성(名護屋城)인 나고야성을 찾았다.

 1592년 임진왜란(壬辰倭亂) 당시 조선 침략의 출병기지(出兵基地)인 진서정(鎭西町), 일본의 풍신수길(豐臣秀吉, 도요토미 히데요시)이 임진왜란 7년 전쟁을 총지휘했던 곳이다.

 비전(肥前=히젠)의 나고야성, 지금은 폐허가 된 황성(荒城)으로 총면적 60만 평의 광활한 지역으로 그 둘레만도 자그마치 10km이며 수심이 깊어 선박의 접안이 쉽고, 풍랑이 없으며 일본에서 부산까지 가장 가까운 곳이기도 하다.

명호옥성(名護屋城)

    전쟁의 잔해만 남아 있는 폐허의 성터. 그곳은 그날의 질곡의 삶을 증명하고 대변이라도 할까? 깊은 골짜기마다 돌과 함께 아기 부처들이 나뒹굴었다.

    비록 상대가 우리와는 동행할 수 없는 철천지원(徹天之冤)의 왜적(倭賊)들이지만, 조선에 출정(出征) 나간 남편, 아들, 손자가 제발 살아 돌아오기를 빌고 또 빌었을 통한과 절규에 가까운 염원들, 그래서 상부연(想夫恋)이 생겼을까. 돌아오지 않은 남정네들을 바닷가에서 목놓아 기다리며 그 영혼을 위로하고 먼 훗날에야. 이승에서 못다 한 그날을 기다리며 춤을 주었다는 문화재.

    조선반도에서 수많은 백성을 도륙했던 임진왜란이란 전쟁이 얼마나 무모하고 부질없는지 역사가 대변하고 있다.

　풍신수길! 침략자인 그도 "인간의 삶이란 아침 이슬과 같도다. 모두가 꿈속의 꿈인 것을" 하면서 62세로 오사카성 천수각에서 생을 마감하며 유언으로 남겼으니….

　임진왜란, 그날의 참상을 대변하는 시비(詩碑) 하나가 황량한 벌판에 우뚝 서 있다.

　'태각이시어(豊臣秀吉, 풍신수길) 현해탄 바다엔 안개만 자욱하도다'

　겟또(月斗, 월두:타이코우가) 니라시마 우미노 기스미 카나

진서정 박물관에 남아있는 시비

　4백 년간 빈터로 남아 있는 이곳 성터에는 이기지 못할 전쟁으로 생채기만 남긴다는 뜻이 아닐까? 그 안에는 일본-조선 간 교류의 장으로 배려했다는 사가현 명호옥성(나고야성)박물관(名護屋城博物館)이 있다. 박물관 중앙에는 거북선과 이순신 장군의 표준영정, 징비록이 전시되어 있다. 수은 강항 선생이 간행한 간양록과 주자학을 일본에 전파하였다는 사실, 늦었지만 임진왜란을 사죄라도 하듯 난중일기, 임진장초(壬辰狀草) 등 이순신 장군의 정의롭고 용맹스러운 지혜와 문무를 겸비한 명장 중 명장이라는 찬사까지…. 사학자나 문필가와는 거리가 먼 필자가 위대한 지도자를 어찌 본받지 않으리오. 그럼에도, 장군을 품고 사는 동안 진정 행복하였기에 몇 자 남기고 싶습니다.

'필승의 지도자 이순신 장군을 우러러 본받으며 얼이 살아 숨 쉬는 땅 명호옥성!'

2.

임진왜란(壬辰倭亂)을 맞이하여 백성의 삶이 백척간두(百尺竿頭)에 있을 때 전쟁의 공포와 두려움이 찬란한 희망의 빛으로 바뀌는 곳, 그곳이 조선 천지 어디에 있는가?

전라좌수사 이순신(李舜臣, 1545~1598) 장군이 1592년(壬辰年) 5월 4일, 전라좌수영의 5천 여 군사를 이끌고 경상도 옥포 출전, 외적과 싸움에서 대승을 하고 개선(凱旋)했던 곳.

조선 역사상 가장 처참했던 임진왜란(壬辰倭亂), 조선, 일본, 명나라 3국이 치열하게 싸운 전쟁으로 가장 큰 승리의 역할을 독점한 곳은 전라좌수영의 수군이다. 그곳이 어디인가?

전라좌수영이 있는 본영(本營)인 여수(麗水)이다. 특히 이순신 장군을 중심으로 한 좌수영의 힘이며 금강석보다 더 굳은 얼로 뭉친 전라좌수영의 군사들이다. 완벽한 임무에 전라도는 물론이고 조선이 드디어 국력을 회복, 7년 전쟁을 마무리한 곳이기도 하다.

승리의 고장 여수, 첫 출전 날인 임진 5월 4일 이순신 장군의 구국(救國), 호국(護國) 정신을 계승하기 위하여 세계 해전 사상 한 번도 패(敗)하지 않은 5관(順天, 樂安, 寶城, 光陽, 興陽), 오포(防踏, 蛇渡, 鹿島, 呂島, 鉢浦)의 수군장들과 그 당시 순국한 영민들의 넋을 격려 위로하기 위하여, 지금으로부터 60년 전인 1967년 시작된, 우리나라에서도 가장 오래된 호국문화축제인 (사)여수거북선축제(鎭南祭)가 2024년 5월 7일(57회)까지 전야제를 비롯한 통제영 길놀이, 가장행렬, 유적지 순례, 등의 행사가 5일간이나 이어진다.

축제의 임원으로 선발되어 재전을 진행하고 있을 때인 2003년 가뭄에 단비 같은 책 한 권이 배달되었다. 순천향대학교 이순신 연구소에서 발행한 '이순신 연구 논총' 창간호(1号)이다.

그 후 38호(2023년 발행본)까지 강산이 두 번이나 바뀌는 장구한 세월까지 이순신(李舜臣) 장군을 참스승으로 모시며 살던 세월이 하룻밤 꿈길인 양 진정으로 행복했다.

난중일기 2,570일의 기록, 이것은 개인의 기록이 아닌 살아 있는 조선의 역사이다. '삼도통제사'리는 지체 높은 계급장을 떼고 양반, 사대부가 가장 업신여긴다는 장사꾼으로, 오늘은 농부, 내일은 어부가 되고, 소금쟁이, 청어잡이가 되고, 임금마저 나라가 물건이라도 되는 양 내다 버리고 의주로 도망갈 때 백성들의 아픔과 생사고락을 같이하며 따뜻한 인간애로 민족적 기상을 높인 영웅이 있었다.

'이순신 연구 논총'을 집필하신 교수님!
성자(聖子)를 모시는 십이(十二) 제자 같이 사자(使者)로서 소임을 다하시는 그분의 솔내음 향기가 온누리에 가득하다. 노산 이은상 선생은 태양이 비치는 길에서 조선천지에 충효, 열, 의의 공을 논한다면 여수를 으뜸이라고 하였으니…

교수님의 노고에 감사드리며 여수 3합(돌문어, 돌전복, 참장어) 한 상 푸짐하게 대접하고 싶다. 사랑(愛), 정성(精誠), 정의(義), 자력(自力), 영원(永遠)한 스승으로 가슴속에 품고 살았기에 진정 행복하였다는 교수님, 맞는 말씀이다.

'이순신, 신은 이미 준비를 마치었나이다.' 저자 김종대 전 헌법재판관님!

역사상 가장 큰 위기(危機)에 처한 나라(朝鮮)를 구한 민족(民族)의 참스승 이순신(李舜臣) 장군은 지금 우리 곁에 살아계시다며 그 사랑의 충만함으로 훈육하였다는 김종대 재판관님을 잘 받들겠습니다. 이분에게도 이순신 장군이 여수에서 가장 즐겁게 드셨다는 군평서니(딱돔)라는 바닷고기를 대접하겠습니다.

3.

질 좋은 옷감을 만들 때 직녀, 직부로 한 올 한 올 씨줄, 날줄을 정성껏 엮어야 질 좋은 옷감을 만들 수 있다.

특히 바디, 북, 잉앗대, 꾸리, 눈썹끈, 도투마리, 베틀신, 비거미, 말근, 사치미, 부대끈…… 베틀 다루는 솜씨가 서툴면 실이 끊어지고 엉키고, 덜렁대는 솜씨가 선머슴 같으면 어찌 품질 좋은 옷감이 만들어지겠는가.

이 책 본문 역시 선머슴의 수준을 크게 벗어나지 못했다. 이 모두가 본인이 단문(短文)하였음을 고백하고 인정한다.

고견(高見), 충고(忠告), 질책(叱責), 폄훼(貶毁) 등 어떠한 꾸지람도 큰 귀로 듣고 반복하지 않기를 다짐, 또 다짐하며 앞의 빈곤이 없도록 최선의 성의를 다할 것이다.

졸필(拙筆)이 세상에 빛을 볼 수 있도록 충언(忠言)을 해주신 전 여수문화원장 임용식 님, 수필가 임병식 님, 여해재단 강용명 이사장님 진심으로 감사하다.

끝으로 20여 년간 온통 방안에 이순신 관련 내용으로 도배되어 있음에도 구험(口險) 한마디 없이 일상으로 대하는 내자(이순례)와 6남매의 지녀들에게도 전한다. 고맙고, 감사하다 본 졸고를 읽는 분들 모두 행복하였으면 한다.

해드림출판사 이승훈 사장님에게는 진실로 감사하다는 말씀을 전하고 싶습니다.

나는 역사학자가 아니다. 그렇다고 유명한 수필가는 더욱 아니고, 그냥 형식에 얽이지 않고 듣고, 보고, 느낀 대로 쓴 역사 에세이임을 밝힌다.

이순신(李舜臣) 장군이 한산도에서 대장선을 타고 어머니(天只)를 뵙기 위해 오셨던 고음내(古音川) 선창, 꼭 그 자리(꿈에 그린 A208 / 803호)에서 남영식(南映植) 삼가 절함.

2024년 7월

"고음내(古音川) 해(太陽)를 품다

上 "

고음내(古音川)

1. 참으로 장하고 장하시다

　공이 평소 그 자손을 가르침에 충의(忠義)에 힘쓰게 한 나머지 그 자손으로 하여금 家訓을 골수에 새기게 한 것이 틀림이 없다. 세상에 전하기를 忠武公 李舜臣 장군이 전라 좌수사로 부임한 후 그의 어머니(天只) 변씨 부인을 公家에 맡기며 "월천(月川) 공이 옛날에 이곳에 오신 것은 이미 앞일을 내다보는 큰 지혜가 있었을 것이다."라고 했다고 한다.

　그뿐인가? 월천 공은 일찍 자손들에게 경계하며 전하기를 "학문은 자신을 다스리는 것이고 벼슬은 사람을 다스리는 것이다. 뭇사람들은 자신을 다스리는 일에도 힘쓰지 아니하고 다른 사람을 다스리는 일만 하려고 하기 때문에 오직 부귀만 탐하고 오만과 교만을 부리는 언행을 한 것이다."라며, 학문에 정진하라며 대못을 박듯 훈육의 글을 남기신 이, 그는 누구인가?

　압해 정씨(丁氏), 고음내(古音川)의 입향조(入鄕組)이며 간성군수를 역임하신 월천(月川) 정계생(丁戒生) 선생이다.

월천 선생님은 1519년 이상 정치를 구현하려는 정암(靜庵) 조광조(趙光祖)를 중심으로 일어난 사림의 기묘사화(己卯士禍)에 연루된 후, 사림의 영수 조광조가 화순 능주에서 사약을 받고 죽자 관직을 그만두고 세거지인 남원으로 낙향한 후 전라 좌수영이 있는 여수 남쪽 바닷가인 고음내(古音川)에 은둔생활을 하며 청룡재(靑龍齋)라는 학당을 열어 후학을 양성했다.

1592년 "임진왜란이라는 수난의 위기를 맞이했을 때 월천 공의 손자(정철-丁哲, 정린-丁隣, 정춘-丁春)와 증손(정대수-丁大水), 사충신(四忠信)이 통제사 이순신 장군의 휘하에서 큰 공을 세웠나."

모두가 나라를 위해 순국하시니 그 혁혁한 전공이 일세를 빛내며 또한 올곧은 선비정신과 덕행은 천년을 흐르는 물같이 연년세세 전래(傳來)됨이 어찌 우연이겠는가.

두둥실 떠 있는 저 잣나무 배는
저기 물 가운데 떠 있구나
어머니는 진실로 하늘이시니(天只)
어찌 내 마음을 모르시는가
어머니를(天只) 하늘로 생각하는 아들 이순신!
서풍 타고 흘러간 저 먹구름아!
흙비를 뿌리며 어디로 흘러가니

굳은비 하염없고 하늘빛 나직한데
가막만 검은 바다 성난 듯 일렁인다

중략

저기 저 갈매기야 어디메로 향하느냐!
우리 장군 일장서를 내 손에 놓아주렴
자식을 걱정하는 어버이 마음이 구구절절 묻어난 고음내(古音川)

2.
임진년 첫 무렵 모두 함께 없어질 것을 두려워 구차하게라도 보존해 볼까 하고 드디어 빗길을 남쪽으로 내려와 여수 고음내(古音川) 땅에 피난살이 했사온데 그때는 다만 母子가 서로 만나는 것만으로 多幸으로 여겼을 뿐……

부질없이 어버이 그리운 정곡만 더 할 뿐
자식 걱정하시는 그 마음 위로해 드리지 못하고
아침에 나가 미쳐 돌아오지 않아도 어버이는
문밖에서 바라본다 하거늘
하물며 못뵈온지가 3년째나 됨이오리까
그렇게 꿈에 그린 그곳이 어디인가?

그곳이 오늘을 이야기한 곳 고음내(古音川)이다

사랑하는 아들에게 "나라에 치욕을 크게 씻어라." 두세 번 거듭 당부하시는 그 어머니야말로 투혼(鬪魂)을 일깨운 국모(國母)가 지녀야 하는 천지(天只)가 아니랴! 어버이로 그리운 망운지정(望雲之情) 충효(忠孝)의 발원지 고음내(古音川).

충(忠)의 근본(根本)은 효(孝)와 같다.
고음내(古音川)에서 모자가 실천하셨다.
忠孝의 聖地, 고음내(古音川).
고음내(古音川)가 해(太陽-이순신(李舜臣)을 품으셨다.
임진왜란 시 고음내(古音川)는 忠孝의 발원지이다.

여수, 입향조(入鄕祖)
월천(月川) 정계생(丁戒生) 선생과 고음내(古音川)

1. 내력

명문가(名文家)란 권세가 있고 문격(文格)과 문벌이 좋은 씨족을 일컫는다지만, 한나라가 붕괴할 만큼 국가적 위난이 직면했을 때 씨족 전체가 온몸을 던져 불의에 맞서며 그 책무를 다한 성씨라야 세인들이 우러르고, 명문거족(名門巨族)이라 말할 수 있다.

때는 1592년 임진왜란(壬辰倭亂)이라는 수난의 위기를 맞이했을 때 전라좌수사 이순신(李舜臣) 장군을 도와 정씨일문(丁氏一門) 사충신(四忠臣)이 망신순국(忘身殉國)으로 나라를 위해 목숨을 바친 올곧은 선비정신은 그 덕행(德行)이 천년토록 흐르는 물같이 연년세세 전래(傳來)되고 있다.

2. 월천(月川) 정계생 선생

압해정씨, 고음내(古音川) 입향조는 간성군수를 역임하신 월천(月川) 정계생(丁戒生, 1484~1544) 선생이시다.

정계생 선생의 5대조는 포은 정몽주(鄭夢周)에 사사 받은 대사성(大司成) 득우(得雨)이시며, 고조(高祖)로 인(仁)이며 증조는 세만(世萬), 조부는 대사헌 중선(仲善), 부는 진사 자린(自麟)이다.

위로 사료에 의하면 선생은 기묘명현 모제 김안국에 사사(師事) 받고 1509년(중종 4年) 문과(文科)에 급제, 간성군수를 거쳐 이조좌랑(吏曹佐郞) 승급, 스승 모제를 도와 '삼강행실도' 수찬하다.

1519년(中宗 14年) 이상 정치를 구현하고 정암(靜庵) 조광조(趙光祖)를 중심으로한 님곤, 심정 등의 수구파의 홍경주 등 훈구파 사이에서 일어난 기묘사화(己卯士禍)에 연루되었다. 사림의 영수 조광조가 화순 능주에 유배되었다가 사약을 받아 죽고, 이때 중종의 실세인 기묘사림(己卯士林)에 억울함을 항소, 항소 극론(抗疏極論) 등 중종 임금에 호소하였으나 그 뜻이 받아들여지지 않았다.

관직(官職)을 그만두고 세거지(世居地) 남원(南原)에 낙향 후 은거지인 순천부, 전라좌수영이 있는 여수 남쪽 바닷가인 고음내(古音川)에 은둔 수양하였다.

3. 사충신(四忠臣)

아들은 넷을 두셨는데 一男은 진사 순회(舜會) 二男은 공조항의 순종(舜從) 三男은 장락원정 순원(舜元), 四男은 사헌부 감찰 순반(舜班) 이시다.

3男 순원의 아들은 병조판서이며 시호가 충절인 철(哲)이며, 둘째 아들은 병조판서이며 시호가 충숙인 린(麟)이며, 4男 순반의 아들은 병조판서이며 시호가 충의인 춘(春)이며, 호인의 아들은 병조판서이며 시호가 충정인 대수(大水)이다.

아! 월천공(月川公)의 손자, 증손자 모두 충절에 있어 이순신 휘하에서 큰 공을 세우고 나라를 위해 순국하시니 그 혁혁한 전공(戰功)이 일세를 빛냈었다.

참으로 장하고 장하시다. 공이 평소 그 자손을 가르침에 충의(忠義)에 힘쓰게 한 나머지 자손으로 하여금 그 家訓을 골수에 새기에 한 것임이 틀림없다.

세상이 전하기를 충무공 이순신(忠武公 李舜臣) 장군이 전라좌수영에 부임 그의 어머니(天只) 변씨 부인을 공가(公家)에 맡기면서 월천공(月川公)이 옛날이 이곳에 오신 것은 이미 앞일을 내다보는 큰 지혜가 있었다고 한다.

한겨울에도 홀로 푸른 것은 오직 송백뿐이니
곧은 절개가 손자, 증손자까지 흘러갔네

나라가 위태로울 때 충절을 토하니 그 빛남은 혁혁하였다.
나라의 포상이 늦었긴 하지만 오래 그 공이 빛나도다

대인산 언덕에 신도비 높이 서 있고
내가 그 영을 지어 걸으니 해와 달처럼 영원하소서.

승정후 6무진(1928) 3월 4일 승록대부 판돈영원사 해평 윤용구 지음
정삼품 절도사 덕수 이민복 전, 후손 상석 근서

사촌(四寸)과 조카가 전공을 세웠던 인물은 정계생의 손자(哲, 麟, 春) 3인과 증손(大水) 1人이 '정씨 사충신(丁氏 四忠臣)'이며, 정철(丁哲), 정린(丁麟), 정춘(丁春), 정대수(丁大水)이다.

4. 충무공 이순신(忠武公 李舜臣)을 합하여 '오충신(五忠信)' 명하다

정계생 선생은 집 주위에 나무를 심고 별당을 지어 반생(半生) 거처로 삼으며,

석년송백수(昔年松柏栦) 옛날에 송백을 심었더니
금일가위정(今日可謂亭) 오늘은 정자가 되었네
중목개영락(衆木皆零落) 다른 나무는 잎이 지고 없는데

세한독수청(歲寒犢秀靑) 송백만 한겨울에 푸르네

후학을 양성하기 위해 세거지에 청용재(靑龍齋)라는 서당을 열어 배움을 청하는 인근 학동들에게 가르침의 은거지로 마음을 달래다.

또한, 일찍이 자손들, 후학들에게 경계하여 傳 하기를 '학문은 自身을 다스리는 것이고 벼슬은 사람을 다스리는 것이다. 오늘 사람들은 자신을 다스리는 일에 힘쓰지 아니하고 다른 사람을 다스리는 일만 하려고 하기에 오직 부귀만 탐하고 오만과 교만을 부리는 언행을 하는 것이다.'라며 학문(學文)에 정지하며 대못을 박듯 훈육의 글을 남기다.

월천공(月川公) 가계(家系)

대양군 30세	31세	32세	33세
정계생 (丁戒生) 1484~1554 간성군수 기묘명현	순회(舜會) 1520~1584	수인(受仁) 1537~1603	준(俊) 1555~1597
	순종(舜從) 1523~1584	호인(灝仁) 1544~1579	대수(大水) 1565~1599
			유신(惟愼) 1578~1654
	순원(舜元) 1527~1588	철(哲) 1554~1597	의신(義愼) 1584~1658
		린(麟) 1556~1597	언신(彦愼) 1572~1597
	순반(舜班) 1530~1589	춘(春) 1555~1594	응록(應祿) 1585~1651
		하(夏) 1566~1640	무일(武一) 1594~1648
			두일(斗一) 1602~1656

오충사(五忠祠)와 월천재(月川齋)

5. 성원(星院)에서 길을 묻다

이순신 장군이 정읍 현감에서 전라좌수사에 명(命) 받고 오실 때 대부인(大夫人-모친 변씨 부인)을 모시고 성원에 이르러 (율촌, 신풍) 군리에게 묻기를,

"근처에 사대부(士大夫) 집안이 있느냐?"

군리가 말하기를,

"옛날에 간성댁이 고음내(古音川)에서 살고 있습니다."

하자, 장군께서 사람을 시켜 정철(丁哲)에 청하여 가사(家事)를 부탁하자 도리어 방을 비우고 받아들이므로 어머니(天只) 변씨 부인과 아내 방씨 부인 식솔들이 옥체(玉體)를 보존할 수 있었다.

또한, 고음내(古音川)을 선택한 결정적인 인연은 이순신 장군이 조부 이백록(李白祿)과 정철의 조부 정계생(丁戒生) 두 분 모두가 기묘사화에 연루하여 억울함을 호소하였으나 받아들이지 않자 낙향하였으며 덕수 이씨와 압해 정씨간 억울했던 동병상련(同病相憐)의 인연으로 임진왜란으로 아름답게 꽃피워 결실을 볼 줄이야……

6. 오충사 봉안축문(五忠祠奉安祝文) 역문

아! 임진왜란으로 나라가 위태롭게 되었을 때
이충무공께서는 충의로 순국하여 나라를 지켰고
영민한 영웅들이 한 가문에서 나와
이 땅에 진영을 세우고 의병 일으켜
군문(軍門)에 공신의 초상화를 걸었으니
이들 일문이 배출한 정씨사충(丁氏四忠)이라
그 굳세고 높은 功裂을 찬양하고
충(忠)을 표창하고 공(功)을 기리며
제수(祭需)를 갖춰 제사를 함께 모시네

옛터에 처음으로 일 시작하여, 사당 지어 높이 공적에 보답하고
사충사 현판을 걸고 애도와 추모를 함께해 왔고

사람들 서로 상의하여 향중(鄕中) 현인께 예(禮) 갖추어 제수 올려 왔네

지하에 계신 영혼을 위안하기 위해 묘우(廟宇)를 세우고
제사와 의전에 몸과 마음을 다 해 왔으나
힘의 한계인가 기둥과 서까래 함께 철거되니
부로(父老)들 한탄하고 애석해하며 저상(沮喪)했네

크게 우러르며 모시지 못한 감회 일으켜
다시 전형대로 복구할 계획 세웠고

새로 지은 사당 매우 조용하여
영원히 영령을 편히 모실 수 있으니라

이충무공과 정씨(丁氏)일문 사충공(四忠公)을
같은 사당에 배향하니 신과 사람이 협심(叶心)되었네
예전에 여가를 얻지 못한 것은 바로 오늘이 오기를 기다린 때문이니
향연 높이 올려 남쪽 바다건너 요기(妖氣)를 말끔히 씻어 버렸네

해와 별 같은 충성 밝게 들어나니 초상에 모발과 수염도 영명하여
풍마와 운거 타고 엄정하게 오르내리시리라
_押海丁氏 昌原派 月川公 門中 五百年史

오충사

오충사(五忠祠)

　임진왜란 때 순천도호부 관내 고음내(古音川 : 현재 여수시 웅천동)에 집성촌을 이루고 있던 압해 정씨의 후예들은 1593년 5, 6월부터 1597년 4월 초까지 충무공 이순신 장군의 어머니 초계 변씨와 그 일가 친족들과 같은 마을에 함께 살게 하면서, 그들의 피난 생활을 도와주었다.

　아울러 정철(丁哲)과 린(麟) 형제와 사촌 동생 춘(春), 조카 정대수(丁大水) 등은 임란 초부터 충무공 휘하에 자진 종군하여 의병 활동으로 큰 공을 세움으로써 선무원종공신록(宣武原從功臣錄)에 등재된 임란 해전의 공신들이었다. 당시 철은 수문장(守門將), 춘은 판관(判官), 대수는 부장(部將) 신분으로 모두 1등 공신에 올랐으며, 린의 경우 역시 부장으로 2등 공신에 등재되었다. 따라서 정씨사충(丁氏四忠)의 이름이 생긴 까닭이 여기에 있고, 이충무공 막하에서 임진왜란 해전을 승리로 이끄는데, 공헌하였으므로 이순신 장군을 포함한 '다섯 충신(五忠)'을 기리는 오충사가 성립되었다.

　압해 정씨의 네 충신을 기리기 위한 사우 건립이 추진되기 시작한 것은 순조 때부터였다. 순조 26년(1826) 4월, 성균관과 순천 향교의 유림 간에 통장(通章)이 오가면서 여론이 형성되었다. 그 해 7, 8월에 들어와 광주, 남원, 전주 향교로부터 순천 향교에 통문을 보내오면서 사충사(四忠祠) 건립의 기반이 이루어졌다. 헌종 13년(1847) 전라도에 살고 있던 사림의 상언(上言)에 의해 기곡동(현재 여천고등학교 아래 마을)에 사충사가 건립되었으나 1868년의 사원 철폐령으로 인해 20여 년 만에 훼철되고 말았다.

철종 7년(1856) 당시 의정부 우의정이었던 조두순(趙斗淳)에 의해 '정씨 사충전'이 찬술되고, 그 후 5년 뒤인 철종 12년(1861)에 충정공 정대수의 8세손 정재선(丁載璿)에 의해 『丁氏四忠實記』가 편찬되었다. 또한, 고종 6년(1869) 후손들에 의해 사충사유허비(四忠祠遺墟碑)가 세워졌다. 1927년 창원 정씨 후손들과 사충신을 배향(陪享)하여 현재에 이르고 있다. 1976년 한 차례의 중건이 이루어졌으며, 1977년 『오충사지(五忠祠志)가 편찬되어 전후의 역사적 사실을 기록하고 있다.

_여수시 관광자원 해설 '여수의 향가' 김병호

7. 4충신(四忠臣)의 공적(功績)

정철(丁哲, 1554~1590年) 자는 사명(士明), 호는 청은(靑隱), 선조 18년(1585年) 무과에 급제하여 처음엔 수문장으로 있었다. 선조 25년(1592年) 충무공이 정철, 정대수를 청하여 집안을 부탁하자 정철이 그의 집 방 한 칸을 비워 받들어 지내게 하여 양 집안끼리 교분하게 되었다.

그해 4월 왜적이 밀려오자 고을이 함락되고 각, 진이 무너지자 그는 아우 정린(丁麟)과 사촌 아우 정춘(丁春), 조카 정대수(丁大水)와 손잡고 통고하여 말하기를 '나랏일이 이 지경인데 신하인 우리가 한번 죽는다는 것이 무엇이 아깝겠느냐.' 하면서 집안의 재산을 풀어 의병을 규합한 뒤 좌수영에 계시는 공(公)을 뵙고 의병을 일으킨 사실을 전하였다.

충무공이 감탄하여 말하기를 '그래 집안엔 어찌 그리 의사들이 많은가?' 이 사실은 삼군(三軍 : 충청, 전라, 경상)을 격려하고 온 세상에 권장할 만한 일이다. 지금 작전을 개시하는데 그대들도 동참하겠다고 하니 그는 '원하옵건대 한 부대를 주신다면 선봉이 되어 앞장서겠나이다.' 하여 마침내 우위장(右衛將) 되어 정운(鄭運), 송희립(宋希立)과 더불어 당항포(唐項浦)에서 전선의 성봉이 되어 수많은 왜적을 베고 왜적선 두 척(隻)을 획득 크게 전승을 거두었다.

그 후 고음내(古音川)에 피난 오신 공(公)의 어머니 초계 변씨 일가의 안위를 책임지며, 한산도를 오가며 식량 등 군수 지원에 최선을 다했다. 충무공이 옥에 갇혔을 때 이순신 장군의 비서실장 격인 정경달과 같이 영의정 유성용, 우의정 정택을 찾아다니며 구명운동과 임금의 상소문인 신구차를 쓰는데, 큰 도움을 주었다.

드디어 이순신 장군이 백의종군의 명을 받고 남쪽으로 내려올 때, 일찍 출발하여 남원에 도착하였다. 정결달과 정철을 만나기 위해서였다.(亂中日記 1597年 4月 24日. 早發刺南原得奉丁哲五里 內別送) 이순신, 정경달, 정철 3人의 만남은 만리장성만큼이나 많은 사연으로 도배하였을 것이다.

그 후 1598年 노량해전에서 순직하니, 선무원종훈일등(宣武原從勳一等)에 책록되었다.

전라좌수영(全羅左水營)의 설치

1. 내래포(內來浦)에 만호진(萬戶鎭) 설치

1423년(세종 5年) 전라감사의 장계(狀啓)에 의하여 경상우수영(서제)의 서쪽을 경계하고 있는 평산포(平山浦) 만호(현, 남해)와 상호교류할 수 있도록 내래포(內來浦, 현, 상일면 진례 낙포)를 현재의 여수시 중앙동, 국동으로 옮기자는 건의에 의하여 세종의 윤허로 진례진(進禮津)을 없애고 내래포(內來浦) 만호진(萬戶津)으로 옮겼다.

2. 전라좌수영 수도 절도사 설치

1479년(성종 10年)

전라도의 수군본진(水軍本陣)은 해남군 문래면에 위치한 황원진(黃原陳)이었으나 1478년(성종 9年) 전라도 남해안에 해를 거듭할수록 왜구의 침입이 많았으며, 현 여수시 중앙동에 위치한 내래포에 왜구들이 주야를 불문하고 침입하여 무고한 양민을 살해하고 납치하기도 하였으며 화약을 비롯한 군수물자를 대량으로 약탈하는 등 때를 가리지 않고 빈번하게 피해가 커지자 내래포에 설치된 만호진(萬湖陣)을 수군절도사(水軍節度使)로 격상(格上)시켜 해안 방어에 힘써야 연해민들이 편안하게 살 수 있을 것이라는 전라도 순찰사 이극배(李克培)의 청원을 받아들여 전라도로 수군절도사가 여수에 위치하게 되었다.

이때부터 전라도를 전라좌우도로 각각 나누어 관할하게 되었으며 전라우도는 종전과 같이 해남 우수영에 전라좌도는 여수에 전라좌도수영이 설치하게 이른다.

1) 설치 장소의 관할

임진왜란(壬辰倭亂) 전의 관할.
전라좌수영의 관할은 육비부와 해안의 구분(口分),

육지부
순천부(順天府), 보성군(寶城郡), 낙안현(樂安縣), 興陽縣), 광양현(光陽縣), 장흥군(長興郡) 영암군(靈巖郡) 등 7개소.

해안부
사도진(蛇渡鎭), 여도진(呂島鎭), 녹도진(鹿島鎭), 고진 용주진(古鎭 龍珠鎭), 마도진(馬島鎭), 달량진(達梁鎭), 방답진(防踏鎭), 보성 희천진(寶城會泉鎭)
참고: 경국대전

2) 임진왜란(壬辰倭亂) 시 관할

5관(五官)

순천부, 보성군, 낙안군, 흥양현, 광양군

5포(五浦)

사도진(蛇渡鎭) 고흥군 정암면 금사리

여도진(呂島鎭) 고흥군 정암면 여호리

발포진(鉢浦鎭) 고흥군 도화면 발포리

녹도진(鹿島鎭) 고흥군 동양읍 봉암리

방답진(防踏鎭) 여수시 돌산읍 군내리

3. 삼도수군통제영(三道水軍統制營)으로 격상(格上)

1592년(선조 25년) 임진왜란(壬辰倭亂) 발발(勃發) 4月 13日 부산에 쳐들어온 왜적은 조총을 앞세우면 연전연승(連戰連勝)하자, 선조 임금은 명나라에 내부(內附-亡命) 하려 압록강 강가 의주(義州)까지 피신하는 역사상 그 유래를 찾을 수 없을 만큼의 우여곡절(迂餘曲折)을 겪는 치욕을 당했다. 그러나 전라좌수사인 이순신(李舜臣) 장군을 중심으로 한 전라좌수영 함대가 무패(無敗)의 신화(神話)를 자랑하며 대승(大勝)을 거두었다.

1592년에 4회를 전라좌수영(여수)에서 경상도로 출동 왜적선 300척과 5~10만 명에 가까운 왜적을 수장시키는 인류 역사상 어느 해전 기록에도 없는 전투로서 이 모두가 전라좌수사 이순신 장군의 승리이며 여수를 중심으로 한 전라좌수영 함대의 승리다.

이순신 장군은 여수, 한산도까지의 거리가 너무 멀고 호남을 지키려면 견내량에 만리장성(萬里長城)을 쌓을 만큼 수군의 집중 배치가 필요하여 한산도(閑山島)에 전라좌수영의 전진기지(前進基地) 설치 필요성을 느끼고 진지를 옮겼다.

1593년 8월, 이때 충청, 전라, 경상 3도를 지휘할 수 있는 삼도수군통제영의 최고 사령부가 되었다.

삼도수군통제영 이영(移營), 1598년(선조 31年) 삼도수군통제사 이순신 장군이 노량 관음도에서 쫓겨가는 왜적과 싸우다가 장렬히 순국하자, 동년(同年) 12월 충청수사(忠淸水使) 이시언(李時言)이 삼도수군통제사로 명(命) 받았다. 전임수사 이순신 장군이 근무하였던 완도 고금도(古今島)에서 근무하다가 여수로 옮겨 왔다. 해상(海上) 방어상 서쪽에 있다는 여론에 경상도 거제 가배량(加背梁)으로 옮긴다.

1604년 지금의 통영(統營)으로 옮겨 오늘에 이르고 있다.

4. 역대 수군절도사(水軍節度使)

박거겸(朴居謙, 1413~1481)
1479年(성종 10年) 1月 1日 부임했다가 노병(老病)으로 사임.

박양신(朴良信)
1479年(성종 10年) (좌수영 성) 축성을 보고(전라좌수영 성

의 규모, 3,643척(尺), 높이 13척, 동서길이 1,200척 성내 우물 6
백개 성내 면적 35,700평 가량)

이량(李良)

1497年(연산군 3年) 왜구의 침입이 빈번해지자 여수 앞바다
에 있는 장군도와 돌산도 사이에 수중석성(水中石城)을 쌓아 왜
구들의 침입을 막았다.

성박(成鎛)

선조 14年 부임. 이순신 장군이 발포만호 시절 오동나무를 베
려 했던 수사.

이용(李龍)

심암(沈岩) 녹도만호 이대원(李大源) 장군의 전공을 가로채
서 처형됨.

원균(元均, 1540~1597)

선조 24年 무능하다는 조정의 비탄으로 파직.

사관원이 아뢰기를,

"전라좌수사 원균(元均)은 전에 수령으로 있을 적에 고적(考
籍, 근무 성적)이 거하(居下, 최저)였는데 겨우 반년이 지난 오
늘 좌수사에 초수(超授, 뛰어넘어) 하시니 출척권징(黜陟勸懲,
권선징악)의 뜻이었으므로 물정(物情, 형편과 사정)이 마땅치
않게 여깁니다. 체차(遞差, 바꿈)를 命하시고 나이 젊고 무략(武

略, 군사를 부릴 꾀)이 있는 사람을 각별히 선택하여 보내소서."
하니 '아뢴 대로 하라.'라고 답하였다.

_'선조실록' 선조 24年 2月 4日 신미

원균(元均)의 뒤를 이어 새로 유극량이 전라좌수사 직에 임명되었다. 그도 사헌부 논계(論啓, 신하가 임금의 잘못을 논박하여 아룀)에 의하여 선조 24年 2月 8日 파면되었다(그 뒤 수사가 이순신이다).

_'이순신 여수논충 2호 279P 송우혜

전라좌수사 이순신(李舜臣) 부임

1.

웅성 거점이 왜 없었겠는가. 서울에서 새끼줄도 아니고 튼튼한 동아줄을 타고 여섯 계단을 뛰어넘어 특별 승진한 수사가 부임할 때다.

그는 누구인가? 전라좌수사 이순신이다. 여수에 1591년 왜적(倭敵)이 남쪽으로 투입할 것이라는 소문이 떠돌자 선조 임금과 조정(朝廷)은 대비책을 강구하기에 이른다. 처음엔 무과동기(武科同期)인 이경록(李慶錄)을 나주 목사(牧使)로 이순신을 전라좌수사로 임명, 일주일 후 이경록을 제주 목사로, 나주(羅州)는 남방의 거진(巨鎭)이므로 권철의 아들 권율(權慄)을 명한다.

이순신은 전과 같다. 그 당시 이순신은 정읍 현감(종4품)에서 진도군수로 명(命) 받았다.

1598년(무술년) 삼도통제사 이순신은 지금의 완도 고금도(古

今島)의 삼도통제영(三都統制營)에서 천안에 거주하는 강역 현덕숭(玄德升)에 보낸 편지인 서간첩(書簡帖)을 인용하여,

"朞年辛卯年(1591) 出宰沃州時(옥주는 진도의 옛 이름) 승진하기 위하여 발령장(發令狀)인 서류만 왕래한 것이 아니고 실제로 진도(珍島)에 부임하였으며"

또 다른 기록으로 영암에 거주하는 현건(玄虔)의 서간첩을 인용하여,

"어제 고금도(古今島)로 진지를 옮겼는데 순천의 왜적과는 불과 백여 리 사이의 진지로 걱정스러운 형상을 다 적으랴. 지난 신묘년(1591年) 옥주(沃州, 진도의 옛 이름) 고을 군소로 임명되었을 때 존형(玄虔)의 댁 마을을 지난 일이 있은 뒤로 매양 서호(西胡, 영암의 옛 이름)의 월악(月岳, 월출산의 옛 이름)의 구름과 숲들의 아름다운 경치를 그려 보지 아니한 적이 없습니다. 중략"

그 당시 명량해협의 물흐름을 알아 두었다가 명량대첩(鳴梁大捷)을 이루었을 것으로 판단된다.

진도군수를 역임, 가리포 첨사 후 전라좌수사(全羅左水使, 여수) 정3품에 임명된다. 요즈음으로 말하면 대위나 소령 정도의 계급으로 근무하다가 하루아침에 별(스타)을 달고 당당하게 여수에 부임한다.

한두 계단도 아니고 일곱 계단이나 오른 진급이 그 당시로는 벼락출세인 셈이며, 사간원(司諫院), 사헌부(司憲府), 홍문관(弘文館) 3사가 이순신의 특별 승진을 두고 선조 임금에게 재고

(再考)하여 달라고 강하게 요청하고 상소(上疏)를 올렸다. 그러나 선조 임금의 총애를 받는 유성룡(柳成龍)의 강력한 천거이기에 잠재울 수 있었으며, 요샛말로 금수저가 낙하산 타고 내려온 격이다. 임명일은 1591年(辛卯年) 2月 13日이나 전라좌수영이 위치한 여수에 도착한 시기는 임진왜란이 일어나기 1년 2개월 전인 1591년 2월 15일~28일경이다.

2. 소외받은 남도(南島)

새로 부임한 수사마다 선정을 베풀겠다던 약속은 간곳없이 백성에 대한 횡포가 날로 심해졌으니 맡은바 직분은 소홀히 한 채 아전들과 한통속이 되어 가무음곡(歌舞音曲)으로 날을 지새우는 경우가 허다했으며 백성은 초근목피로 삶을 지탱하기 힘든데도 술잔치에 기녀(妓女)들의 간드러진 교태와 아양, 풍악으로 동헌의 전각을 불야성으로 만들었다.

수영(水營)의 근무 실태
· 선박이 고장이 나서 움직이지 않고 목재가 썩어 선창에 방치했으며,
· 전시대비 1개월 비상식량이 비축되어 있어야 하지만 전무함.
· 활, 1일 1회 이상 풀어주고 조여줌(도지개틀) 방치.
· 칼, 무기류(총포류) 녹이 슬어 재생 불능.
· 갑옷, 투구, 환도 불량.
· 선창, 병(兵) 입출항 가능해야 하나 부서져 불량.

· 세수가 턱없이 不足 보관해야 할 관곡이 전무했다.

3. 이순신(李舜臣) 천거

　남해안은 고려말을 전후로 왜구들의 침입이 잦았으며, 도적 떼들에 불과한 왜구들이 때를 가리지 않고 남해안에 출현하여 약탈을 일삼는다느니, 전쟁을 준비한다는 등 조정과 비변사에서는 장수가 될 만한 인재를 추천하라는 지시가 있었다.

　정읍 현감으로 명성이 높았던 이순신(李舜臣)은 둘째 형 요신(堯臣)과 절친한 친구이며 동문수학한 이조판서 유성룡(柳成龍)의 적극적인 추천으로 여수에 부임한다.

　1479年(성종 10年) 전라좌수영 설치, 1대 박거겸, 2대 박양신(朴良信), 3대 이량(吏良), 4대 성박(成箔), 5대 이용, 6대 심암, 7대 원균(元均), 8대 이순신(李舜臣)이다.

　전라좌수사 이순신(李舜臣)의 약속(約束).
　나라 사랑과 존경의 대상인 충(忠)은 임금을 중심으로 한 조정(朝廷)이 아니고 백성을 향한 올바른 가치관(價值觀)으로 만백성을 위하여 쓰여야 함을 다짐하며 약속(約束)하기에 이른다.

　그와 더불어 공무(公務)에는 청렴결백(淸廉潔白)을, 생활(生活)에는 솔선수범(率先垂範)으로 공직자의 본보기가 될 것을 자인(自認)하며 강압적 수단으로 군림하고, 억압적으로 명령하고 큰소리로의 지시만이 부하들이나 민초(民草)들을 움직일 수단이 아님을 터득하기에 이른다.

매사(每事)를 혼자 판단하고 결정(決定)하는 것이 아니고 부하 간에는 말할 것도 없이 하층민(승려, 노복-종)에 이르기까지 반상(班常)을 구분치 않으며 대면(對面), 상의(相議)로 승리(勝利)의 결실을 도출하기에 이른다.

음식을 먹을 때, 식사 때가 되면 장군의 밥상이라고 하여 장졸(將卒)들에 비하여 반찬의 가짓수에 차이가 있었으나 한자리에서 나누어 먹을 때가 많았으며, 명절, 회식 등에 술을 나누어 마실 때도 상하(上下)가 격의 없이 숙식(宿食)을 같이 하였다(남도 사투리도 써가면서). 이때도 이미 일본의 전운(戰雲)을 감지(感知)하고 한 치의 오차도 없이 만전을 기하다.

4. 다짐
- 반복된 수조(水操) 훈련
- 해자(垓字) 파기
- 병선(兵船) 건조 수리
- 총, 포, 제작 수리(제철소 운영-여수 봉산동)
- 활, 활고자, 활집(궁대, 궁의) 대비
- 염초(焰焇), 질산칼륨(火藥), 염초청-훈련도감

수군(水軍) 일부의 백성들은 평안하게 잘살고 있는 나라를 외부의 침략을 부추기고 동요시킨다며 불평한 자도 많았다. 산성(山城)의 정비, 군사시설의 보강 등이 중요하다는 명을 내리는 일도 있었다. 이순신은 더욱 박차를 가한다.

이순신 장군은 일본의 움직임을 예의주시하며 그들의 침략 선을 누구보다도 먼저 예견(豫見)하며 모든 장수와 수졸(水卒)에게 '일본은 반드시 쳐들어온다.'라며 그들에 승리하기 위해 철저히 대비하는 길만이 조선이 살고, 백성들의 목숨을 살릴 수 있음을 강조하였다.

이때부터 무한한 민족혼(民族魂)을 불러일으키고 국가와 민족의 방패임을 스스로 자부하기에 이른다.

5. 결의(決議)

정성스러운 사람은 미리 가고자 하는 방향을 예정(豫定)하여 놓음으로써 어떤 일을 당하여 넘어지지 않고 미리 계획하여 둠으로써 곤란을 당하지 않으며 행동하기 전에 미리 방침을 정해 놓음으로써 일을 당하여 낭패(狼狽)를 당하지 않는다. 지극(至極)히 정성(精誠)스러웠기에 그는 일이 있기 전에 반드시 철저히 준비하였으며 환란(患亂)을 막아내고 성웅(聖雄)의 길, 민족의 태양(太陽)으로 우뚝 선다.

타루비

_이충무공 사후 3년(1603) 충무공의 부하 장졸들이 공의 음덕을 추모하기 위하여 용돈을 모금하여 건립한 비로 비문의 내용은 이 비를 보면 즉시 눈물이 흐르게 된다는 의미가 적혀 있다.

국보(國寶, 난중일기, 임진장초, 서간첩)

1. 난중일기

　난중일기(亂中日記) 하면 초등학교 다니는 학생들은 이순신 장군이 임진왜란(壬辰倭亂) 시 치열했던 일본(日本)과의 전쟁 상황을 기록한 것으로 알고 있다. 하지만 난중일기라는 제목을 붙인 게 이순신이 아니라 1795년 이순신 장군을 영의정으로 추종하였던 정조 임금에 의해 충무공전서(忠武公全書)로 간행하면서 규장각(奎章閣) 문신(文臣)인 윤행임(尹行恁)과 검서관 유득공(柳得恭)에 의해 난중일기로 명명(命名)하였다.

　윤행임은 1762년 사도세자(思悼世子)가 뒤주 속에서 세상을 떠난 임오화변(壬午禍變)에 태어났으며 같이 태어난 이로는 500년 조선 최고의 석학인 다산(茶山) 정약용(丁若鏞)도 함께 하며, 유득공은 홍대용, 박지원, 박재가, 추사 김정희와 같이 청(淸)나라 연행 길에 갔던 인물이다.

　난중일기(亂中日記)는 임진장초, 서간첩과 함께 1962년 12월

20일 국보(國寶) 76호로 지정되었으며 2013년 유네스코 세계 기록 유산에 등록되었다.

난중일기는 임진왜란 기록의 결정판(決定版) 이순신 장군이 쓴 난중일기로 전라좌수사(여수)로 부임한 1592년(壬辰年) 1월 1일 시작하여 1598년(戊辰年) 11월 17일 순국 1일 전까지 7년간의 기록이다.

임진년(壬辰年) 1592년 1월 1일 맑음
새벽에 아우 여필, 조카 봉, 맏아들 회와 이야기했다. 어머니(天只)를 떠다 두 번이나 남쪽에서 설을 쇠니 간절하고 회한을 이길 길이 없다.

무술년(戊戌年) 1598년 11월 17일
발포만호 조계남, 당진포 조효열 등이 왜선이 군량을 가득 싣고 남해를 건너는 것을 한산도까지 추격했다. 포획한 왜선 군량은 명나라 군사들이 빼앗아가고 빈손으로 와서 보고했다.

난중일기는 1592~98년까지 7년간이고 85개월이며, 2,539일 중 1,593일 간의 기록이며 나머지 일기는 훗날 적었다(追錄草草).
이순신 장군은 간지에 임진, 계사, 갑오, 병신, 정유, 무술 일기로 분류했다.

세부적 내용으로 드러난다.

1) 활쏘기 270회 2) 몸이 불편하다 180회
3) 술 마시다 140회 4) 죄를 다스리다 120회
5) 어머니(天只) 100회 6) 배(거북선, 판옥선) 38회
7) 가야금, 피리 등 20회 8) 꿈, 장기, 승전도 20회

조정의 중심인물(人物)인 유성룡, 정탁, 이원익, 권율, 원균, 윤두수, 이덕형, 남이공 등과 순천부사 권준, 방답첨사 이순신, 홍양현감 배홍립, 전사한 녹도만호 정운, 부하이지만 의형제와 다름없는 관계의 노비들 포함 1,050명의 사람과 접촉하다.

구체적 내용

약 13만 자에 이르는 난중일기는 왜적의 침입으로 200년 된 조선 왕조가 유린당하는 상황에서 일선 지휘관이 긴박하게 위기를 극복해 가는 전개 과정을 일기 형식을 빌려 기록으로 남긴다.

난중일기는 이순신 개인의 기록이지만 진중의 체험한 내용을 사실에 가감 없이 기록하였다.

어머니와 아들로서 아버지 가장으로서 처자식을 향한 애틋함과 그리움이 일기 곳곳에 간절함으로 그려진다.

또 하루 중 한순간만큼은 일기를 쓰기 위해 홀로 앉아 먹을 갈고 붓을 들어 자신을 만난다. 두 차례나 억울하게 백의종군을 당했어도 어느 곳이라도 그때의 감정을 표현하지 않았으며 그때마다 맡은바 현실에 충실하게 정진함은 뉘라서 탄복하지 않으랴.

이순신은 휴전 기간이 지속되고 마음의 여유가 있을 때면 자

신이 처한 상황을 자연현상의 감성으로 표현하기도 한다.

"밤바다의 달빛은 대낮처럼 밝아 잔물결도 일지 않고, 바닷물과 하늘이 한빛인데 서늘한 바람마저 불어온다. 혼자 뱃전에 있노라니 온갖 근심이 가슴을 적신다."

또 틈이 나면 달밤을 좋아했다. 달밤에 배를 타고 가는 것을 승월왕견(乘月往見)이라 한다. 달빛이 대낮 같고 물결이 비단 같아서 잠을 자려고 해도 잘 수가 없다. 달빛 바다를 그림처럼 기록한 때가 20여 일이나 된다. 나라, 백성, 어머니 식구들에 대한 걱정, 나랏일, 7년 전쟁 기간 중 가장 행복한 때를 콕 집으라면 1596년(丙申年) 전라좌수영(本營)에서 어머니를 모시고 살아 생전 마지막의 수연 잔치를 베풀 때가 아닐까.

천문(天文), 천체(天體) 오늘의 날씨를 예측(豫測)하는 걸 보닌 과학직인 방법을 동원히고 기상 관측 역시 예보의 달인이며 전쟁이 임할 때면 항상 선두에서 독려하고 명령은 추상같지만, 부하들에겐 부모가 자식을 대하듯 다정한 모습이니다.

충무공 전서

정조(正租) 임금의 윤음(綸音), 사제문(賜祭文), 도설(圖說), 시문(詩文), 장계(狀啓), 비문(碑文) 등 정조 대왕의 어명으로 충무공 전서가 탄생한다. 통치자의 지대한 관심이 불후의 명작을 세상에 내놓았다.

"왜적(倭敵)은 천추(千秋)의 유한(遺恨)이며 하늘에 사무치는 원통함으로 응징(膺懲)한다."

2. 임진장초(壬辰壯草)

이순신이 임진왜란 중 주요 전투의 출전 경과와 성과에 대한 보고를 비롯하여 일본군의 정세, 군사상의 건의 수군(水軍) 진영의 현황 등에 대하여 조정에 장계한 내용을 '계본 등록'의 예에 따라 다른 사람이 옮겨 적은 것이다.

이순신 친필은 아니지만, 임진왜란과 충무공을 연구하는데 가장 큰 비중을 차지할 정도로 사료적 가치가 높으며 지면에는 전라좌수영수군등피사인(全羅左壄水軍等皮使印)의 주인(朱印)이 찍혀 있다.

_이순신 연구논총 32호 이수경

3. 서간첩(書簡帖)

천안에 살고 있는 현덕승(玄德升)과 영암에 사는 현건(玄建)을 비롯한 연주 현씨들과 전쟁 중 오간 편지 내용.

이순신 장군은 전라좌수영을 중심으로 임진왜란을 승리로 이끌었다. 호남이라는 텃밭이 있었기에 군량, 군선, 수군을 이끌고 모든 전투에 이길 수 있는 보고(寶庫)가 아니랴. 여수, 호남은 이순신 장군의 삶의 완결판이었으며 그 길은 성웅의 길이었다.

영암, 구림 연주 현씨 종가에 오랫동안 보관 중이던 서간첩은 현재 아산 현충사에 보관 중이다(영암, 해남에도 시비를 건립함).

난중일기 중 늙으신 어머님을 노당(老黨), 또는 병친(炳親) 그리고 어머님을 높여서 천지(天只)라고 적고 있다. 천지(天只)란 말은 사서삼경(四書三經) 중 시경(詩經)에서 비롯한다(난중일기에 100회 이상 쓰셨음).

汎彼栢丹(범피백단)
저기 물 가운데 떠 있구나

母也天只(모야천지)
어머니는 진실로 하늘이시니

不諒人只(불량인지)
어찌 내 마음 모르시는가

자신의 처지를 두둥실 떠다니고 배에 비유하였으며 사랑하는 일편단심이 어머니를 향한 존경의 마음, 하늘의 마음이 곧 하늘 같은 모친 변씨 부인이다. 천지(天只) 고음내(古音川)에 계실 때 존칭이다.
_노산 이은상(李殷相)

여수 8경(麗水八景)
· 죽도청풍(竹島淸風)
오동도 대숲에서 불어오는 맑은 바람 소리
· 고소제월(姑蘇霽月)
고소대에 뜨는 여인네의 눈썹 같은 초승달

· 한산모종(寒山暮鍾)

한산사에서 들려오는 은은한 초저녁 종소리

· 원포귀범(遠浦歸帆)

먼 바다에서 만선의 고기를 싣고 들어오는 돛단배

· 종포어가(鐘浦漁歌)

종화동 포구에서 들려오는 어부들의 흥겨운 노랫가락

· 예암초적(隸岩樵笛)

예암산에서 들려오는 나무꾼의 피리 소리

· 봉강청람(鳳岡晴嵐)

봉강동에서 비가 갠 후 연기처럼 피어오르는 아지랑이

· 마수조욱(馬岫朝旭)

마래산 자락에 떠올라 비치는 찬란한 아침 햇살

천기(天氣)의 예측(豫測) 날씨

1. 날씨

수사(水使)로서 전쟁을 수행하고 전투를 지휘하는 장수가 가장 먼저 챙기야 할 일은 무엇인가?

그날의 날씨? 그렇다. 오늘 이 시간, 다음 날 이 시간의 날씨인 기상을 눈여겨보지 않고 그냥 우습게 여겼다고 하자. 아무리 지략(智略)과 계책이 뛰어난 백전노장(百戰老將)의 장수라도 한마디로 줄여서 백전백패(百戰百敗)라 단정할 수 있다.

바닷바람이 불 때 파도와 조수(潮水)라는 자연현상을 어떻게 요리하고 이용할 것인가? 아군(我軍), 자기 편에 유리하고 상대방인 적군(賊軍)에 불리하게 작용하여 어떻게 승리(勝利)할 것인가. 전투의 승패(勝敗)에 결정적이고 절대적인 승리의 위치는 1년 365일 24시간 분초를 다툴 만큼 변화무쌍, 시시각각 돌변하는 그날 날씨를 천리안으로 보듯 읽을 줄 알고, 지략을 다양하게 요리는 장수라야 승기(勝期)를 잡을 수 있다.

전쟁에 나가는 일선의 장수(將帥)는 천기와 해달 등 일월성진(日月星辰)을 사시 관측하여 오늘(今日)의 수시로 변하는 날씨에 철저히 대비해야 한다.

· 하늘빛이 어두우면 우태기(비, 바람)를 대비하고 먹구름이 몰려올 때도 태풍이나 비를 예상하고

· 물빛의 변화, 달무리, 해넘이(日沼)와 내일을 예상하고

· 아지랑이, 안개, 해무, 아침 비로 천 리 행랑을 차리고

· 양서류인 뱀, 개구리의 소리와 행동에도 눈여겨 보고

· 개미들의 이동, 갯강구들은 태풍을 예고하고

· 개, 고양이, 쥐들이 배 밖으로 뛰어나가거나 바다로 뛰어내릴 때

· 황새, 까치 집의 높낮이도 태풍을 예상했다.

난중일기(亂中日記)

1592년 1월 1일 청(晴) 하늘이 맑게 개어 있음

2월 1일 안개비가 뿌리다가 늦게 갰다.

5월 1일 흐렸지만 비는 오지 않고 남풍이 세게 불었다(陰而不雨南風大吹).

이순신(李舜臣) 장군은, '난중일기(亂中日記)'를 처음 기록하기 시작한 1592년 1월 1일부터 1598년 11월 17일 노량해전(露梁海戰)에서 마지막 절필(絶筆)할 때까지 전투에 임하지 않은 평상시를 불문하고 잠이 오지 않고 깨어 있는 순간에도 날씨를 주의 깊게 보았으며, 난중일기에도 하늘의 움직임을 판단하여

첫 장에 정확하게 기록하고, 그날 시간의 날씨를 읽고 예측하는 걸 보면, 오늘날의 기상관측소 이상의 역할을 톡톡히 한 날씨의 달인이었다.

광양현감 어영담(魚泳潭 1532~1594年, 위성 합법 장치 GPS 역할을 함)은 경상도 함안 출신으로 군략(軍略)이 대담하였으며 남해(南海)의 얕고 깊음, 섬과 섬 사이의 물목, 험한 곳, 수월한 곳, 물때의 들고 남, 조금 사리, 땔나무, 샘(食水)의 편의, 아군이 적으로부터 보호될 주둔지 지정(해류와 해저의 높낮이, 철따라 바뀌는 어류까지), 전라도는 물론이고 경상도 바다를 수색, 토벌할 때면 집안에서 뜰을 밟고 다니듯 한 번도 궁박하고 급한 경우를 당하지 않았다(일명 남해의 물귀신).

수군(水軍) 중에서 전공이 어영담이 가장 높았는데 벼슬이 당상관에 올랐을 뿐 서훈에 들지 못해 애석하다. 이순신 장군은 경상도 출동을 결심한 것도 어영담이고, 호남이 이렇게 보존(保存)된 것도 어영담 공(功)이라고 칭하였다.

어영담은 1593년 11월 광양 현감에서 파직하였으나 이순신 장군의 조방장으로 활동하다가 아깝게 1594년 병사한다. 경상우수사 원균(元均)은, 어영담을 향해 이순신보다 13세가 위이면서도 어영담은 이순신의 넷째아들이라며 놀려대도 너털웃음으로 막아냈다.

어영담이 한산도에서 병사(病死)했을 때 가장 애석하게 생각하며 '통곡(痛哭)'이라고 난중일기에 두 번이나 적고 있으니 부하의 죽음이 얼마나 애통했는지 짐작이 된다.

바람

 바닷가 사람들이나 배(선박)를 이용해 항해하거나 바다를 중심으로 전투를 할 때 가장 중요하게 여기는 것이 바람에 의한 파도이다. 바람이 강하게 불면 풍랑이 높아지고 물결 즉 파도가 높아지면 일엽편주(一葉片舟)가 되어 뒤집히거나 파괴되어 떼죽음을 당하는 등 큰 해난사고로 직결된다.

 지금과 같이 동력선(動力船)이 없었고 바람과 노(櫓)를 이용한 범선(帆船, 돛단배)을 이용해 전투를 하거나 가고자 하는 목적지에 도착하려면 거친 파도와의 싸움이 어찌 힘겹지 않으랴. 평소에는 하나의 돛으로 노를 젓고 물살을 가르며 가지만, 빨리 가고자 한다면 하나의 돛이 아니고 두세 개의 돛을 달고 파도를 가른다. 이때는 고물(선미)에서 키를 잡고 돛줄임줄을 오른손에 잡고 아랫줄을 풀었다가 감았다가 하며 조여주는 돛대의 조작은, 화장(火匠, 배에서 밥 짓는 직책을 맡은 이)으로 시작하여 바다 생활에 수많은 생사의 고비를 버티어 온 명 선장(船長)만이 할 수 있다.

 돛단배(범선) 무동력선을 이용하여 목적지에 도착하려면 적당하게 바람을 이용한다.

 바람의 종류를 나열해 보면 다음과 같다.
- 하늬바람-북서 계절풍(겨울)
- 마파람-남쪽에서 불어오는 바람(여름)
- 샛바람-동쪽에서 불어오는 바람(봄, 가을)
- 역풍(逆風)-거슬러 불어오는 발(가고자 하는 방향에서)

· 경풍(輕風)-가볍게 불어오는 바람
· 순풍(順風)-순하게 불어오는 바람
· 광풍(狂風)-미친 듯이 세차게 불어오는 바람
· 돌풍(突風)-갑작스럽게 불어오는 바람
· 미풍(微風)-솔솔 기분 좋게 불어오는 바람
· 태풍(颱風)-북태평양 남서부에서 발생하여 아시아 대륙 동부로 불어오는 맹렬한 열대성 저기압((태양의 복사열로 인하여 가을 태풍이 많으며 추석 전후(싯때) 만조와 겹치면 인명, 재산에 큰 피해 예상))

  목적지(目的地) 기항지(寄港地)를 가고자 하는 방향으로 마파람, 하늬바람이 때맞춰 불어 줄 때 항해를 하면 뒤에서 바람이 밀어주기 때문에 목적지에 쉽게 갈 수 있다. 역(逆)으로 바람이 불거나 돌풍, 태풍을 만났을 때 난기류로 방향을 잃거나 오가도 못하고 바다에서 사투를 벌이는 경우가 많으며 이때는 조난, 표류를 예상하고 시간이 지체되더라도 안전을 위해 조급함보다 느긋하게 기다릴 줄도 알아야 한다. 그래도 불가피하게 항해를 해야 한다면 갈지(之) 자 항해는 있지만, 이런 경우도 명 선장의 항해가 요구된다지.

  전라도 해안가 어민들의 말을 빌리자면, 이웃집 작부(酌婦, 술집 여자) 나뿌닥(얼굴) 반반한 것(곱고, 예쁘다는 말)과 바닥(바다) 고운 것은 사흘을 넘기지 못하고 수시로 변한다고 한다. 이는 얼굴 고운 새악시나 바다 날씨는 수시로 변하여 믿을 게 못된다는 말일 것이다.

조수(潮水)

갯가 사람들이나 바다를 생업의 수단으로 사는 사람들은 해를 중심으로 하고 태양력보다는 달(月)을 중심으로 하는 태음력(太陰曆), 음력이 바다 생활과 밀접한 관계가 있다.

달(月)을 중심으로 음력 보름(15日), 그믐(30日) 주기로 썰물 밀물이 반복 순환하며, 1일, 하루 6시간 간격으로 바닷물이 들고 나는 것은 달(月)의 인력(引力)에 의하여 물때가 바뀐다고 하지만 모두가 과학의 수수께끼다. 물때를 열거하면 아래와 같다(음력).

· 만조(滿潮)-바닷물이 육지 쪽으로 가장 많이 밀려 들어와 해면(海面)의 수위가 가장 높을 때

· 간조(干潮)-바닷물이 바다 쪽으로 가장 많이 밀려 들어와 해면의 수위가 가장 낮을 때

· 사리-조수의 흐름이 가장 빨리 들고나는 시기(음력 15日, 30日), 대조기(大潮期)

· 조금-조수의 흐름이 가장 낮을 때(음력 8日, 23日), 소조기(小潮期) 조수, 물 흐름이 느려지면 바닷속 물고기들의 활동이 뜸해져 고기를 잡는 어부들은 집으로 돌아온다.

이때 임신하여 출산한 또래의 아이들에게 조금 때 집에 들어와 만들었다는 말로, 남자아이를 낳으면 '조금수', '조금치'라고 부르고 여자아이는 '조금예'라고 부르는 비속어가 있다.

· 남해 연안-바닷물, 간만조의 차이가 2~3m가량이고,

· 서해 연안-북한, 산둥반도 쪽으로 올라갈수록 간만조 차이

가 심하며 7~8m가량인 곳도 있다.

1950년 9월 유엔군 사령관 더글러스 맥아더(1880~1964년) 원수는 인천상륙작전 시 월미도에서 간만조를 이용 6·25 남침을 반전시켰다(작전명은 크로마이트, CHROMITF).

· 간조(干潮)-썰물, 밀려 나가는 물
· 만조(滿潮)-밀물, 들어오는 물

물때를 열거하면 아래와 같다(음력)

1	9일	24일	한 물	한무날
2	10일	25일	두 물	두무날
3	11일	26일	서 물	서무날
4	12일	27일	너 물	너무날
5	13일	28일	다섯물	다섯무날(산짐살이)
6	14일	29일	여섯물	여섯무날
7	15일	그믐	일곱물	일곱무날(객금살이)
8	16일	1일	여덟물	여덟무날
9	17일	2일	아홉물	아홉무날
10	18일	3일	열 물	열무날
11	19일	4일	열한물	열한무날
12	20일	5일	열두물	열두무날
13	21일	6일	열서물	열서무날
14	22일	7일	열너물	열너무날
15	23일	8일	무심 조궁	한지기(반달)

(每月 8月 23日 조금이며 반달, 15日은 그믐 - 일곱물)

이순신(李舜臣)의 참 스승

　어느 날 이복동생인 덕흥군의 아들 삼 형제(하원군, 하동군, 하성군)를 대궐로 부른 명종 임금은 평소 임금이 쓰던 모자인 익선관(翼善冠)을 아이들 앞에 두고,
　"너희 중에서 누구 머리가 가장 큰지 한 번씩 써 보아라." 하였다. 명종 임금의 어명이 떨어지기가 무섭게 두 형은 자기 머리에 익선관을 써 보느라고 야단이었다. 그 광경을 물끄러미 쳐다보신 명종 임금은, "하성군은 어이하여 형들과 같이 익선관을 머리에 써 보지 않고 보고만 있는 것이냐?"라고 묻자, "전하! 그 익선관은 오직 한 분만 쓰는 것이지 아무나 쓰는 것이 아니기 때문입니다."라고 하였다.
　이 대답을 어찌 어린아이가 할 소리인가. 그 후 후계자인 아들 없이 명종 임금이 돌아가시자 1567년 16세에 하성군이 왕위에 오르니 그가 선조 임금이다. 또한, 명종의 비 인순왕후 심 씨가 조정 중신들의 뜻을 모아 1년가량 수렴청정(垂簾聽政)을 한다.

이때 나이 어린 선조 임금의 정신적인 아버지 역할을 하며, 위기 상황을 슬기롭게 마무리한 이는 영의정 동고 이준경(李浚慶, 1499~1572)이다.

그럼, 이준경은 누구인가?

연산군의 어머니 폐비 윤 씨에게 사약을 전달한 죄로 부관참시의 형을 받은 이가 예조판서 이세좌(李世佐)이며, 그의 손자가 바로 영의정 이준경이다. 이준경은 죽음을 앞두고 친자식에 당부하듯 간곡한 유언을 선조 임금에게 남긴다.

"군왕이 공정히 듣고, 보며 이러한 폐단을 막지 못한다면 큰 환란에 직면할 것이다."라고 예언한다. 이순신과는 어떤 관계가 있는가? 이준경은 보성군수를 지낸 방진(方震)과는 막역지우이며, 그의 외동딸을 이순신에 중매한 장본인이다. 그는 21세 때인 1565년 8월 성혼한다(이준경은 선조 5년, 1572년 눈을 감는다).

· 1583년 나탕개의 난 때 함경도의 순찰사로서 전투에 참여한 장수들의 역량을 파악하여 이순신을 비롯한 신립, 김시민, 이억기 등 임진왜란 시 큰 공을 세운 이들을 추천하였다. 참 스승이며 후원자인 나암 정언신(鄭彦信, 1527~1591)이다.

녹둔도에 둔전을 설치, 이순신을 둔전관으로 추천하고 시전부락 전투로 백의종군에서 풀려나자 다시 추천하였으며, 아버지 이정이 사망하자 끝까지 돌보아 주기도 하고, 비변사에 불차채용(不次採用, 유능한 장수 추천제도) 이순신을 추천하여 임진왜란을 대비시킨다.

1589년 정여립(鄭汝立)의 기축옥사(己丑獄事)에 조선 역사에서 1천여 명이 넘을 만큼 가장 많은 선비가 희생될 때 정여립과 고향이 같은 전주이고 가까운 친척이란 이유로 정언신이 투옥되었을 때 이순신이 문안간다. 사람의 목숨이 파리 목숨처럼 가벼운 시기에 문안간다는 것은 어쩌면 목숨을 담보하는 도박이 아닐지 모른다.

기축옥사의 위관이었던 정철(鄭澈)이, '정승은 사형은 면해야 한다.'라고 임금에 건의하여 정언신은 사형은 면하고 유배지인 갑산(甲山)에서 죽는다.

이순신을 중매하였던 영의정 이준경은 유언을 하며 이후 '나를 대신할 사람은 오직 정언신 한 사람'이라며 그의 참된 인격을 칭송하였으며, 임진왜란 시 병조판서를 한 황정욱(黃廷彧)은 남대문에 올라가 정언신의 죽음을 애통해하며, '왜적이 이토록 빨리 국토를 짓밟은 것은 정언신이 없기 때문이다.'라고 한다.

또 유성룡도 징비록에서 임진왜란 시기에 정언신이 없음을 아쉬워하였으며, 오성부원군 이항복(李恒福)도 정언신의 죽음을 안타깝게 생각하며 몰래 찾아가 관 속에 만인시(挽人詩)를 지어 넣어주는 등, 임진왜란은 훌륭한 인재를 수없이 희생시킨 대가로 하늘이 천벌을 내린 것이라고 한다.

역사의 아이러니…

기축옥사! 정여립과 동갑내기인 대사헌 이발, 그의 형 이급이 정읍 현감으로 재직 중이었는데 이때 난세의 영웅이신 이순신의 부임으로 정읍현감으로 오신다.

신(臣)은 준비를 마치었나이다

1. 전라좌수사(全羅左水使)

역사의 아이러니는 묘(妙)한가 보다. 원균(元均)이 이순신(李舜臣)보다 먼저 전라좌도수군절도사(약칭, 全羅左水使)로 임명되었다가 이순이 부임하기 10일 전에 사간원(司諫院)에 의해 청파되어 임명 사실이 취소되었으니 세상일이란 뉘라서 알랴.

만약 청파되지 않고 원균(元均)이 전라좌수사로 임명되어 임진왜란(壬辰倭亂)이라는 국운(國運)을 맞이하였더라면, 지금 생각만 해도 소름이 끼칠 지경이다. 이 모두가 천지신명(天地神明)의 도움이 아닐는지.

이순신(李舜臣) 장군은 1591년 2월 13일 정읍현감에서 전라좌수사로 명(命) 받았으나 부임지인 여수에 도착하기는 2월 23~28일 정도로 여겨진다.

출동 준비를 마치었나이다

최초로 외적(倭敵)이 조선에 침입한 시기는 이순신 장군이 거북선에서 발포 시험 다음 날인 1592년(壬辰年) 4월 13일이다. 왜적(倭敵)이 부산에 상륙 후 경상우수사 원균으로부터 급한 공문이 전해진 것은 4월 15일이다. "왜적(倭敵) 90척이 부산에 침입했다."

매년 들어오는 세견선(歲遣船), 일본과 왕래하는 무역선의 일종으로 알았으나 전라좌수사 이순신은 기어코 왜적이 쳐들어왔다고 확신하기에 이른다. 전라좌수사 이순신은 외적이 쳐들어옴을 확신하고는 수영(水營) 관내 5관 5포에 전쟁에 대비하는 즉시 출동 태세를 지시한다(5관: 순천, 광양, 보성, 흥양, 낙안. 5포:방답, 발포, 녹도, 여도, 사리).

조정(朝廷) 선조 임금에게 장계(狀啓)를 올려 외적의 침입 사실을 긴급히 보고하고 상급 기관인 전라도 관찰사 이광(李洸), 우수사 이억기(李億祺)에 공문을 보내어 외적이 침입하였다는 사실을 보고, 통보하기에 이른다.

경상도에 침입한 왜적에 대한 적정(敵情) 파악, 경상감사 김수(金睟), 경상우수사 원균((元均)의 병력 지원 요청이 있다고 해도 전라좌수사 이순신 단독으로 관할구역인 전라도를 벗어나 경상도로 출동할 수 없으며 반드시 조정(朝廷)의 명(命)이 있어야 한다.

순천부사 권준(權俊)에게 밀명(密命)을 내려, 명령만 있으면 즉시 출동할 수 있도록 대비하고 군관 배응록(裴應錄)을 절갑도(고흥, 금산)로, 군관 송일성(宋日成)을 남면 금오로와 두산도(杜山島, 돌산)를 정탐할 수 있도록 명한다.

선조 임금의 명령

"물길 따라 적선을 격침시키고, 상륙한 적들에게 뒤의 일을 걱정케 하는 것이 좋은 방책(方策)이다. 조정이 멀리 떨어져 있어서 지휘하기가 곤란하니 경상우수사 원균(元均)과 타협하여 기회(幾回)를 보아 출동케 하라. 또 경상우수사 원균과 합동으로 왜적을 격파하라. 각 도구의 수군(水軍)을 독촉하여 출전의 기회를 잃지 말라. 조정은 천리 밖이라 뜻밖의 일이 있으면 구애받지 말고 처리하라."

_선조 임금

출동 장계(狀啓)

"신(臣)의 어리석은 생각으로는 오늘날 적의 세력이 이토록 우리를 업신여기게 된 까닭은 해전(海戰)을 막아내지 못하고 적이 마음대로 상륙도록 한 것입니다. 경상도 지방 연해안 고을에는 성밖에 깊은 도랑을 파고 높다란 성도 많지만, 성을 지키는 겁쟁이 군졸들이 소문만 듣고는 모두 달아날 생각만 품었기 때문에 적들이 포위하면 함락되어 온전한 성이라고는 하나도 없었습니다. 부산 동래 연해안을 지키는 장수들이 배를 잘 정비하여 바다에 진(陳)을 치고 엄습할 위세를 보이고 정세를 보아가며 전쟁을 했더라면 육지로 오르지 못했더라면, 나라를 욕되게 할 재앙이 이렇게까지 되는 일이 없었을 것이라는 생각이 미치니 분함을 참을 길이 없습니다."

_전라좌수사 이순신(李舜臣)

전라좌수영(여수)에서 경상도로 구원 나가는 장계를 선조 임금에게 보낸 후, 전라좌수영 관내 5관 5포의 장수와 군사들을 전라좌수영이 있는 여수(麗水)로 집결할 것을 즉시 명(命)한다.

4월 29일

경상우수영 관할이며 전라좌수영인 여수와 가까운 거리에 위치한 남해 현령 기효근(奇孝謹)에게 '군선(軍船)을 이끌고 남해 미조항에서 대기하며 전라좌수군을 선도하라.'라는 뜻의 공문(公文)을 전하러 군관 이연호(李連浩)를 보냈으나 그의 보고에 의하면,

"남해현 관청은 물론 주위 민가(民家) 모두가 피난 가고 무기고와 식량 창고를 지키는 사람도 도망가고 없으며, 아무도 남아 있지 않다." 하며, "남해 현령 기효근, 미조항 김승용 등 상주포, 평산포 모두 난을 피하여 도망갔다."라고 하였다.

다시 군관 송한련(宋漢連)을 남해에 파견, 이연호의 보고가 사실이라면 '무기, 식량을 왜적이 이용하지 못하게 소각'을 지시했다. 이것이 이름하여 '남해 관곡 분소' 사건의 전말이다. 이순신이 불리할 때마다 원균이 공격하는 빌미가 되었다.

진해루(鎭海樓) 군사회의(軍事會議)

전라좌수사 이순신은 5관 5포의 장수와 수군 5천 명을 진남관 내 진해주 앞마당에 집결(集結)시켰다.

임진왜란이 끝난 1601년 삼도통제사 이시언(李時彦)은 완도, 고금도에서 여수로 통제영을 옮긴 후, 진해루 터에 진남관(鎭南

館)을 지었다(국보 324호).

당시 군사회의에 참석한 인물
1) 전라좌수사 이순신(李舜臣) 통제사(統制使)
2) 광양현감 어영담(魚泳潭) 중부장(中部將)
3) 낙안군수 신호(申浩) 좌부장(左部將)
4) 보성군수 김득광(金得光) 우부장(右部將)
5) 홍양현감 배흥립(裵興立) 전부장(前部將)
6) 방답첨사 이순신(李純信) 중위장(中衛將)
7) 여도권관 김인영(金仁英) 좌척후장(左斥後將)
9) 사도첨사 김완(金浣) 우척후장(右斥後將)
10) 발포가장 나대용(羅大用) 유군장(遊軍將)
11) 녹도민호 정운(鄭運) 후부장(後部將)
12) 군관 배응록(裵應錄) 참퇴장(斬退將)
13) 군관 최대성(崔大晟) 한후장(捍後將)
14) 본영우후 이몽구(李蒙龜)
15) 영 군관 이언량(李彦良) 돌격장(突擊將)

진해루(鎭海樓) 앞(복파당-농구정 사이 지금의 진남관) 5천 여 전라좌수군이 집결한 장소, 여수(本部)와 거리가 멀어 뒤늦게 도착한 보성, 녹도 수군(水軍)들이 좌수영 앞바다에서 병선(兵船)을 정리하고 인원, 장비 특히 총포류를 점검하고 정리하는 동안 전라좌수사 이순신은 경상도 출전에 대한 불안한 분위기를 희소하면서 어떠한 고난도 뛰어넘는 자신에 찬 목소리로 작금의 전황(戰況)을 설명하기에 이른다.

"경사우수사 원균(元均)의 전문(戰文)이다. 왜적이 조선에 침입하여 동래, 부산, 양산, 밀양이 점령당하였으며 지금은 도성을 향하여 북상 중이며, 더 큰 문제는 전라좌수영인 우리와 이웃하고 있는 경상우수영이 무너졌다고 한다. 경상도로 출동할 것인가에 대한 제장(諸將)들의 의견을 듣고 싶어서 군사회의(軍事會議)를 개최한다."

"전라도 수군이 전라도 바다를 지키는 것이 우리의 의무요, 경상도에 출전하는 것은 관할구역을 벗어나는 작전은 지금까지 없던 일이며 우리 지역을 지키는 것도 부족한데 다른 지역은 반대요."

"전라도를 수비하는 것이 우리의 임무요, 경상도 출전은 우리의 책임이 아니오."

_낙안군수 신호(申浩)

"큰 도적이 침입하였는데 경상도, 전라도가 어디 있소? 영남을 버려두고 오늘 무너진다면 내일 우리는 어떻게 할 예정이오.. 출전하여 다행히 이기면 적을 꺾을 것이요, 불행하게 전사하더라도 신하된 도리를 다하여 부끄러움이 없을 것이요."

_송희립(宋希立)

"노장답게 평소 국은(國恩)을 받고 국록(國祿)을 먹는 신하로서 이때 죽지 않고 어떻게 앉아서 볼 수 있을 것이요."

_정운(鄭雲)

정운이 말하자 전라좌수영 군사들의 함성이 터졌다.

"적세가 마구 뻗어서 나라가 위급한 이때 어찌 다른 도의 장수(將帥)라고 물러앉아서 지역만 지킬 것이냐? 내가 한 번 물어본 것은 여러 장수의 의견을 들어 보자는 것이다. 오늘, 우리 수군이 할 일은 나가서 싸우다가 죽음이 있을 뿐이오, 감히 나갈 수 없고, 반대자가 있다면 목을 베리라."

추상같은 명령과 단호한 태도는 경상도 출전으로 이순신은 결행하기에 이른다. 타지(他地) 출동에 대한 불안한 마음이 흔들리는 군사들에게 위엄 있는 행동은 경상도 출동을 맹세하면서 장수들의 임무와 배치를 결정하였다.

진해루(鎭海樓)에서 행한 군사회의의 결정은 전라감사 이광(李洸)에게 보고하고 전라우수사 이억기(李億祺)에 통보하고 동시에 선라좌수영(本營)인 여수로 곧 뒤따라 오라는 비상 통신을 보낸다. 좌수사 이순신은 전라좌수영 함대가 경상도로 출동하여 좌수영(本營)을 비운 사이에 있을 수 있는 왜적의 기습 공격에 대비하여 자체경비를 위하여 유진장(留陣將), 우후(虞候) 이몽구(李夢龜)에 부수사 격을 지정하여 수비하도록 하고, 관내 5관 5포에는 군관 중 유경험자를 가장(假將)으로 임명하여 자체경비를 전담하게 한다.

난중일기(亂中日記) 임진년(壬辰年) 5월 3일
녹도 만호 정운(鄭雲)이 보자고 하기에 불러 물었더니, "전라우수사 이억기는 오지 않고 왜적이 북상 중이니 통분한 마음 금할 길 없거니와 만약 기회를 늦추다가 후회해도 소용이 없다."

라는 것이다.

이 때문에 동명이인인 중위장 이순신(李純信, 부사령관)을 불러 내일 새벽에 출동할 것을 약속하고 즉시 장계(狀啓)를 쓰다.

선조 임금에 보내는 장계
"육지로 향하는 왜적들은 도성을 침범한다고 하므로 신(臣)과 모든 장수(將帥)가 분발하지 않은 이가 없습니다. 칼날을 무릅쓰고 생사를 결단하고 돌아갈 길을 차단하여 왜적선을 쳐부순다면 혹시 뒤가 염려스러워 바로 돌아올 수 있을 것이므로 오늘 5월 4일 경상도로 출동합니다."

_전라좌수사 이순신(李舜臣)

거북선(龜船) 진수(進水)

난중일기(亂中日記) 3月 12日
선상을 지나 경강선(京江船)을 점검했다.
거북선을 진수히는데 신중을 요히니 동풍(東風)이 심하게 불어 어쩔 수 없이 금하였다.

난중일기(亂中日記) 1592年 3月 13日(丙) 14日(甲辰)
순찰사의 편지가 왔다.
순찰사라면 전라도사 이광(李洸)을 말하며 진수하기로 한 거북선을 진수시키지 못하고 전주(全州)와 여수(麗水)의 중간인 순천부(順天府)에서 만나기로 약속함.
순천부사 권준(權俊) 배석하에 환선정(喚仙亭) 정자에서 술자리를 마련, 거북선 관련 사항 보고((순찰사 이광(李洸)은 이순신(李舜臣)과 같은 덕수 이씨로서 당내지친(堂內至親)이며 선조 수정 실록을 펴낸 이식의 조부임)).

왜적이 조선에 침해하기 4月 13日 하루 전
거북선이 완성. 조선천지(朝鮮天地)에 공개되다.

4月 11日(庚子)
전라순찰사 이광(李洸)의 편지와 별목을 그의 군관 남한(南僩)이 가지고 왔다.
처음으로 돛을 만들어 달아 펼치고 바람 따라 달려 드리어 거북선이 완성되었다(帆布 : 돛을 만들어 달고 펼치고 나간다).

4월 12일(辛丑) 맑음
식사 후에 배를 타고 거북선에서 지자(地字), 현자(玄字) 포를 쏘아 보았다. 순찰사 군관 남공이 살펴보고 갔다. 정오에 동헌으로 옮겨 앉아 활 10 순을 쏘았다. 관청으로 올라가면서 노대석(路臺石)*을 보았다.

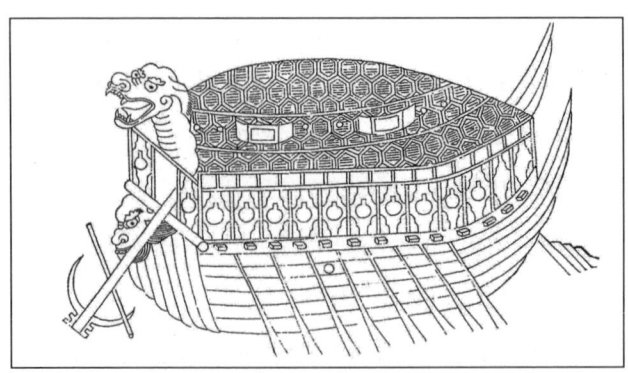

〈이충무공전서〉에 수록된 전라좌수영의 거북선 그림(현충사 소장)

---

* 노대석 : 관성이나 사가의 대문 앞에 놓는 돌로서 말을 타고 내릴 때 쓰는 것

4月 11~12日

　세상에 깜짝 놀랄 만한 비밀병기(秘密兵器)인 거북선이 완선된 것이 아니고 이순신(李舜臣) 작품으로 창제(創製 : 없던 것을 처음으로 만들다)되다.

　거북선 진수식(進水式) 행사에 전라좌수영 모든 장졸(將卒)이 참석했다. 지자, 현자 포를 방포(放砲), 목표물(目標物)이나 가상적(假想敵)을 명중(命中) 격파시키다. 명장면을 참관(參觀)하려고 전라도사 이광(李洸, 전주감영 주둔)의 군관 남한(南僩)이 5백 리나 먼 여수의 전라좌수영까지 오다.

　거북선에서 목표물을 명중시키는 명장면을 목격한 군관 남공은 '잘했다' 칭찬 격려한 것으로 보아 사격술이 성공적이었을 것이라고 확신하고, 별록(別錄)을 가지고 온 것으로 보아 병서(兵書)는 아니고 금전(?) 같은 선물이 아니었을까(거북선에 관한 구체적 내용도 말미에 첨부하다).

철쇄설(鐵鎖說)의 진실(眞實)

1. 난중일기(亂中日記)

1592년(壬辰) 2月 2日( )
쇠사슬을 건너 매는데 필요한 크고 작은 돌 80개를 실어왔다
鐵鎖橫況大中石 八十 餘間載來

1592年 2月 19日(庚子)
새벽에 이원용(李元龍)이 군사를 인솔하고 쇠사슬을 꿸 나무를 베러 두산도(杜山島, 돌산도)로 떠났다.
鐵鎖 貫長木斫伐事 李元龍 領事送 斗山島

1592年 3月 27日(丁亥)
아침을 일찍 먹은 뒤에 배를 타고 소포(現 종화동)로 나가 쇠사슬을 가로 매는 것을 감독하며 종일 기둥 나무 세울 것을 보았다. 그리고 '거북선'에서 대포 쏘는 것도 시험하였다.

2. 철쇄설의 허와 실(實)

철쇄설의 허(虛)

상도통제사 이순신은 명량해전 시 울돌목 해상(海上) 철쇄(쇠구슬줄)를 설치하여 서해안으로 진출코져 쳐들어오는 왜적선 모두를 전복시켜 명량해전을 대승으로 이끌었다.

해남(海南), 진도(珍島) 사이의 물목인 울돌목은 그 폭이 280~320m. 그 사이를 쇠구슬을 450m가량(무게 4t가량) 울돌목 수면 아래, 즉 바닷물 속에 숨겨 두었다가 왜적선이 울돌목에 들어올 때인 1597年 9月 16日 11:00~15:00시까지 양쪽에 매어 놓은 쇠사슬을 연자방아로 돌려 잡아당기자 왜적선들이 쇠구슬 줄에 걸려 모두 수장(水葬)시켜 승첩(勝捷)하였다는 내용.

철쇄설의 실(實)

해남현지(海南縣誌), 택리지, 호남절의록, 현무공 실기(김억추 전라우수사의 전기)의 등의 순으로 설화(說話) 설이 사실인 양 구체화 되고 있다.

위의 내용은 그의 후손(後孫)들이 조상을 선양(宣揚)할 목적으로 저술하였으며, 명량해전 시 철쇄설은 지금도 계속되고 있으나 사실을 가장(假將, 거짓 꾸밈) 한 설화라는 것이 학계(學界)의 중론임(명량해전에서의 철쇄선은 존재하지 않은 것으로 판단됨).

3. 철쇄설의 진실(眞實)

임진왜란(壬辰倭亂) 전인 1592년 난중일기에 의하면 전라좌수영(지금의 여수) 앞바다인 소포(召浦, 여수시 종포마을), 두산도(斗山島, 돌산도) 사이의 물목에 설치하였으며, 명량해전 시 난중일기(亂中日記)를 비롯한 다른 기록에도 철쇄설은 존재하지 않음(1592년 3월 27일 亂中日記 참조).

 전라우수사 김억추의 현무공 실기에 사실인 양 기록됨. 철쇄설의 기록은 이순신 당대나 사후에 발견되지 않으며, 최소 150~200년이 지난 후대에 김억추가 좁은 물목에 철쇄를 설치 50여 척의 왜적선을 침몰시켰다는 내용이 전부이다(전설적 내용임).

소포 | 지금의 여수시 종화동 종포마을 일대이다.

대첩(大捷)을 예고하는 징후들
_여수 유림(儒林)의 전승(戰勝) 후일담

　1. 임진왜란(壬辰倭亂)시 이 장군(이순신 지칭)이 경상도로 출전하려는 전날 밤이면 마치 승리(勝利)를 기다리기라도 한 것처럼, 전라좌수영 본영(本營)이 이곳 여수에는 말로 표현하기 힘들 만큼의 이상한 조짐이 한둘이 아니었다고 전해진다.

　경상도로 출동(出動)하기 전날 밤이면 해와 달이 비추듯 온 산야가 낮같이 밝은 빛을 유지하였으며, 밤하늘에 떠 있어야 할 은하수나 별똥별들이 마치 우주쇼라도 하는 양 머리 위로 떨어지기도 하고, 대낮임에도 하늘에서 서기가 서린 듯 안개인 듯 구름인 듯 운무가 분간이 어려울 만큼 지속하기도 하고, 여수 문수동에 있는 고락산(鼓樂山)에서도 승리를 예견이라도 한 듯 은은한 북소리가 울려 퍼졌다고 한다.

　여수의 주산(主山)인 무선산(舞仙山)에는 선녀인 듯한 무녀 형상들이 구름 속에서 춤을 추기도 하였으며, 여수의 구봉산(九峯山)에서는 오색구름이 피어 오르고 전라좌수영 함대가 본영

(本營)으로 돌아오기 전날 이순신 장군이 근무한 진해루(鎭海樓) 뒷산인 종고산(鐘鼓山)은 일주일가량 쇠 북소리가 울렸으며, 그 소리를 들은 먼바다의 어부들까지 승리를 예고하고 노를 저을 생각도 잊은 채 덩실덩실 춤을 추었다니, 이 모두가 하늘의 뜻과 천명(天命)이며 고천문(告天文)이다.

순천자(順天者)는 존(存)하고 역천자(逆天者)는 망(亡)이라는 논어에 나오는 천지신명(天地神明)의 참뜻이 아니랴.

# 옥포대첩(玉浦大捷)
_임진왜란(壬辰倭亂) 첫 승리(勝利)

1952年 5月 4日

전라좌수영 5관 5포의 군사(軍事) 5천여 명, 여수항 집결(集結), 군사 승리(勝利)를 맹세한 수병(水兵)과 병선(兵船)으로 가득 찬 새벽 여수항, 쥐 죽은 듯 조용한 군열(軍列) 속에서 다짐이 이어진다.

'경사도에 침입한 왜적을 섬멸하고 승리(勝利) 후 반드시 꼭 귀향하겠다.'

그 누구도 생사(生死)를 기약할 수 없고 피비린내의 전쟁터, 부자간, 모자간, 새색시와 새신랑, 3대 독자, 조손간, 아들, 손자들…… 절망, 감동, 슬픔, 환희, 공포, 죽음의 공포, 생환, 뜨거운 눈물이 필승의 응원이 얼룩진 여수항. 하늘, 바다, 땅…….

천지(天地)를 진동하는 5천여 수군(水軍)들의 다짐, 승리(勝利)의 영원…… 천지신명(天地神明) 점지가 필연의 쇠못 박듯 있었을 것이다.

"군호(軍號, 암호)를 하달한다. 문병(問兵) 용호(龍虎), 복병(伏兵)은 산수(山水)다."

지국창(총)…… 지국창(총)…… (윤선도의 노 젓는 소리)

출동 날짜와 시간을 밝히지 않은 것은 상대방(相對方), 피아간(彼我間) 의중(意中)을 감지하지 못하게 하는 작전상(作戰上) 비밀에 속한다.

적진(敵陣)을 향하여 전라좌수영 이순신(李舜臣)과 수군(水軍)들, 바다를 중심으로 한 백성들에 이르기까지 생사고락을 같이 한 1년이 넘는 생활. 선박을 건조하고 거북선을 만들고, 병기, 총포를 만들며, 해자, 군량……

실전(實戰)과 같은 맹훈련……

해자, 축대 쌓기, 활쏘기, 검법훈련…… 잡역에 이르기까지 장수의 장재(將材)를 십분(十分) 발휘하였을 전라좌수영. 웃음, 울음, 한숨, 환희, 질책, 후회, 까만 밤을 하얗게 지새우는 세월은 얼마이던가.

정과 한으로 뒤범벅이 되었을 여수의 병영생활, 그 여수항을 뒤에 두고 어둠을 향하여 경상도로 진격한다. 실전과 같은 훈련은 반복 시행하였지만, 모두가 실전은 처음이다. 물론 육전(陸戰)으로 함경도에서 경험했다고 하지만 해전(海戰)은 모두 처음이 아닌가. 더구나 경상우수영 지역 역시 꿈에도 못 가본 생소한 곳이 아니던가.

오직 한 가지를 꼽으라고 한다면, '국가를 살리고 백성을 구한다.'라는 일념과 의지 용기, 자신감을 가지고 출전을 결정하기에 이른다. '원(願) 건대 한번 죽음으로서 기약하고 즉시 범의 소굴을 두들겨 요망한 기운을 쓸어버리고 나라의 부끄러움을 만분(萬分)의 일(壹)이나마 씻으려 하옵니다. 성공과 실패 날쌔고 둔한 것에 대하여 신(臣)이 헤아릴 바 아닙니다.'

_전라좌수사 이순신(全羅左水使 李舜臣)

5月 4日 출동한 전라좌수영의 兵站 현황

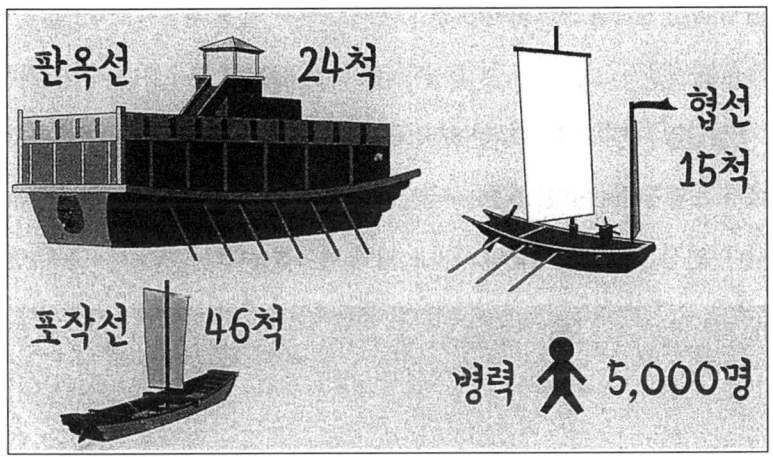

· 탄옥선 24隻
· 협선 15隻
· 포작선 46隻
· 계홍 85隻
(참고문헌-'이순신 여행' 장정호 지음)

재장과 장수(將帥)들의 배치도 전라좌수사 이순신(李舜臣)은 출전하는 전선(戰船)을 효율적으로 배치하기에 이른다.

광양현감 어영담(魚泳潭)은 바다의 달인(達人)으로 경상도

바다의 항도로서 바다 최선봉(最先鋒)에 배치하였으며(위성항법장치인 GPS 역할),

좌척부장 김인영(金仁英)

우척부장 김완(金完)

양척후선으로 적의 동태를 정찰(偵察)하기 위하여 전진배치(前進配置) 한다.

지국장…… 지국장……(물살을 헤치고 가는 소리)

척후선으로부터 전방해상(前方海上)에 대한 이상 유무를 보고 받으며 항해하며, 순항하다가 이상 징후가 포착되면 주위 수색 후 순항한다. 날이 어두워 경상 바다 소비포(所非浦)에서 일박하기에 이른다.

이튿날 새벽

전라좌수사 이순신 함대는 전 함대를 지휘하여 경상우수사 원균(元均)과 만나기로 사전 약속한 당포(唐浦)를 향했다. 약속 장소인 당포에 도착하였으나, 경상우수사 원균(元均)은 없었다.

5月 6日 아침

경상우수사 원균(元均)은 어부 복장으로 나타난다. 뒤를 이어 옥포만호 이운용(李雲龍), 영등포만호 우지척(우지척), 율포만호 이영남(李永男) 남해현령 기효근(奇孝謹) 등 장수들이 판옥 3척, 협선 2척, 도합 5척을 몰고 왔다. 전라좌수사 이순신은 경상우수사 원균으로부터 일본 수군의 세력과 동향, 접적(接敵) 등 해황 파악, 전라좌수영, 경상우수영의 제장(諸將)들을 한곳으로 집결시킨 후 작전에 필요한 제반 사항을 숙지시키고 송미포에서 숙영한다.

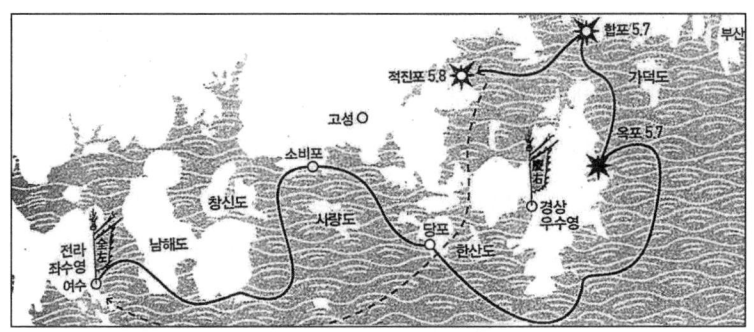

이순신의 제1차 출전로와 해전 상황도(현충사 제공)

적 발견(賊 發見)

5月 7日 송이포를 출발

왜적(倭敵)이 머물렀다는 천성(天城), 가덕(加德)을 경유한다. 이때도 척후선이 왜적의 동태를 면밀히 살피며, 12:00시 경, 전라좌수영 85隻, 경상우수영 5척, 합동 선단 90척이 거제 옥포(玉浦)에 이른다.

이때 이순신이 타고 있는 대장선(大長線)에 신기전이 날아왔다. 이는 척후선으로 최전방에서 왜적(倭敵)이 있음을 알리는 적 발견(賊 發見) 신호탄(信號彈)이며, 김인영, 김완이 발사(發射)한 신호이다.

옥포 선창에 왜적이 정박(碇泊)하고 있음을 알려오자 전라좌수영, 경상우수영 모든 함대를 전투대형으로 하고 '공격개시(攻

95

擊開始)' 신호에 따라 세부사항이 전달(傳達), '작전 개시'와 함께 전라좌수사 이순신(李舜臣)은 명령을 하달한다.

"함부로 움직이지 말고 태산처럼 신중하게 행동하라(勿令妄動 靜重如山)."

전라좌수사, 경상우수사, 모든 장졸(將卒)이 해전은 처음 치르는 전투 현장에서 공포, 불안한 마음에서도 여유를 지니고 임하라는 일종의 전투 다짐이다. 옥포(玉浦) 선창에는 왜선 50여 척이 흩어져 정박해 있고, 이는 왜장 등당고호(藤堂高虎, 도도 다카토라)가 지휘하는 선박들로서 옥포에 상륙하여 마을에 들어가 분탕(焚蕩)질을 하고 있었으며 연기가 온 산에 자욱하였다.

왜적의 병력 규모로 보면 연대급으로 약 3,000명 이상으로 예상되며 이들은 옥포 선창에서 인근 마을로 들어가 민가(民家)에서 값진 물건을 강탈하는 등 분탕질에 여념이 없었다. 이때 정체를 알 수 없는 대선단(大船團)이 눈앞에 지금 다가오고 있질 않은가.

그것도 100여 척이 넘는 선박들이 전열을 가다듬고 먹구름 같이 몰려들고 있으니 놀랄 수밖에······. 전방을 주시하며 보초를 서던 왜병들이 기겁을 한 채 위급한 상황을 전달하기에 이른다.

왜병들이 일본, 부산 상륙 후 양산, 김해 등지를 살육, 분탕질하였어도 지금까지 조선군(朝鮮軍)이라고는 그림자도 찾을 수 없었다. 조선의 육군(陸軍)과 같이 수군(水軍)들 역시 도망을 다니든지 멀리 일본군이 무서워 퇴각(退却)할 것으로 알고 평안(平安)하게 이웃집에 놀러 오듯 나왔는데 갑작스럽게 대선단이 나타났으니 놀랄 수밖에.

약탈을 강행하기 위하여 마을에 나갔던 왜병(倭兵)들이 돌아와 전투태세를 갖추었으나 조선 수군이 외곽을 철통같이 막고 있으니 그들 마음대로 퇴거할 수도 없었다. 조선 수군은 처음 간 만조나 물의 흐름을 알았기에 유리하였으며 전투 시작 전부터 도망갈 궁리나 하는 왜병과는 달리 여유를 가지고 승리를 장담할 수 있었다.

옥포 포구 7~80m 전방까지 소리 없이 접근한다. 학이 날개(鶴翼陣)를 폈다가 그물 안에 들어 있는 물고기처럼 좁혀지면서 하늘, 땅, 바다가 경천동지(驚天動地)할 일들이 기다리고 있었다.

이때 왜선(倭船) 6척이 선봉에 위치하면서 옥포 해안을 따라 달아나고 있었다. 기회를 놓칠세라 전라좌수사 이순신은 '공격 개시' 명령을 내린다.

북소리, 나팔 소리와 함께 전라좌수영 군사들이 전방에 주축이 되어 사력(死力)을 다하여 천자포, 지자포, 각종 포와 화살이 천지를 진동하고 하늘에서 우박이 쏟아지듯 왜선을 향하여 발사된다. 좌부장 신호(申浩), 우부장 김득광(金得光), 전부장 배흥립(裵興立), 중위장 이순신, 우척부장 김완(金沅), 좌척부장 김인영(金仁英), 유근장 나대용(羅大用), 후부장 정운(鄭雲), 중위장 어영담(魚泳潭), 돌격장 이언양(李彦良) 등의 장수들과 군사들이 지속적으로 격파하여 왜적선 26척을 불태웠다.

왜적들은 조선에 입국하여 처음으로 비참한 최후를 맞이했다. 옥포의 넓은 바다는 불꽃이 여기저기에 남아 있으며 왜병들의 시체, 타다남은 배의 잔해와 부속 물품과 판자 등 바닷물은 온통 왜적들의 피로 붉게 물들어 있었다.

이날 이후 4시경 합포(合浦)에 이르니 왜선(倭船) 5척이 지나간다는 첩보에 쫓아가니 선박을 버리고 도주하므로 전부 깨뜨려 불태운 후 창원 땅 남동에 진을 치고 숙영하였다. 8일 적진포에 이르러 바다 어귀에 왜선 13척이 정박하여 13척 모두를 불태웠다.

전과(戰果) 및 전투 원칙

옥포승첩(玉浦勝捷)은 옥포 해전, 합포 해전, 적진포 해전을, 옥포해전으로 통일하고 총 왜적선 44척을 격파하고 왜적 44× 200명=약 1만 명 수장시키고,

각종 노획품 5간 창고가 부족할 정도이며,

쌀 300석(水軍)들의 양식으로 나누어 주고, 의복 사졸에 배부 총포(조총, 칼 등)

아군 피해

부상자 : 경상 1명, 화살에 의한 상처, 순천 사부 이선지(李先枝).

탐색 탐망 경계

수군이 이동할 때는 전방, 후방, 좌방, 사방 2마일 해상에 척후선을 편성 24시간 가동으로 적선을 탐색, 척후선이 탐망한 왜적선은 반드시 격파, 해전 중 또 다른 적함 상시 감시, 패주(敗走)하는 적은 뒤쫓지 않는다. 전투는 이른 시간(단시간) 포화를 집중하여 격파 후에는 흔적(痕迹)을 남기지 않고, 강풍이 사라지

듯 전투 장소를 신속하게 벗어난다.

　숙영(宿營), 왜적의 기습작전에 대하여 잠을 잘 때는 바다에서 숙영하다.

　이동(移動), 이동할 경우 야음(밤)을 이용하고 휴식 역시 근무자는 정확한 교대를 원칙으로 한다.

　제해권 확보(制海權)

　옥포해전(玉浦海戰)의 성공은 남해를 경유 서해로 북상하는 왜적에게 서진(西進)을 못하도록 막아, 북상 중인 적군에 통신, 보급품 수송이 중단되었으며, 조선에는 호남, 충청, 평안도 등 피난 조정과의 협조, 더 나아가 명군(明君)이 파병하는 단초를 제공한다.

　전라좌수영의 우후 이몽구(李夢龜)는 당포해전 3日 뒤인 6月 7日 율포해전에서 적선 1척을 포획, 적병 7급을 벤 뒤 1척을 육지로 내려가 불살랐으며, 정박한 배를 수색하다가 진귀한 금부채 하나를 노획하였는데, 이것은 일본 풍신수길이 적장(가메이 코레노리 亀井玆矩)에게 신표로 준 것이며, 이 포획물은 6月 14日 임금에 올려보냈다. 1605년 선무 원종 공신 정3품 절충장군에 책록됨(묘지: 하동은 진교면 월은리(이정호 후손)).

　선조 임금에 보내는 이순신 장계

　"신(臣)이 거느리고 있는 여러 장수와 관원들과 군사들로서 분하여 앞을 다투어 적에게 달려들지 않은 자 없었으므로 함께 크게 이길 것을 기약하면서 전후로 10여 척의 왜선(倭船)을 불태웠으나 왜적의 머리를 벤 것은 단지 이 둘뿐입니다. 신(臣)이 적을 섬멸하고 싶은 마음을 다 풀지 못하여 통분한 마음 더한층 심하지만 접전(接戰)할 당시를 헤아려 보면 그럴 수밖에는 없었습니다.

적선의 빠르기가 날아갈 듯한데 우리 수군(水軍)을 보고 도망가지 못할 것 같으면 바다 기슭에 붙어서 고기 두름 엮듯 배를 저어 가다가 형세가 궁해지면 배를 버리고 뭍으로 올라가 버립니다. 그래서 이번 길에 모조리 다 잡지 못했는데 간담이 찢어질 것 같아서 칼을 만지며 탄식하였습니다. 왜적의 배에 실렸던 물건들은 찾아내어 다섯 곳간을 채우고도 남았습니다. 사소한 물건은 다 적지 못하고 그중 전쟁에 쓰일 것만 골라서 장부를 만들어 부대별로 노획한 각종 활, 화살을 기록하여 책자를 만들었으며 왜선에 실려 있는 쌀 300석은 여러 전선의 배곯는 격군 사부에 나누어 주었습니다. 전하!"

_전라좌수사 이순신

제9군까지 일본 침공군의 편성과 지휘관 및 병력은 다음과 같았다.

제1군 | 고니시 유키나가(小西行長) 1만 8천 700명
제2군 | 카토 기요마사(加藤淸正) 2만 2천 800명
제3군 | 구로다 나가마사(黑田長政) 1만 1천 명
제4군 | 모리 요시나리(毛利吉成)
제5군 | 후쿠시마 마사노리(福鳥正則) 2만 5천 명

제6군 | 고바야카와 다카카케(小早川隆景) 1만 5천 700명
제7군 | 모리 데루모토(毛利輝元) 3만 명
제8군 | 우키타 히데이에(宇喜多秀家) 1만 명
제9군 | 하시바 히데카스 1만 1천 500명
합계 | 15만 8,700명

이 침공군의 총지휘관은 제8군 사령관인 우키타 히데이에로서 당시 그의 나이 21세였다. 전쟁 경험이 없는 우키타가 총지휘관을 맡은 것은 그가 도요토미 히데요시의 총애를 받았기 때문이었다. 선봉장인 가토 기요마사도 30세, 구로다 나가마사도 24세의 장수였다.

전라좌수군의 승리(勝利)

　전라좌수영 5관 5포의 5천여 수군(水軍)이 주축이 되어 책임 구역을 벗어나 경상도로 출동, 옥포(玉浦) 해전에서 왜적선 40여 척, 왜군(倭軍) 1만 명을 수장시킨다.

　5月 9日 전라좌수영(本營) 여수로 개선한다. 무사 귀환을 마친 좌수사 이순신은 목욕제계 후 선조 임금에게 승전(勝戰) 보고서를 쓴다. 장계(狀啓) 이름은 '옥포파왜병장(玉浦破倭兵將) 옥포에서 왜적(倭敵)을 격파한 보고서(報告書)'

　이 장계는 군관 송한련(宋漢蓮)과 진무(鎭撫), 김대수(金大壽) 등이 선박 편을 이용하여 서해로 돌아 강화도, 황해도를 경유한다. 선조 임금과 군신(君臣) 모두가 '일본에 승리하였다는 장계에 감격하여 통곡했다'라고 한다.

　5月 23日 평양에서 장계를 받은 선조 임금은 '이순신에 품계(品階)를 올려줄 것을 명(命)하자, 가선대부(嘉善大夫) 벼슬을 내리다(1592년 5월 23일).'

호남(湖南)으로 가겠다

옥포(玉浦) 해전 승리에 고무된 선조 임금은 파천 계획을 접고 의주(義州)에 머물 때, 임시 행궁(임금의 집무소)을 옮길 것을 말하기에 이른다. 의주에 왔던 것은 요동으로 가기 위해 이곳으로 왔다. 이제는 해로(海路)를 이용하여 안전한 곳을 택해 보라고 말하기에 이른다. 이때 윤두수(尹斗壽)는 '왜적(倭敵)이 평양에 주둔하고 있는데 그것은 참으로 위험합니다.'라고 하자, '다른 곳을 택한다면 육지보다 바닷길로 충청도나 호남(湖南)으로 가 머물면 군병(軍兵)을 모집하여 다시금 나라를 세울 수 있을 것이라 전(傳)한다.'

_선조실록 1592년 6월 27일

日本의 원흉(元兇) 풍신수길(豊臣秀吉) 웃음소리

조선의 도성(都城)인 서울이 일본군의 선발대인 제1 대장인 소서행장(小西行長, 고니시 유키나가)이 부산을 점령한 후 20일 만인 5月 4日 함락(陷落)하였다는 승리 소식을 일본 구주(九州) 명호옥성(名護屋城, 朝鮮出兵前進基地) 천수각(天壽閣, 豊臣秀吉의 行宮)에 전해지는 날짜는 5月 16日이다.

풍신수길(豊臣秀吉)은 그의 양아들 수차(秀次, 히데츠구)에게 일본군의 승리 소식을 전하며 말한다. "명나라 서울인 북경(北京)을 아들인 수차(秀次) 너에게 주겠다. 나(豊臣秀吉)는 영파(寧波)에 머문다. 일본 천황(天皇, 文祿, 분로쿠 에키)은 북경(北京)에 모셔 두고, 북경 주위 100리 내의 모든 땅은 황실 땅으로 떼어 준다.

그러면 日本은 누가 통치하나. 제1 대장(小西行長, 第8 隊長까지)이 조선에 들어가 있으니 그들에게는 조선8도(朝鮮八道)를 나누어 주고, 지금 일본에 남아 있는 9번 대장인 익자수보(益

者秀保, 우끼다 히데이)에 준다. 그뿐인가. 천축(天竺, 인도, 인도네시아 지방)은 대신(大臣, 다이묘)에게 골고루 공평(公平)하게 나누어 준다. 하 하 하 하……"

그 웃음소리가 도원(桃園, 모모야마)을 넘어 가미카제가 되어 일본 열도를 흔들었다니, 아! 하늘이 무심한지고…….

명나라 황제(皇帝)의 칙령(勅令, 명령)

선조 임금의 망명(亡命)에 대하여 명나라 황제로부터 불호령이 떨어졌다.

"일국(一國)의 국왕이 도주하겠다니 불쌍하구나. 조선(朝鮮)에 원병(援兵)을 보내겠노라." 칙지(勅旨, 황제의 命)를 받은 명나라 부총병 양소훈(楊紹勳)은 의주(義州) 행재소(行在所)로 선조 임금을 찾아온다.

"한 나라의 국왕이 나라를 버리고 전쟁을 피하여 온다면 백성들이 어찌 따를 손가. 압록강을 건너오겠다는 생각은 마시오. 그래도 기어코 망명(亡命)코저 한다면 수행원을 백 명으로 하고 관전보(寬奠堡)의 빈집에 수용하겠소."

명나라 신종황제의 칙령(勅令)
"조선 국왕이 왜적에 쫓기어 내부(內附, 亡命) 하기를 원하니 짐(朕, 皇帝)은 소국(小國)을 구휼하는 마음에서 의리상(義理

上) 거부하지 못한다. 조선 국왕이 관전보에 도착하거든 거처한 숙소와 심부름꾼 10명으로 영접하라. 하루 음식은 채소 4전으로 하고, 돼지, 양 1마리씩을 주고 수행하는 관원 100명 부인 20명만 건너오게 하여 소란스러운 시비가 없도록 처리하라."
_연려실기술

1592年 6月 23日
망명을 구걸하는 선조 임금은 명나라로부터 죽음보다 더 치욕스러운 말을 듣고 망명을 포기한다. 이때 우의정(右議政) 이양원(李陽元)은 선조 임금의 망명을 반대하는 단식을 하다가 사망하기도 한다.

선조 임금의 탄식
"내가 백성을 죽였도다."라고 임금은 탄식하였다.
임금을 비판하는 말 중에는 '왜 유비무환(有備無患)으로 사전에 대비하지 못하고 한 나라를 이 지경으로 만들었나 하는 뜻이 담겨 있을 것이다.

내가 내 백성을 다 죽였도다
선대 임금께서 200년 동안 기르신 백성들을 전쟁과 역병으로 굶주려 죽으니 마을마다 인적이 끊기고 을씨년스럽게 초목만 무성하며 살아남은 자 얼마나 되랴.
내 비록 덕은 없으나 잔인한 사람은 아니라. 그동안 우리를 버리고 어디로 가느냐고 행차(行車)를 막고 북방의 찬바람 속에 흘렸던 눈물, 내가 백성을 버렸다.

  청년은 나무에 목매고, 노약자는 구덩이에 몸을 던지고, 그들이 자살한 것이 아니라 내가 죽인 것이다.

  백성들에게 죄를 짓고 허물을 반성한들 마음만 괴롭다.

  아! 임금과 백성들의 의리는 부모와 자식 같거늘……

  아직도 반성할 줄 모르는 신하들, 압록강을 바라보며 통한의 시 한 수를 지어 조정의 신하들에 보낸다.

관산에 뜬 달 바라보니 통곡이오
통곡관산월(痛哭關山月)

압록강 찬바람을 맞으니 마음이 쓰리도다
상심압수풍(傷心鴨水風)

조정의 신하들아! 금일 이후에도
군신금일후(君臣今日後)

서인, 동인으로 나누어 싸울건가
영덕각서동(寧德各西東)

한산대첩(閑山大捷)

전라좌수영(여수) 이순신 함대는 1592년 5월 4일 경상도로 출동, 5월 7일 임진왜란 최초로 옥포에서 36척 중 26척을 불태우고, 이날 오후 합포에서 5척, 5월 8일 적진포에서 13척, 총 44척을 불태우다.

2차 출동은 5월 29일 사천해전(거북선 출전)으로 왜선 13척, 6월 2일 당포에서 21척, 6월 5일 당황포에서 26척, 6월 7일 율포에서 7척, 총 67척을 불태우다.

1592년 7월 6일 이순신이 이끄는 전라좌우수군은 여수를 출발, 남해노량, 창선, 사량도 경유 7월 7일 당포에 도착하였다. 왜장 협판안치(脇坂安治, 와키자카)가 이끄는 일본군은 7월 6일 웅포를 출발, 7월 7일 전라도 공격하기 위해 견내량에 있었다. 양측 함대는 서로 12마일 떨어진 당포와 견내량에 도착하였다. 이순신 함대는 첩자를 통해 일본군 동태를 입수 대처하고 있었다. 10:00시 경 당포를 출발한 이순신 함대, 12:00시 경 상호 피할 수 없는 한판 승부가 기다리고 있었다(김천손).

여기는 바다가 좁고 수심이 얕은 곳으로; 싸울 곳이 못 되는 곳이니 큰 바다로 꾀어내어 싸워야 한다고 지시한 후 장계는,

"우리 수군이 거짓으로 물러나면서 돌아 나오자, 왜적들은 줄곧 뒤쫓아 나왔습니다. 그래서 바다 가운데로 나와 다시금 여러 장사(將帥)들에게 명하여 학익진(鶴翼陣)을 벌려서 일시에 진격하였습니다. 지자, 현자, 승자 등 각종 총통을 쏘아 먼저 2~3척을 깨트리자 여러 배의 왜적들이 사기가 꺾이고 도망하였습니다."

왜적선을 향하여 천지가 진동할 만큼 천자, 지자 승자총통의 화력을 집중하여 사격을 가하자. 천둥 같은 포화를 당해내지 못하고 순식간에 부서지고 불태워졌으며 전쟁은 속전속결로 금세 마무리되었다.

왜적선 79척 중 59척을 분멸하였으며 안골포에서 20척, 총 79척에 왜적 1만여 명을 수장시켰다. 왜장 협판안치는 겨우 목숨만 부지하고 구사일생으로 도망갔다(일주일간 미역만 먹고 살았다).

한산도해전(견내량해전)은 일본의 주력 함대가 도착하기도 전에 출전하여 탐망군을 통하여 왜적의 주력 부대가 어디에 있는지 명확히 파악했다.

아군이 원하는 장소, 원하는 시간에 전투가 개시되었고 싸우기도 전에 전투는 이기고 있었다. 한산해전은 임진접전(壬辰接戰) 중 가장 큰 승세를 잡은 전투이다. 조선의 남해는 천행(天

行)으로 사명감이 충만한 바다의 영웅(英雄) 이순신이 있었으나, 한편 4월 13일 부산을 침공한 후 전 국토를 쑥대밭으로 만들고 6월 13일 평양성을 점령한 왜장(倭將) 소서행장(小西行長, 고니시 유키나가기)은 왜의 수군 패배로 2개월이 지나도록 쌀 한 톨 보급받지 못했다. 이 모두가 한산대첩 이후 남해를 철통같이 지킨 전라좌수사 이순신의 덕분이 아니랴.

"조선 국왕이 왜적에 쫓기어 내부(內附, 망명) 한다니. 관전보에 안치하라."

명나라 신종황제의 죽음보다 더한 칙령(勅令)을 듣고 망명을 포기한 선조 임금이 고개를 떨구고 있을 때 한산대첩이라는 낭보(朗報)에 얼마나 반가웠겠는가. 선조 임금은 즉석에서 전라좌수사 이순신에게 정헌대부(正憲大夫)라는 작위를 내리고 그의 공훈을 크게 찬양하였다. 앞 전의 5월 7일의 옥포대첩에서는 가선대부(嘉善大夫)로 승직시킨 바 있다.

제4차 출동은 9월 1일 부산해전으로 왜선 470척 중 130척을 분멸하였다. 여수에서 경상도로 출전, 4개월간 4차례 출동, 왜적선 320척에 3만 명 이상의 왜적을 수장시키다.

전쟁에서 이기고 개선하였던 곳이 조선 천지에 어디인가. 그것도 임진왜란 시 4차례나 이기고 돌아왔으니 이 모두가 여수를 중심으로 한 전라좌수사 이순신의 5천 수군의 기적이 아니랴.

파외(破倭)의 고장 여수.

유성룡(柳成龍)의 징비록

견내량(見乃梁) 해전(閑山島)으로 왜적의 팔을 꺾었기 때문에 소서행정(小西行長, 유키나가)이 평양을 점령했어도 군세가 위태로워 더 이상 나가지 못했다.

한산도 해전 승리로 전라도, 충청도, 황해도, 평안도의 연안이 온전할 수 있었기에 군량을 공급할 수 있었으며 다시 일어날 수 있었다.

명나라 군사들이 육지로 건너와 왜적을 물리칠 수 있었으니 이 모두가 한산도 해전의 공적이다. 또한, 이순신의 공적이며 이 어찌 하늘의 뜻이 아니겠는가.

한산도(閑山島)로 진(陣)을 옮기다

1. 한산도 주변의 전황(戰況)

계사년(癸巳年) 1593년 7월 3~4일 난중일기(亂中日記)

왜적들이 견내량을 넘어 육지로 나오고 있으니 통분
(一邊陸地出來痛憤)

흉악한 적 수만 명이 늘어서 기세를 올리니 통분
(凶賊幾萬餘頭到立場示痛憤)

진주성 싸움에서 승리(勝利)한 왜적들이 남해안까지 내려와 수륙(水陸)으로 공격을 시도하고 있으며 부산, 거제도까지 완전히 거점을 확보한 왜적 수만 명은 견내량(見乃梁)을 뚫고 남서해를 돌아 도성(都城)까지 진격한다는 목표 아래 호시탐탐 기회를 노리며 조선 수군의 전략 전술을 시험하고 있었다.

이때 전라좌수사 이순신(李舜臣)은 거제도를 중심으로 한 한산도 주위가 왜적들의 소굴임에도 불구하고 이곳 한산로도 전라좌수영(여수)의 해상 전진기지를 설치, 견내량을 사이에 두고 조선군과 왜적이 7~8회 포위, 유인 등 일진일퇴의 치열한 공방전 끝에 철벽 수비로 위기의 순간에도 기어코 막아 조선(朝鮮)을 사수한다.

이순신이 파직될 때까지 지속되었다.

견내량을 저지해야 노량을, 명량을 바다 울타리로 왜적의 서해 진출을 막아 종묘사직을 지킨다. 한산도(閑山島)를 한산도(韓山島)라 표현한 이면에는 역시 3한(韓)인 진한(辰韓) 변한(弁韓) 마한(馬韓)을 지키며 조선이라는 나라와 백성을 목숨을 걸고 사수하겠다는 의지이며 개미 한 마리, 남서해를 넘볼 수 없도록 조선 수군으로 하여금 철벽 울타리를 쌓아 사수하겠다는 염원이며, 먼 거리(여수, 한산도) 왕래하지 않고 장기전에 대비 굳건히 지킨다는 의지를 표현하고 있다.

_보장(保障)을 울타리로 해석한 이는 노산 이은상

선조 임금의 독촉(督促)
계사년(癸巳年) 1593年 2月 17日
표신(標信)을 맞아들여 분부를 받아보니,

"급히 적이 돌아가는 길로 나가서 물길을 끊고 도망가는 적을 섬멸하라."

5月 2日
선전관 이춘영(李春榮)이 임금의 분부를 가지고 오다.

"물길을 끊어 막고 도망가는 적을 죽이라."

5月 10日
선전관 고세충(高世忠)이 임금의 분부를 가지고 오다.

"부산으로 나가 돌아가고 적을 무찌르라.
則往討釜山歸賊也(즉왕토부산귀적야)"

7月 14日(丙寅)
한산도 두을포로 진(陣)을 옮기다.
먼지가 적실만큼의 비도 내리고 두을포 진을 옮겼다.

전라좌수영의 전진기지(前進基地)를 여수에서 한산도에 두다. 전라좌수영의 본영(本營)을 여수에 그대로 두고 전략상 호남(湖南)에 왜적(倭賊)의 서해(西海) 진출을 막아내기 위해 반드시 통과해야 할 가장 큰 목(目)인 견내량(見乃梁)과 한산목을 사수하기 위해 한산도에 진(陳)을 설치한다. 육해공군의 본영(本營)을 계룡대에 두고 전방에 군단, 사단을 배치하는 격이다.
이때부터 공식적인 한산도 주둔의 서막이 시작되다.
오해하는 부분이 있다. 분명한 것은 이순신의 본영(本營)은 여수이며 한산도는 전진기지(前進基地)이다. 이순신이 삼도통제사(三道統制使)가 되었을 때도 마찬가지다.

신의 한 수

임진왜란 시 조선군과 왜적 싸움에서 가장 빛나는 전투는 명량대첩이다. 두말할 필요도 없는 전라좌수영의 본영(本營. 여수)을 한산도로 옮기는 일이었다(閑山島移陳窃想湖南國家之保障若無湖南是無國家). 그 당시 통제사 이순신은 가장 유리한한 상황이었다.

일본군 9만 명 진주성을 공격

성안에 있는 조선인 6만 명을 도륙하고 처참한 공방전 끝인 6월 29일 10일간의 전투로 참패를 당하고 만다(논개 論介, 毛國村六助). 진주성을 함락시킨 왜적은 보급기지 호남을 공격하려 할 때, 이때 고을 수령이 전투에 참여하고 텅 비어 있는 전라좌수영 관내의 光陽에서 연해민들이 관청, 창고에 불을 질러 곡물을 훔쳐 가는 등 난을 일으키는 사건이 발생한다.

이런 상황이라면 관할구역을 사수하기 위하여 지체없이 돌아와 전투에 임해야 한다. 그러나 이순신의 전함(戰艦)은 전라좌수영으로 돌아와서 수성(守城)한 것이 아니라 왜적(倭賊)의 소굴이라는 한산도에 전라좌수영(本營)을 설치한다.

그 당시 한산도 주위는 일본군의 본거지인 부산과 가깝고 주변 해안 도서가 점령된 상태였다. 어느 해전사(海戰史)를 들춰 보아도 적진 한가운데 본영(本營)을 설치한 예는 없다. 천하의 제갈량도 이렇게 무모한 행동은 하지 않는다. 손자병법에도 없는 당찬 전술은 승리에 대한 자신감의 산물이다.

한마디로 일본군의 심장, 아니 풍신수길(豊臣秀吉)의 목에 비수를 꽂은 '신(神)의 한 수'였다. 이런 전략을 세웠던 것은 진주성 전투 이전에 조정에 사전 승인을 받아 놓은 상태였다.

"너희 왜적들은 독 안에 들어있는 쥐의 신세다. 30만 이든 100만 이든 상대하여 줄 터이니 언제든지 싸워 주마."라는 한마디로 당찬 행동을 보여 주고 있으며 곡창 전라도로 진출하려는 왜적의 목과 손발을 묶는 '신의 한 수'였다.

모두가 이순신이기에 가능하였으며 군신(君臣)이었기에 견내량에 철벽을 설치하여 넘볼 수 없도록 하였다.

표적을 찌르는 영감과 그 행동은 서울 살림을 접고 친정인 아산으로 이사하는 어머니 변씨 부인의 당찬 결단력에서 연유했을까.

선조 임금은 이순신이 왜적과 싸움에서 승리할 때마다 마치 기다리기라도 한 것처럼 품계를 올려주었다. 전라좌수영(여수)에서 경상도로 출동할 때 육군은 연전연패하였으며, 선조 임금마저도 명나라에 내부(內附, 망명) 하려고 의주(義州)로 향하고 있을 때 5천 여 전라좌수영 수군이 경상도, 거제 옥포에서 '옥포대첩(玉浦大捷)'으로 전공을 세우자, 가선대부라는 품계로 올려주었으며 그 후 당포에서 '당포대첩(唐浦大捷)'으로 자헌대부로 올려주었다.

한산대첩(閑山大捷)

"본시 왜적은 수륙으로 합세하여 서쪽으로 북상하려 했는데 한산대첩으로 적의 한쪽 팔이 잘리고 말았다. 소서행장(小西行長)이 비록 평양을 얻었다지만 외롭고 약해서 나가지 못했다. 전라, 충청, 황해 연안이 확보되어 군량 보급이 원활하였으며 명나라가 군사를 육지로 나올 수 있도록 하였다."

이 모두가 순신의 승첩이다. 어찌 하늘의 도움이 아니겠는가.
_유성룡의 징비록

이때도 정헌대부로 품계를 올려주었다. 그러나 원균(元均)을 두둔했을 때는 이순신을 깎아내렸다.

고음내(古音川)와 함께한 식솔들

1. 어머니(天只)로 언제 고음내(古音川)에 오셨을까?

 1592년(壬辰年) 난중일기(亂中日記)에 어머님이 평안한지 안부를 전하는 진원지는 아산이었다. 그러나 1593년(癸巳年) 난중일기(亂中日記)를 통해 아산으로부터 여수 고음내(古音川)에 오신 것을 알 수가 있다.

 난중일기 1593年 5月 18日
 종 목년으로부터 어머님이 평안하시다며 미역 5동을 보냈다.

 1593年 6月 1日
 아침에 탐후선이 들어왔다. 어머님이 평안하시다 한다.
 (朝探侯船入耒天只平安)

 1593年 6月 6日

저녁에 본영 탐후선이 왔다. 어머님이 평안하시다고 한다.
(夕營探候入耒則天只平安)

위의 출발, 도착 일정을 보면,

5月 15日 전후로 아산에 거주하다가 20日 전후 출발 10여 일의 노정(路程)을 감안하면 여수(고음川) 도착은 5月 28日 이사하기 좋은 날인 뱀날 도착하였을 것으로 예상된다(1593년 5월 28~1597년 3월 약 1,400日가량) 거주하시다.

2. 가족 구성원은 어찌되는가

가계도에 보이는 인물로는 사망한 아버지 정(貞), 형인 희신, 완신을 제외한 나머지 가족이다. 여기에 더하여 이순신 일가(一家와) 공무상 대하는 노비들을 포함하고 있다.

· 아우 우신(禹臣, 여필), 아산에서 고음내, 진중(陣中)을 왕래하고 있으며
· 조카 뇌(蕾), 분(芬), 번(蕃), 완(莞), 봉(菶), 해(荄),
· 아들 회(薈), 울(蔚), 면(勉).

난중일기에 등장하는 노비
여자 노비: 덕금(德今), 한대(漢代), 효대(孝代).
남자 노비: 목년(木年), 봉손(奉孫), 애수(矣宇), 한경(漢京), 돌쇠(石世), 연석(年石), 자모종(自募淙), 평수(鮃壽), 평세(平世), 경(京), 개남(介南), 춘세(春世), 애환, 정이(丁伊), 옥지(玉

只), 금이(金伊), 한대(限代), 금화(今花), 순화(順花), 태문(太文), 남녀 합하여 76명으로 파악됨(관노비까지 포함).

3. 생활상

어머니(天只)를 비롯한 식솔들은 고음내(古音川) 압해 정씨 월천공 후손들과 주민의 도움으로 한몸이 되어 안전하게 생활하며, 기동력 있는 젊은 식솔들은, 통제사 이순신 장군의 수족이 되어 국난극복에 참여함으로써 전선을 만들고 둔전 경영, 군량 수송, 의병 모집, 전면의 임묵, 자귀질, 대패질, 대장간에서 각종 기구를 만드는 일까지 끊임없이 군사와 탐적 활동을 하는 등 전선 정비 등 후방 보급기지로서의 최선을 다하였다.

약무호남 시무국가(若無湖南 是無國家) 글월

1. 현덕승(玄德升)에 답하는 이순신 장군의 서간첩(書簡帖)

"임금께서 병환이 쾌차하심은 신하와 백성들의 즐거움이라 기쁜 마음을 무엇으로 다 말하오리까? 난리를 치른 나머지라 그리움이 간절하더니 뜻밖에 이번 하인(下人)이 오는 편에 이달 초승에 띄운 글월 받고 바삐 뜯어 읽어보니 반가운 정(情)이 어느 때보다 더 간절하온데 하물며 종이에 가득 쓰신 사연이 정중하기까지 함이리까. 가을바람이 들판으로 불어오는 이때 살피옵건대 거기에 더 보중하시온지 여러 말씀 드릴 길이 없습니다.

저는 괴로운 진중(陣中)에서도 나라의 은혜가 망극하여 벼슬자리가 정헌(正憲)에 오르니 이에 감격하기가 그지없습니다."

가만히 생각해 보면 호남은 나라의 울타리다.

2. 절상호남국가지보장(竊想湖南國家之保障)

"만약 호남이 없어지면 그대로 나라가 없어집니다(若無湖南 是無國家). 그래서 어제 전라좌수영(여수)의 진(陣)을 한산도로 옮겨 치고 바닷길을 가로막을 계책으로 있습니다(시이작일진진 우한산도, 是以昨日進陣于閑山島以爲). 이런 난리 중에도 옛정을 잊지 않으시고 멀리서 위로해 주시며 겸하여 여러 가지 선물까지 받으니 모두가 진중(陣中)에는 진귀한 물건으로 깊이 감사하며 마지않습니다. 어느 날에나 전쟁을 끝마치고 평소와 함께 따라 놀며 정희를 실컷 풀어 보오리까. 편지를 쓰려 하니 부질없이 슬픈 생각만 간절할 뿐 남은 말씀은 산란하여 이만 줄입니다."

_이충무공 전서(李忠武公 全書) 권지 15, P322. 성문각 이은상(李殷相)

절상호남국가지보장 약무호남 시무국가.
(竊想湖南國家之保障若無湖南是無國家)

위의 내용은 전라좌수인 여수에서 한산도로 진(陣)을 옮긴 후, 천안(天安)에 살고 있는 현덕승(玄德升)에게 한 편지(書簡文)의 내용으로써 이순신 장군의 약무호남시무국라는 문장은 '호남이 무너지면 울타리가 없어진다.'라고 임진왜란 당시 조선을 구하고자 했던 우국충정(憂國衷情)에서 수립된 계획이었다.

3. 1592年(壬辰年) 장계(狀啓)

"만약 경상좌도가 무너지면 경상우도가 무너지고 경상우도가 무너지면 호남을 보존할 수 없고(즉우도괴즉호남불가보 則右道壞則湖南國家之保).

호남이 무너지면 충청도가 차례로 무너지고 나라 전체에 한 치의 말끔한 땅도 없게 될 것입니다.

오직 호남만은 다행히 하늘의 도움으로 간신히 온전하게 보전되어 한 나라의 근본을 이루고 있습니다."

1593年 편지글

호남지역은 군사를 조련하고 군량을 운송할 수 있는 가능성이 남아 있는 전략적 요충지로 인적, 물적 중요성과 결사항전(決死抗戰)의 정신적 가치가 있습니다.

만약 나라의 울타리 같은 호남을 일본군에 빼앗기게 된다면 곧바로 나라가 없어지는 것입니다.

호남이 나라의 울타리로서 호남을 지키는 것은 가장 중요한 과제가 아닐 수 없습니다. 기호지방, 평안도, 함경도도 있는데 이순신 장군은 왜 호남은 나라의 울타리라 하였을까요? 일본군이 쳐들어 왔을 때 남해안에서 온전한 곳은 호남밖에 없으니 조선의 입장에서 호남지방이 울타리 역할을 하는 보루(堡壘)요, 장벽(障壁)이었다(철벽).

2006年 10月 29日

김대중 전 대통령은 전남도청을 방문 방명록에, 약무호남을 인용하며 무호남무국가(無湖南無國家)라고 썼다.

이는 나라의 근간(根幹)이 흔들릴 때 호남의 선조들이 사력

(死力)을 다하여 나라를 지켜냈으며 호남을 사수하는 것이 곧 국가를 사수한다는 뜻이 아닐까.

만약 호남이 없다면 어찌 이 나라가…

4. 약무호남 시무국가(若無湖南是無國家)

오늘날 호남인들의 자긍심과 긍지, 의지(意志)를 표현하는 대표적인 어록으로 자리 잡은 지 오래지만, 특히 뭍 정치인들이 출처를 밝히기 어려울 정도로 잘못 인용된 부분이 허다하다.

역사는 현실적 삶은 물론 미래지향의 거울이다. 그 거울에서 오늘의 상황을 한탄하고, 미래로 나가는 지혜를 구해야 한다. 이순신(李舜臣) 장군의 약무호남(若無湖南)은 오늘의 현실을 비추어 줄 수 있는 참으로 소중한 거울이다.

그 거울에 비추는 교훈은 왜곡하지 말아야 올바른 좌표를 얻을 수 있다. 약무호남시무국가(若無湖南是無國家)라는 큰 뜻은 호남에 주어진 역사적 교훈이며 자랑도, 감투도 아닌 준엄한 사명(使命)으로 승화되어야 한다. 왜냐하면, 이순신 장군의 '약무호남' 계책은 오늘의 우리를 비추는 소중한 거울이기 때문이다.

_이순신 연구논총 27호 임원빈, 조신호 글

5. 이순신 장군의 서간첩은 '충무공전서에 총 9편이 수록되었다

이 중에서 천안에 사는 현덕승(玄德升 1564~1627 예조정랑 지평)에게 총 3통의 편지를 보냈다. 영암에 사는 현건(玄建,

1572~1656 군자 감주부)에게 3통, 모두 6통의 편지가 현충사에 보관되어 있으며 글씨는 한문 초서로 쓰여있다. 난중일기, 임진장초, 서간첩이 1962년 12월 20일 국보 76호로 지정되었다.

애초 서간첩이 발견된 곳은 영암군 군서면 구림리 현씨 종가(현건)에 보관되었으며, 약무호남시무국가(若無湖南是無國家) 조형물은 구례, 순천, 보성, 해남과 영암 현씨 종가에도 2021년에 설치되었다.

(현대그룹 현경자 회장이 현건의 후손임)

6. 이순신 장군의 시비

옥포, 당포, 한산, 부산해전을 승리로 이끌었으며 임진왜란(壬辰倭亂) 당시 훈련장(訓鍊場)으로 사용하였던 오동도(梧桐島)에 승전고(勝戰鼓)가 울려 퍼졌던 광장에(1980) 대한민국 국전 심사 위원장이며 서예가이신 고 남재 송전석(宋泏錫) 선생께서 약무호남시무국가(若無湖南是無國家) 서간첩의 내용을 명필 유작으로 남겼다.

우측이 남재 송전석 선생, 건너 뛰어 車人 남영식

삼도수군통제사(三道水軍統制使) 임명(任命)

한산도, 여수 300리 뱃길, 하루아침 거리가 아닌 만만찮은 거리다. 부산에서 남서해로 나가도 길목인 견내량(見乃梁)을 철벽으로 차단하기 위해서 한산도(閑山島)에 전라좌수영의 진(陳)을 옮겼다.

한산도로 진을 옮긴 1593년 8월 '삼도수군통제사'로 임명되었다. 통제사를 다룬 대부분이 1593년 8월에 임명되었다고 서술하고 있지만, 난중일기와 같이 국보(國寶) 46호인 임진장초(壬辰壯草)의 내용 중 1593년 9월 4일 교서를 보면 '위유전라도수군절도사 이급진중사졸 고서(慰諭全羅道水軍節度使李及陣中士卒故書)' 공문을 보냈으며, '교 전라좌도수군절도사 겸 삼도수군통제사 이서(敎 全羅左道 水軍節度使兼三道水軍統制使 李 書)'를 검토한바 정확한 임명(任命) 일자를 확인하였다. 이 검토를 통해 1593년 9월 12일 자로 통제사에 임명되었다는 사실을 밝힐 수 있다.

_이순신 연구 논총 32호 이수경 연구원장 제공

일설에 의하면 삼도통제사(三道統制使)를 받고 전라좌수영(本營, 여수)에서 받은 날짜는 10월 9일이다. 도성에서 한산도로 곧바로 가지 않고 여수를 거쳐 도성에서 한산도까지 일주일이면 파발이 도착하는 당시에 한 달이 지연된 이유는 무엇일까? 그러면 그것도 아니라면……. 원균 때문일까?

"삼도통제사(三道統制使) 임명 교서(敎書), 왕(王)은 이와 같이 이르노라.

삼군(三軍)의 명(命)을 받은지라 사기(史記)에 국방 책임의 중대함을 일컬었고 군사상 가장 소중한 것은 요령을 얻음이다. 그러므로 주역에 패전(敗戰)의 흉(凶)힘을 경계하여 직있나니 이치로는 필연이오, 일에는 보통이 아니로다. 오직 그대는 일생(一生) 괴로운 절개를 지켜 국가의 만리장성(萬里長城)이 되었나니 패잔병을 모아쥐고 전라, 경상의 요해 목(目)에서 억센 도적을 맞아 한산, 당항의 기이한 공력(工力)을 세우고 힘써 일한 공로가 모든 영물에 뛰어나서 표창하고 승직함에 세 번 대첩에 거듭 빛났도다.

돌이켜 보건대 군사상 걱정스러운 것은 통솔할 이가 없음인바 서로 각각 제 형편만 지킨다면 어찌 팔이 손가락 놀리듯 할 수 있으며 관할 통섭이 없으면 혹은 뒤늦게 오고 앞서 도망가는 폐를 면치 못할 것이다. 부산에서 창, 칼을 거두어 철병할 뜻을 보이는 척하며 양식을 바다로 운반하여 속으로 다시 일어날 꾀를 가진 듯한데 대책을 세우기란 어려운 바 있으므로 이에 그대를 기용하여 본직 전라좌수사에 전라, 충청, 경상 삼도수군통제사(三道水軍統制使)를 겸하니 어허 위임이 사람을 이겨야만 진실로 성공할 것이며, 공로는 제 뜻대로 해야만 이룩할 수 있을 것이다.

한 뼘의 땅이라도 수복 못 한다면 나라 꼴이 아니다. 한 말대로 어찌 스스로 조그만 성공으로 만족할 수 있으리오, 나라를 다시 일으키는 거룩한 공임을 이룩하도록 이에 조칙을 내리노니 그리 알지어다."

통제사 임명을 받은 이순신은 자신의 심정을 다음과 같이 올렸다.

"삼도통제사를 겸하라는 분부를 변변치 못한 신(臣)에게 내리시니 놀랍고 황송하여 깊은 골에 떨어진 듯하옵니다. 신(臣)과 같이 용렬한 사람으로 도저히 감당 못 할 것이 분명하므로 애타고 민망함이 이 때문에 더하옵니다. 전하!"

영의정 유성룡(柳成龍) 곤장을 맞을 뻔하다

1. 1593년 4월

　명나라와 일본 간의 당사국인 조선을 따돌리고 평화 협상을 추진하고 있을 즈음, 그 기미를 알고 있는 조선에서는 협상 자체를 반대하기에 이른다.

　조선을 지원해주기 위해 입국한 명나라가 남의 나라를 침범한 왜적(倭敵)을 조선에서 쫓아낼 궁리는 하지 않고 전투를 중단한 채 협상에만 매달리는 것을 어찌 고운 시선으로 보겠는가. 이때 명군(明軍)의 총사령관인 이여송(李如松)은 유성룡(柳成龍)이 명(明), 일(日) 간 협상을 방해할 목적으로 명나라 강화 사신(使臣)들의 발목을 묶기 위해 임진강 길목의 도선하는 선박을 없앴다며 유성룡(柳成龍)을 잡아다가 40여 대의 곤장을 치려고 명군 지휘부에 압송하다가 풀어준 일까지 있었다.

　장살(杖殺)을 당하는 위기를 모면하다니, 한 나라의 재상을 하인 취급이나 하였으니 일반 백성을 대하는 처사는 오죽하였겠는가.

2.

명의 사신 행인사행인(行人司行人) 사헌(司憲)의 말,

"명나라의 장졸(將卒) 중에서 조선(朝鮮)에 피해를 끼친 사람들이 많다고 들었는데 그 인물을 말하시오?"

유성룡(柳成龍)은,

"명의 장사(將師)들이 단속을 잘해서 피해를 입지 않았오,"

사헌(司憲)

"내가 들으니 조선 사람들이 왜적(倭敵)은 얼레빗이고 명나라 군사들은 참빗 같다고 말한다는데 그 말이 사실이요."

이 말도 일본 왜적보다 더 명나라 군사들이 조선 백성들을 많이 괴롭히고 피해를 많이 준다는 것을 간접적으로 말하고 있다. 명나라는 남의 나라인 조선에 와서 '꼭 피를 흘려야 하나.'라는 회의론이 있으며 또 도선은 자기 나라에 침입한 적(敵)을 쫓아낼 생각은 하지 않고 명나라 군사가 쫓아 내주기만 바란다며 서로 상반된 의견이 난무하였다.

3.

이때, 명나라에서 파견된 급사중(給事中) 위학중 특사(特使)는 조선을 2, 3 구역으로 나누어 명국(明國)이 직접 통치하는 방안을 추진하면서 선조 임금이 물러나야 한다고 주장하였다.

위의 사실을 명나라 송응창(宋應昌)을 통해서 알게 된 선조 임금은 유성룡을 통하여 퇴위(退位) 사실을 밝히기도 하였다.

명나라 병부상서(兵部尙書) 석성(石星)은 조선의 분할을 반대하며 조선에 사신단을 파견하기에 이른다. 사신 단장에는 사헌(司憲)으로 그는 조선에서 가장 악명 높은 사람으로 소문이 난 사람으로 그는 서울에 도착하기 전부터 예우 문제를 제기하기에 이른다.

그가 선조 임금을 만났을 때, 그는 북쪽에 앉고 선조 임금더러 남쪽에 앉으라고 하여 그는 북쪽에 앉고 선조 임금은 남쪽에 앉았다. 마치 자기 자신이 임금이 되어 선조 임금을 신하(臣下) 대하듯 하는 등 방자하기 이를 데 없는 인물이었다.

4.

명나라 군사들은 주로 광영(廣寧)이나 요동 출신 병사들이 주류를 이루었다. 그 밖의 지역으로는 북병(北兵), 절강(折江) 출신들이 많았으며 복건(福建) 출신들로는 여진족 출신이 많았다. 특히 그들은 조선인의 목을 베어 일본인이라 속여 포상이나 보상을 받는 등 악명이 높은 명군으로 소문이 난 후 그들의 기미만 보여도 도주하기 일쑤였으며, 명의 호부주사(戶部主事) 애자신(艾自身)은 명나라 군사들에게 조선에서 식량과 보급품을 기일내 공급해 주지 않는다며 중추부사 김응남(金應南), 호조참판 민여경(戶曹參判 閔汝慶), 의주 목사에게도 장형을 가했으며 이처럼 조선을 도와주겠다고 압록강을 넘어온 명군들의 피해가 극심할 줄이야.

명군의 메뉴(食事)

조선 조정은 명군의 요구로 일정한 급식 기준을 마련해 준다.

· 위관 장교들 : 천자호반(千字號飯)

　고기, 두부, 채소, 자반(盤魚), 밥 한 그릇, 술 석 잔.

· 파송 연락관 : 지자호반(地字號飯)

　고기, 두부, 채소, 밥 한 그릇.

· 일반 군인들 : 인자호반(人字號飯)

　두부, 소금에 절인 채소, 밥 한 그릇.

· 군마(軍馬) : 한 끼에 콩 수두 1말, 풀 한 단, 점심 삶은 콩 소두 4되.

왜적을 무찌르겠다며 대국(大國)으로서 거드름을 피우던 그들이 일본과의 전투다운 전투도 지지부진한 가운데 조선을 그들의 화풀이 대상이라도 되는 양 못된 짓을 다 하고 다녔으니 어찌 왜적보다 더한 참빗이라고 말하지 않겠는가.

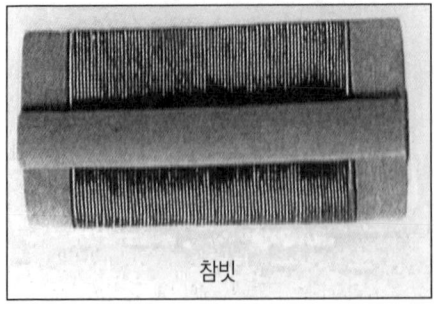
참빗

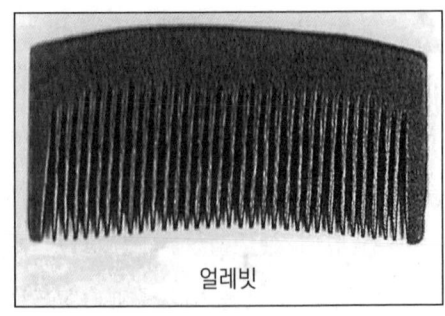
얼레빗

"내가 요순(堯舜)인가? 걸주(桀紂)인가"

선조 임금은 신하들이 모인 장소에서 다음과 같이 물었다.

"과인이 예전에 성군(聖君)이신 요순(堯舜)과 폭군인 걸주(桀紂)에 비긴다면 어느 쪽이겠는가?"

이에 대하여 정이주(鄭二株)가 말했다.

"전하는 요순과 같은 군주입니다."

이 말을 들은 김성일(金誠一)이 정이주의 말을 되받는다.

"전화는 폭군인 걸주와 같습니다."

김성일의 말에 임금의 안색이 변하며 못마땅한 표정을 지었다. 이때 하늘이 내린 명재상으로 정평이 난 서애 유성룡(柳成龍)이 어색한 분위기를 누그러뜨리며,

"정이주는 전하의 성덕(聖德)을 바라는 뜻이고 김성일의 말은 장차 전하의 경계를 드리는 말인 줄 이옵니다. 진하!"

온건, 타협의 명수 유성룡, 한 번도 유배를 가지 않은 인물, 이렇듯 각박한 세월의 격랑 속에서도 항상 합리적 타협안을 제시한 빼어난 전략가(戰略家), 정치가, 저술가, 외교의 달인으로 역사의 고비마다 누구도 할 수 없는 큰 족적을 남겼다.

또 선조 임금은 "그대를 보면 경의(敬意, 공경하는 마음)를 느낀다."라고 찬사를 보냈다.

선조 임금의 환궁
_전쟁의 참담함

1592년 5월 3일

가장 먼저 아무 저항 없이 무혈 입성했던 왜장(倭將) 고니시 가또, 그 후 1년여 평양성을 탈환한 조, 명 연합군, 행주산성에서의 대첩을 이룬 권율 장군, 전라도 의병들은 1593년 4월 20일 서울을 수복한다.

도성을 비우고 밤을 이용하여 피난 가며 백성에게 돌팔매질을 당하며 의주까지 쫓겨갔던 선조 임금.

명나라 신종황제는 선조 임금에게 다음과 같은 유시를 내린다.

· 조선 국왕은 도성으로 돌아가 자력으로 나라를 지킬 것.

· 조선에 주둔하고 있는 명군을 부분적으로 철수코자 함.

· 양곡 10만 석을 보내니 군량과 굶주린 백성들에게 나누어 줄 것.

명나라 황제의 굴욕적인 명을 받고 1593년 10월 1일(계사년), 1년 5개월 만에 서울로 환궁한다.

그러나 왕궁과 종묘 등 모든 궁궐은 불에 타서 폐허가 되었으며 인적은 간곳없고 가는 곳마다 시체 썩는 냄새가 거리를 메우고, 살아 있는 자는 아사 직전으로 차마 눈 뜨고 볼 수 없었다.

스러져 가는 월산대군(月山大君)의 집을 임시 행궁으로 삼고 심의겸이 살던 집을 동궁으로, 심의연이 살던 집을 종묘로 사용하였다.

전쟁의 참담

① 선조 임금이 도성에 돌아왔을 때 골목마다 굶어 죽은 송장이 가득하였으며 하루에도 죽는 사람이 그 수를 헤아릴 수가 없었다.

임금은 명을 내려,

"요사이 굶주린 백성을 구제할 방책이 없어짐에 하늘을 우러러 탄식할 뿐이다. 먼저 죽고 싶어도 되지 않는다. 유사에는 날마다 임금 몫으로 쌀 6되를 주는데 나는 본시 하루 세 끼를 먹지 않으니 3되의 쌀을 어찌 다 먹으랴. 정원(議政府)에 명하기를 이것으로 죽을 끓여 굶주린 백성들에게 골고루 먹이도록 하여라."

이때(甲午年) 정시(定時) 과거에 장원 급제한 최계옥(崔啟沃)과 홍길동전(洪吉童傳)의 작가인 허균(許筠), 광해군 때의 간신 이이첨, 정유재란 시 일본에 볼모로 끌려가 간양록(看羊錄)을 지은 수운 강항(姜沆)도 어사화를 머리에 꽂고 홍패를 잡은 채 굶주린 백성들 무리 속에서 죽 배급을 받아먹으며 고마워하자 사방에서 혀를 차는 소리가 들렸다.

"허허! 전란만 아니었다면 삼현육각을 불고 유가에 나설 등과
자들이 죽이나 얻어먹고 있다니." 불쌍하구나.
굶주림과 전쟁의 참담함이 어떠했는지 짐작이 간다.

② 인육(人肉)을 먹는 사람들
겨울에 초근목피도 구할 수 없었다. 모든 백성이 굶어 죽었고
마침내 일부 지역에서는 사람이 사람을 잡아먹는 사태까지 이
르렀다. 처음에는 시체에서 살점을 도려냈으나 나중에는 강한
자가 약한 자를 도살하는 지경에 이른다.
飢饉之極 甚至食人肉 捻而不怪 惑有屠殺生人(기근지극 심지
식인육 염이불괴 혹유도살생인)
또한 부자, 형제간에도 서로를 잡아먹는 일이 있었다.
父母兄弟 亦相殺食(부모형제 역상살식)
식량난이 얼마나 심각했으면 이 지경에 이르렀겠는가를 짐작
할 수 있다.
인간이 배불러야 인간이지 극한 상황에 직면하면 금수와 무엇
이 다르겠는가?
_선조실록

③ 걸식유민의 실상
7, 8세의 아이들이 큰 소리로 통곡하고 있는데 어떤 여인 하나
가 길가에 앉아서 슬피 울고 있었다. 괴이하여 그 까닭을 물으니
"지금 남편이 우리 모자를 버리고 갔소."라고 한다. 세 사람이
떠돌면서 걸식(乞食)하는데 굶주림으로 처자식을 버리다니 창

생(倉生) 이래 이런 일도 있을까.

또 길가에 굶어 죽은 두 아이가 울고 있어 그 연유를 물었더니 죽은 이가 어미라 한다. 어미가 굶어 죽었는데 땅에 묻으려고 해도 힘이 없으니 할 수 없어 울고 있다고 한다.

_선조실록 제3, 갑년(甲年) 2월 14일

④ 굶어 죽은 어미

경기 지방의 장단골에 몹시 굶주려 얼어 죽은, 시체가 길가에 가득했으며, 길을 가다 보면 어린아이가 엎드려 젖을 빠는데 그 어미는 이미 숨이 끊어져 있었다.

京畿士民大飢 僵屍滿路 查大受行見 小兒葡萄飮 己死母乳
(경기사민대기 강시만로 사대수행견 소아포복음 기사모유)

⑤ 귀신들

성안에 남은 유민들은 백에 하나 살아남지 못했고, 혹 생존자라 하더라도 굶주림에 지쳐 있는 모습은 귀신과 다름없었다. 더욱이 폭염의 날씨로 곳곳에 늘어져 있는 시체 썩은 악취가 성안에 가득 차 행인은 코를 막고도 지나갈 수 없었다.

見城中遺民 百不一存 基存者 皆飢羸疲困 面色如鬼 時日氣空熱 人死及馬死者 處處暴露 臭穢滿城 行者 揜鼻方過
(견성중유민 백불일존 기존자 개기리피곤 면색여귀 시일기공열 인사급마사자 처처폭로 취예만성 행자 엄비방과)

⑥ 인육들

각 도 백성들은 서로 헤어져 살 곳을 잃었고, 굶주린 사람들은 서로 의지해 가며 구걸하는 행렬이 길마다 가득 찼다. 마침내 사람끼리 서로 잡아먹는 지경에 이르고 보니 아이 잃은 사람이 많아졌다. 산에 있는 풀이나 나무, 소나무 껍질, 쑥 뿌리마저 동이 났다.

난중잡록(亂中雜錄) 권 3, 갑오 5월
굶주림이 극도에 이르자, 심지어는 인육까지 먹었으나 조금도 이상하지 않았다. 비단 길바닥의 시체를 도려 먹어 팔, 다리가 온전한 것이 없을 뿐만 아니라, 생사람을 죽였을 때는 내장이나 뼈까지 먹어 치웠다.
飢饉之極 甚至食人肉 捻不之怪 非但剪割道 無一完飢 惑有屠殺生人 병여위뇌수 而啗食之
(기근지극 심지식인육 염불지괴 비단전할도 무일완기 혹유도상생인 병여위뇌수 이담식지)

⑦ 시체들
하룻밤은 큰비가 내렸다. 굶주린 백성들이 좌우에 있었는데 그들의 들끓는 신음은 도저히 들을 수가 없었다. 아침에 일어나서 살펴보니 어지럽게 흩어져 죽어 있는 시체가 너무나도 많았다.
日夜大雨 飢民在余左右 哀吟呻嚛不可忍聞 朝起視之 狼籍而死甚多
(일야대우 기민재여좌우 애금신금 불가인문 조기시지 랑적이 사심다)

⑧ 이제 유민은 날로 늘어만 가고 곡물은 점점 동이 나는 데다가 날씨마저 추워지니, 병들어 죽은 사람이 서로 뒤엉켜 쌓인 시체로 구릉을 이루었다.

今流民日多 而穀物漸必 重以天寒 炳疫死者相沈 積屍成丘

(금유민일다 이곡물점필 중이천한 병역사자상침 적시성구)

⑨ 전쟁이 살을 베어가다

적의 총칼에 죽은 자, 굶어 죽은 자, 병들어 죽은 자, 길에도 산에도 들에도 어디를 둘러보아도 시체가 없는 곳이 없더라.

성중의 참사

성중에 들어갔을 때 때마침 명나라 군인이 술을 잔뜩 먹고 길 가운데서 토하는 것을 보고 천백(千百)의 기민(饑民)이 딜러와서 머리를 땅에 박고 핥아먹었는데 약해서 힘이 미치지 못하는 자는 밀려나서 눈물을 흘리고 있었다.

_조경남(趙慶男)의 난중잡록(亂中雜錄)

선조 임금의 통한의 시(詩)

"내가 한 번 죽는 것은 참을 수 있어도 화의(和意)를 구한다는 것은 듣기조차 싫도다. 어찌하여 왜적(倭敵)들에게 화의를 표한다는 말이 퍼졌다는 말이냐. 누가 대의를 해치고 3군(官軍, 義軍, 水軍)을 현혹케 하는고."

一死吾寧忍 求和願不聞 如何倡那說 敗義感三軍

(일사오영인 구화원불문 여하창나설 패의감삼군)

선조 임금의 화평 반대

"일본은 만세를 두고라도 반드시 원수를 갚아야 할 우리의 적이요, 나 죽을지언정 화평은 불가하오."

전쟁의 고통과 복수심에 불타던 선조 임금은 유성룡에게 '만약 화의를 논하는 자가 있거든 상하를 불문코 목을 베라.'라고 할 만큼 복수의 칼을 간다. 그러나 명나라의 태도는 고약하기 이를 데 없었다.

"조선이 복수를 한다고? 하겠거든 명나라에 의지하지 말고 당신네들 자력(自力)으로 하시오. 물고천조자력진기가야(勿靠天朝自力振起可也) 왜 상국(上國)을 끌어들이시오."

선조 임금은 7년 전쟁 기간에 조선군, 명군, 일본군, 3국을 중심으로 한 전쟁터나 진중(陣中)을 한 번도 가보거나 밟아 보지 않았으며 백성들의 마음을 떠난 민심, 명나라, 일본은 새로운 왕조가 들어섰지만, 조선은 이씨 왕조가 지속되었다.

일본(日本)을 도운 반역자(叛逆者)들

1592년(壬辰倭亂), 도성을 점령한 3개월 후인 7월 24일.

함경도 두만강 끝자락인 회령에서 토관진무(土官鎭撫)인 국경인(鞠景仁) 형제(兄弟)가 조선(朝鮮)의 두 왕자인 임해군(臨海君), 순화군(順和君)과 수행원 백여 명을 체포하여 회령(會寧) 지방에 쳐들어온 일본군 제2 대장인 가등청정(加藤淸正, 가토 기요마사)의 진영에 넘겨주었다.

조정의 차별, 중앙 관리들의 학정과 왕실에 대한 불만이 자국민에 대한 보복으로 되돌아올 줄이야. 왕자(王子)들이 적장(敵將)에게 포로로 붙잡혔다는 소식을 들은 선조 임금은 "왜적보다 더러운 것이 이리 동포들이었더냐."라고 장탄식을 하였으며, 그 후 그들은 의병장 정문부에 의해 살해되었다.

왜적들이 전 국토를 점령하자, 왜적의 앞잡이, 조력자, 세작(간첩)으로 활동하는 자가 많았으며, 조선의 작전 계획을 미리 정탐하여 쳐들어오기도 하는 등, 조선에 사는 반 이상이 일본의 조력자였다니…….

전 공조참의(工曹參議) 성세령(成世寧)이란 자는 일본군이 쳐들어오자 술과 안주를 성대히 장만하여 대접하였으며, 일본군 총대장 우희다수가(宇喜多秀家, 우키타 히데이에)에게 외동손녀를 받치기도 하였으며, 그 대가로 경기도를 총괄하는 방백(方伯)의 직책을 받고, 온갖 영화를 누리고 일본군의 호위를 받으며 호사를 누렸으니, 임금에게 충성을 맹세한 고위 관리가 일본 장수에게 손녀를 첩으로 바치는 사실을 알고 있는 조정에서 가만히 있었겠는가?

성세령을 잡으라는 명을 내렸으나 일본군을 따라 도망하였으며, 그 외에도 일본군에 반역자가 넘쳤다니 통탄할 일이었다. 일본군을 도와 전투도 참전해 주고 전투 정보를 탐지, 전달해 주고 일본군에게는 참 고마운 사람들이었으니…….

국경인! 매국노의 이름은 조선의 후기까지도 그 이름이 회자되었다.

금토패문(禁討牌文, 공문서)

1594年(甲午年) 3月 6日(亂中日記)

경상도 웅천에서 일본과 강화협상을 진행 중인 명나라 도사부(都司府) 담종인(譚宗仁) "왜적을 치지 말라."라는 패문(공문)을 가지고 왔다. 어처구니가 없는 데다 울화가 치밀어 충격을 받은 나(李舜臣) 심신(心身)이 혼미(昏迷)하고 어지러워 그만 그대로 그 자리에서 쓰러지고 대변(大便)까지 막혀 버렸다.

잔라우수사 이억기(李億祺)를 시켜 나(李舜臣)를 대신하여 명군(明軍)을 만나게 하였다.

패문(牌文) 내용

"일본 장수들이 휴전(休戰)하고 쉬기를 원하니 빨리 각자 고장으로 돌아갈 것이며, 일본 영채(지휘소)에 접근하여 화의진행(和義進行)에 분란(紛亂)이 없도록 하라."

명나라 담종인(譚宗仁)의 금토패문(禁討牌文)에 대한 이순신(李舜臣)의 답서,

"삼도통제사(三道統制使) 이순신, 선유도사(宣諭都司) 대인(大人)에 답서 올립니다. 왜적이 혼란을 일으켜 조선 바다를 건너와 죄 없는 백성들을 죽이고 도성(都城)으로 쳐들어가 흉악(凶惡)한 짓을 많이 하였으며, 온 나라 신하와 백성들의 통분함이 사무쳐 왜적과는 같은 하늘 아래 살지 않기로 맹세하였습니다. 각(各) 도(道)의 배들과 육지의 장수들과 합동 공격으로 남아 있는 왜적의 배 한 척도 돌아가지 못하게 하고 원수를 갚고자 초사흘 200척을 거느리고 거제도로 들어가 소굴을 무찔러 그들의 종자를 없애고자 한바, 그들은 여염집을 불태우고 백성을 죽이고 정상을 참작해도 통분하기 그지없습니다.

우리더러 가까이하여 트집을 일으키지 말라 하셨는데, 거기가 모두 우리나라 땅이어늘 우리더러 일본 진영에 가까이 말라 하심은 무슨 말씀이며, 우리더러 속히 제 고장으로 돌아가라 하니 제 고장이란 어디 있는지 알 길이 없습니다.

또 트집을 일으킨 자는 우리가 아닌 왜적들이나이다. 또한, 왜적들이란 간사스럽게 그지없는 예부터 신의(信義)를 지켰다는 말을 들은 적도 없습니다.

흉악하고 교활한 왜적들이 아직도 그 행동들을 그치지 않고 바닷가에 진(陳)을 치고 물러가지 아니하고, 병기(兵器)를 거두어 바다를 건너 돌아가려는 뜻이 과연 어디에 있다 하오리까. 실로 거짓밖에 아니옵니다. 대인(大人)께서 타이르시어 역천(逆天)과 순천(順天)의 도리가 무엇인지 알게 하시오면 천만다행

(千萬多幸)입니다.

순천자는 살고 역천자로 망한다는 논어의 말을 잊었을까(順天者興 逆天者亡 : 순천자는 살고 역천자는 망한다)."

이순신(李舜臣)

원균(元均)

이억기(李億祺)

3人 수결(手決) 후 연명으로 보내다.

(이순신은 일본군을 철저히 응징하여 역천과 순천의 도리가 무엇인지 깨우쳐 주려는 의도)

수사(水使)끼리 갈등(葛藤)

전라좌수사 이순신(李舜臣), 경상우수사 원균(元均),

경상도 의성에서 13세 이후 서울로 올라왔다는 유성룡(柳成龍), 15세 청년 원균(元均), 10세 소년 이순신(李舜臣).

서울 건천동에서 서로 어울려 전쟁놀이를 했다는 불멸(소설, 김탁환)이지만 좀 과장되지는 않았는지 생각이 든다. 정확한 출생연대를 따지자면, 원균은 1540년, 다섯 살이 적은 이순신은 1545년, 전라우수사 이억기(李億祺)는 1559년 생이다.

같은 수사이면서도 원균과 이억기는 20년이나 차이가 나며 이순신과는 15년 차이로서 어찌 보면 부자간 같은 아들뻘이다. 이순신은 원균에게 '공(功)을 세우는 데 급급하고, 백성들이나 나라는 안중에도 없는 인물.'이라며 원균의 인간성에 혐오감을 감추지 않으면서도 겉으로는 크게 내색하지 않은 것 같다.

경상우수사 원균은 직속상관이며 삼도통제사인 이순신의 명령(命令)에 따르지 않은 경우가 많았으며 작전상 지휘권을 번번이 무시하기 일쑤이고, 그와 더불어 이순신, 이억기를 수하 다루 듯 했다니…….

이순신의 생애에서 원균과의 관계를 빼놓을 수는 없다. 임진왜란 기간, 이순신, 원균은 왜적과 싸우면서도 서로 쟁공(爭功), 반목, 조정의 불신, 곳곳에서 피로움을 표현하지 않았던가.

조선의 주력 함대를 진두지휘하는 이순신, 5년 연장자인 원균과의 충돌은 어쩌면 당연했는지 모른다. 이순신은 난중일기(亂中日記)에서 경상우수사 원균(元均)을 계사(癸巳)~갑오(甲午)까지 약 80회가량 언급하고 있다.

원균은 술에 취할 때마다. 이순신을 공격하고, 시기로 임진년(壬辰年) 5월 경상도로 출동할 때로 거슬러 올라가,

"이순신이 처음에 우리를 구하러 오지 않은 것을 내가(元均) 굳이 청하여 왔으니 왜적을 이긴 것은 모두가 나의 공이다."

역으로 원균을 모함하고 전공을 가로챘다고 주사가 심했다고 한다.

(每言舜臣初不欲來固我固請乃志勝敵我僞首功)

난중일기(亂中日記), 癸巳年 8月 3日 (1)

"원수사가 망령된 말을 하며 나에 대하여 좋지 못한 말을 많이 하더라 한다. 모두가 망령된 일이니 무슨 상관이 있으랴."

(元使妄言向我多有不道之事何關乎)

난중일기(亂中日記) 癸巳年 8月 26日 (2)

"원수사가 술을 청하여 조금 주었더니 만취하여 흉악하고 도

리에 어긋나는 말을 함부로 하는 것이 실로 해괴하다."

(元公欲飮酒妄發兇悖之言可該)

_매우 해괴하고, 입에 담기 힘든 욕설, 악담했을 것으로 짐작되며 자신이 상관인데도 후배, 부하 다루듯 했다는 것이다.

선조실록 권 62(1595年 선조 28年)

"원균이 전마(戰馬)를 얻고자 하니 이제 내구마(內廐馬) 두 필을 보내주되 한 필은 원균에게 주고 한 필은 영중(營中) 전투용으로 쓰게 하라." 하시며 원균에게 말 두 필을 하사하였다.

선조실록 권 62(1596年 선조 29年)

원균이 전라 병사로 보직되어 대궐을 하직하는 날 선조는,

"경이 나라를 위하여 전력하는 충용의 정성은 고궁에 그 예를 비길 데 없으니 내기 일찍이 가상하게 여겼으나 아직 그에 대한 보답을 못 하던 터인데 지금 또다시 멀리 보내게 되므로 내가 친히 전송하고자 하였는데 마침 몸이 편치 못하여 뜻대로 하지 못하였노라."

_'원균 그리고 이순신' 이은식 씀

위의 내용을 보면 '임진왜란' 전후 기간에 선조 임금과 원균은 수시로 만났거나 아니면 상호 접할 기회가 많았을 것으로 예상하며 그대마다 두둔, 옹호 분위기가 역력하다.

그럼 이순신은 어떻게 대했는가?

임진 계사년(壬辰, 癸巳年) 첩훈이 많아지자, 그대마다 승급을 시켜 주는 등 적극적이었으나 원균을 옹호하고 나면 상대적으로 이순신을 미워하였으며, 전공(戰功)마저도 의심하고 마지막엔 죽이려고 까지, 하였으니, 어쩌면 역사의 수수께끼라고 할까!

원균과는 쉽게 접할 수 있는 가까운 사이이면서도 선조 임금과 이순신, 두 사람 간에는 한 번도 만나거나 그렇다고 얼굴을 마주친 일이 없었으니, 어쩌면 명나라에 내부 하려고 졸장부와 백전노장 간의 만남을 서로 회피함일까.

원균의 영정

원균(元均)을 직시한 분들은 이 모두가 이순신과 같은 덕수 이씨이며, 대제학을 지낸 택당(澤堂) 이식(李植, 1584 - 1647)이 편친한 '신조 수징 실록(1649. 2/ 年)'에 기인한다고 했다.

1617년(광해 9년) 선조실록이 완성되었는데 32년 후에 완성된 수정실록 내용은, 원균(元均)을 간신, 비겁자, 패배자, 급장, 패장, 주색에 빠진 역장으로까지 헐뜯음이 도를 넘었다. 충신과 간신, 선과 악으로 평가하는 작금의 현실에 대하여 이순신 장군에게도 크게 도움이 되지 않으리라.

권율(權慄), 이순신(李舜臣), 원균(元均), 어찌 되었든 선무공신(宣武功臣) 일등에 책록되지 않았던가. 원균은 이순신을 만나면 주사(酒肆, 술버릇)를 잘 부렸다(亂中日記).

이럴 때 이순신은 목전에서 상대하지 않았어도 과감하게 감정

표현을 했다.

- 흉패(凶悖) 도리에 거슬리는 일을 하다.
- 무망(誣罔) 속임질, 또는 흉계.
- 다광(多洸) 광기가 많다. 망령된 일.
- 흉공(兇공), 흉인(凶人), 음흉한 자라고 욕을 했다.

"김양간이 영의정의 편지를 가져왔는데 분개한 듯이 많다. 원수사(元均)의 일은 몹시 해괴하다. 내가 저주하고 진격하지 않는다고 말했는데 이는 천년(千年)을 두고 한탄할 일이다.

체찰사 이원익은 개탄해 마지않았으며, 밤새 이야기했다. 음흉한 사람의 모함이 극을 이루었으나 왕이 이를 살피지 못했으니 나랏일을 어찌할꼬.

원균이 백 가지 꼬리를 써서 나를 모함했으니 이 역시 원수로다. 뇌물 비리가 한양으로 가는 길에 잇닿았으며, 나를 모함하기를 날로 더 심하게 했으니 때를 잘못 만난 것을 스스로 한탄할 따름이다(亂中日記)."

통제사 원균(元均)

그는 항상 모함만 잘하는 통제사였을까?

충무공 이순신 장군의 전공(戰功)을 논하는 자리에서 원균을 미화할 생각은 추호도 없다. 그렇다고 원균이 왕명(王名)을 거역하니까 역적질을 한 졸장부였을까!

정유재난 시 도원수 권율에게 곤장 맞고 출동하였다가 칠천량 해선(海戰)에서 전사하지 않았던가. 아들 원사웅(元士雄) 원전, 원연은 아버지 원균과 같이 전사하고 가계(家戒)가 절손(絶孫)

되었다. 이순신처럼 난중일기(亂中日記)를 기록한 일도 없으며 가계에 누가 있어서 변명이라도 해줄까?

　충무공 이순신 장군은 노량해전에서 순국하였으나 후손으로 아들들, 조카들이 기라성 같이 건재하지 않던가. 문과, 무과, 정2품 이상은 시호(諡號)를 품의 하는데 통제사 원균에게는 시호가 없다.

　같은 1등 공신인 통제사 이순신은 충무공(忠武公), 도원수인 권율(權慄)은 충장공(忠壯公), 그뿐인가, 2등 공신인 진주목사 김시민(金時敏)도 충무공(忠武公)이란 시호가 있질 않던가!

　원균(元均)!

　선조 임금이 명(命)한 무장이며 삼도수군통제사이다. 원균은 어느 후손이 있어서 서장(誓將)을 지어 올리겠는가. 충무공 이순신과의 관계가 불화(不和)로 점철되었시만, 한 시대를 남낭하고 국난을 승리로 이끄는데, 동참했던 인물이었음을 부인하기 어렵다(그렇다고 원균을 미화하기 위한 뜻은 분명 아니다).

왕릉(王陵)을 파헤친 왜적(倭賊)들

　임진왜란(壬辰倭亂) 시 서울(都城)을 침입(侵入)한 왜적들은 역대 조선(朝鮮) 국왕(國王)의 무덤인 선릉(宣陵)과 정릉(靖陵)의 왕릉을 파헤치고 시신과 백골마저 불태워 버리는 만행을 저질렀다.

　조선 왕실에 두 번 다시 없는 황망한 사건이 일어났으니, 1592년 12월 16일, 관가의 서리였던 최업(崔業)과 그의 노비인 효인(孝仁)이란 자는 왜적들에게 '왕릉 속에 금은보화가 가득 들어있으니 파헤쳐 보라.'고 말하자. 그의 말을 들은 왜적들은 현 국왕인 선조 임금의 생부 덕흥 대원군(德興大院君), 강릉(康陵, 13대 명종의 능), 태릉(泰陵, 명종의 어머니 문정왕후) 묘소를 파헤쳤으나 석회질이 단단하여 뚫지 못했다고 한다.

　조선(朝鮮)의 건국 이념인 충효(忠孝)를 바탕으로 한 성리학의 중심에 부모에 대한 효도(孝道)를 백행(百行)의 으뜸으로 알고 있는 조선천지의 하늘 아래서 철천지원(徹天之寃)의 왜적들이라 지만, 천추의 유한인 이런 대역죄(大逆罪)를 지을 수 있을까.

두 왕릉은 왜적에 의해 도굴당한 것도 모자라 소각당하는 수모를 겪은 사실을 이 땅에 사는 우리 백성들은 얼마나 알고 있을까.

선릉(宣陵)은 9대 왕인 성종(成宗)과 정현왕후 윤 씨 능이고, 정릉(靖陵)은 11대 왕인 중종(中宗)의 릉이다.

그럼 10대 왕은 누구인가?

서울특별시 도봉구 방학동에 있으며 폭군으로 지목된 연산군(燕山君)과 신씨(愼氏) 묘(墓)이다. 두 왕릉이 왜적들에 의해 도굴되었다는 사실이 알려지자 선조 임금은 문무(文武) 백관을 거느리고 도성을 향하여 망배(望拜)를 올리고 대성통곡을 하여 천지신명께 맹세했다.

"내 뼈가 으스러지도록 이 철천지원인 일본에 자손만대까지 기어코 갚으리라."

다짐하고 또 다짐한다. 서울 시내에서 지하철 2호선을 타고 강남역을 지나면 강남구 삼성동에 선릉(宣陵)역이 있다. 오늘도 선릉역을 이용하여 출퇴근하는 수많은 승객이 선릉, 정릉이 조선의 어느 왕인지, 또 누구인지, 임진왜란 시 왜적의 손에 도굴당한 사실을 알고 있는 이가 과연 얼마나 될까?

그 당시 선조 임금은 종실과 내전 등 장수한 송찬(宋贊) 어른을 비롯한 덕양군 부인 등을 상대로 두 왕의 생전의 얼굴, 체격,

모습까지 다각도로 조사했으며 왜적 수백 명을 잡아다 죽인다 한들 영령들을 위로하기는 어렵다고 결론을 내리고, 적괴를 잡은 것처럼 대마도 왜인 마고사구(麻古沙九)를 잡아다가 처리하고 마무리하였으며, 묘 주위를 수습하여 정중하게 모시는 것으로 종결지었다.

종(奴婢) 춘세(春世)가 불을 내다
_난중일기 1595년(乙未) 5월 16일
(종들의 신분은 성은 없고 이름만 있는 것이 통례임)

방답첨사가 아들(장남 薈)의 편지를 가지고 왔다.
"초나흗날, 종 춘세가 불(화재)을 잘못 다루다가 불이 나서 10 여 가구가 타버렸으나 어머님(天只) 서저하시는 집(조당)은 미치지 않았다. 또 어머님이 평안하시다니 천만 다행이다."

실화(失火), 잘못하여 불을 냄. 방화(放火), 불을 지름.
난중일기에 불을 잘못 다루다가 불을 냈다는 내용으로 보아 실화가 확실하게 보이나, 5월 4일이 어떤 날인가? 하늘 같은 어머니(天只) 변씨 부인의 80세 생일날이다. 혹여 어머니를 비롯한 식솔들의 안위까지는 염려가 없었을까?
불이 나자 장군 주위와 고음내(古音川) 노비들은 기다리기로 한 것처럼 자기들의 잘못으로 불을 냈다는 생각으로 목제를 벌채하여 배로 운반하고 톱질, 대패질 등 조별로 나누어 힘들고, 험하고 궂은일을 도맡아 하며 추위가 오기 전인 중추절(한가

위)까지 마무리 일정을 세우고 적극적으로 추진한다.

특히, 거북선, 판옥선의 대목장이며 화살의 궁전장(弓箭將)이기도 한 노비 중 연장자인 옥지(玉只)가 마무리를 지었지만, 한 해 뒤인 병신년(丙申) 1596년 8월 19일 '옥지 압중재상(玉只壓重材傷) 목수 옥지가 나무(목재)에 깔려 많이 다쳤다(난중일기).' 그의 재능이 얼마나 아쉬웠으면 난중일기에 3~4회나 남겼을까. 마무리 작업을 전라좌수영의 일부 수군(水軍)들과 고음내(古音川)의 압해 정씨 후손들이 한몫하였다.

그 후 솔개 춘세의 불 이야기는 전라좌수영이 폐영할 때까지 불조심을 강조하며 나이 지긋한 노인들은 그때를 회상하며 전하고 있다.

난중일기(亂中日記) 乙未 5月 16日
처음으로 아내 방씨 부인을 난중일기에 기록으로 남긴다. 아내 방씨 부인은 이순신 장군보다 두 살 아래인 1547년 8월 10일생으로 47세라며 고비를 바라보는 나이로서 어찌 건강하다 하랴.

또한, 5월 중순이면 낮의 길이가 하지 즈음으로 한겨울에 발생하기 쉬운 천식과 담천(痰喘, 가래가 끓어서 숨이 가쁨)이라는 지병으로 고생하는 걸 보면 춘세의 불 난리로 충격에 의한 허탈 상태가 심하고 천식으로 담이 성하고 호흡기 질환으로 고생한 것 같다.

어머니가 생존해 계신 면전에서 '아내'를 입에 담는 것은 금기

시하는 사회적 분위기가 있다고 하더라도 '아내' 말만 해도 속끓이는 그 마음을 어찌 짐작하지 않으리오.

  나라와 백성, 사직에 대한 충성, 백척간두에서 구하려고 일념(一念)으로 목숨을 걸고 최선을 다하는 백전백승의 노장(老將), 그도 인간이기에, 한 가정의 가장, 지아비로서 아내에게 가사(家事)의 대소사(大小事)의 책임을 맡겨둔 채, 전란(戰亂)이라는 소용돌이치는 나날의 살얼음판에서 위로는 80 노모와 20 전후의 자식들, 그 또래의 조카들, 40여 명의 노비…….

  천방지축(天方地軸) 같은 고단한 삶은 오죽했으랴. '천지신명이시여! 오늘 밤 안으로 전쟁을 끝내고 고향 아산으로 돌아가게 해주십시오. 제발…….'

통제사 이순신(李舜臣) 사경(死境)을 헤매다
_난중일기(亂中日記) 甲午年 3月 7~12日

몸이 죽는가 싶도록 아프고 변은 더욱 어렵도록 막혔다.
· 기극불평(氣極不平) 죽도록, 죽을 지경이다.
· 조열(潮熱) 찬 것만 마시고 싶을 뿐이다.
· 열기상충(熱氣上充) 열이 자꾸 차오르는 현상.
· 음신종일(吟呻終日) 하루 종일 누워서 신음했다.

· 그릇된 짓만 하는 원균(元均), 영의정(領議政)에 편지를 쓰다.
"우리 백성들의 머리를 베어 왜적(倭賊)의 머리라고 속여서 조정(朝政)에 허위 보고하고 있는 사실을 장계 보고 하다."
· 조정에 허위 보고하는 사실을 장계로 보고(報告). 계문필정서(啓聞畢正書, 사실대로 자세히 정확히 보고함)

난중일기(亂中日記) 甲午 3月
아뢰는 장계(狀啓)를 봉하여 보냈다.

몸이 나아지는 것 같으나 몹시 곤핍(困乏, 피곤)하다.

원수사(元均)가 찾아와 그릇되게 속였던 짓을 밝히므로 도로 가져오도록 불러 왜적의 머리를 벤 것처럼 거짓으로 올려바친 일을 고쳐서 보냈다(오망지사 迂妄之事, 속임을 밝히다).

몸이 나아지는 것 같지도 않고 거듭 머리가 깨질 듯 아프다. 종일 신열과 몸이 불편하다(두중불쾌 頭重不快, 머리가 벌어지는 듯 아프다).

몸이 수 나아질 것 같지 않다

정사립이 왜적의 목을 베어왔다.

정사립(鄭思立), 정사준(鄭思竣)은 형제(兄弟)이며 화약, 조총을 만드는 전분기술자늘로 장군과 신임이 누터운 사이다.

사경을 헤매다 2

전라좌수사 겸 삼도통제사 이순신(李舜臣, 1545~1598).

옥포, 당포, 한산, 부산, 해전을 대첩이라는 전투로 승리를 이끌었던 불사신(不死身). 1만 명이 넘는 조선 수군(水軍)의 최고 사령관.

"나를 따르는 자(者), 죽지 않고 살 수 있다."라는 용기, 사기, 자긍심 하나로 남해안의 제해권(制海權)을 철벽으로 막아내지 않았던가. 불세출(不世出)의 장수가 그까짓 전염병 하나를 이겨내지 못할까.

그건 말 같지 않은 어불성설(語不成說)이다. 한때의 고통과

시련은 있어도 반드시 극복할 수 있다. 문밖출입마저 가볍지 않던 시절, 고향 아산을 떠나 천 리 밖 땅끝이 아닌가. 남쪽하고도 가장 끝자락 땅, 고음내(古音川), 80 고령인 장군의 어머니 삶은 서산마루와 가까웠다.

이런 때를 맞아 일구월심(一久月深), 전쟁터에 나간 아들(李舜臣) 무사히 돌아오기를 천지신명께 빌고, 빌고 또 빌었을 어머니(天只)에게 할 수 있는 일이 무엇인가.

잠깐 눈붙이고 나면 또 빌고, 또 빌고 빌었을 어머니(天只), 모든 병사(兵士)가 전염병으로 삶을 마감한다면 하늘 아래 이보다 더한 불효 중의 불효가 또 있단 말인가.

천지(天只), 천지(天只)여!

싸움터에 나간 자식, 삭풍과 폭풍이 교대하며 칠흑보다 더 짙은 어둠이 자맥질한다. 일엽편주에 범 아가리처럼 뛰어 덤비는 물 갈퀴, 노도의 중심에서 나라를 위하고 백성을 위하는 일이라면 진작 삶을 던진 지 오래지만, '소자(小子) 몸 성히 잘 있습니다.'라는 말에도 항상 못 미더워 노심초사(勞心焦思)할 어머니(天只) 하늘이여! 고음내여!

난중일기(亂中日記)에,
'몸이 불편하다. 나을 듯하다가도 몸에 신열이 있다. 몸이 으슬으슬 춥고 어지럽다.' 등 요즈음의 병명(病名)으로 논한다면 '감기 몸살'이나 신경성 스트레스로 인한 병, 장티푸스 등이 생각되지만, 이때도 장군의 주치의 격인 정종(鄭宗)이 고음내(古

음川)의 한산도에 오가며 장군을 비롯한 환자들을 치료했다.

그동안 쌓여온 가병(加病)의 원인이 한두 가지가 아니라고 예상은 했지만, 특히 명나라 담종인의 금토패문(禁討牌文)을 받고 난 이후, 경악과 분노, 울화가 치밀어 심신(心身)이 혼미해지고, 대변까지 막혀버리는 초유의 사태가 발생하고 만다. 그 후부터 장장 1개월을 바다에서 몸져누웠으니 여름의 폭서, 겨울의 한기, 예측불허의 습하고 건조한 해상(海上)의 일기(日氣), 풍찬노숙(風餐露宿)에 왜적을 막아내야 한다는 격심한 스트레스가 발병(發病)의 원인으로 차고도 넘쳤을 것이다.

만약이라는 가설은 정말 만약이라는 가설은 그때 유명을 달리 했더라면 생각만 해도 몸서리칠 만큼 끔찍하지만, 처절한 만큼 조선의 역사와 비굴할 만큼 우리의 처지가 달라졌으리라.

아! 천지신명이시여, 이시니이까, 이 절박함을…… 시켜 주셔서 감사합니다. 진정 고맙습니다.

3月 29日(乙巳)

본영(本營)에서 탐후선이 왔다. 어머니(天只)가 평안(平安)하시다고 한다. 날이 저물어 여필(막냇동생)에게 조카 봉을 돌보도록 했다. 밤새도록 근심 걱정으로 지새웠다(봉즉중통, 奉則重痛, 중병으로 두려움이 크다).

조카 봉이 사경을 헤매고 있으니 책임지고 보살피라고 말하다.

4月 3日(申亥)

여제(厲祭-전염병으로 사망한 병사들을 위한 추도식을 하고 삼도수군(三道水軍) 전체에 술 1,080 동이를 노천(露天, 들판)에서 먹이다.

자식이 몸져누워 있다는 말이 입밖에 새나갈까 봐 얼마나 입막음을 하였을까. 정종(鄭宗)을 비롯한 주치의들이 밤낮으로 보살핀 도움인지 천지신명과 만여 명의 소망과 염원이 있었기에 천당과 지옥이라는 외줄 타기의 모습을 지켜보았을 식솔들의 마음은 어떠했을까. 이 모두가 하늘의 도움이 아니랴!

진중(陣中)에서 과거(過擧) 시험을 청하는 장계(狀啓)

"삼도통제사 이순신(李舜臣) 삼가 아뢰나이다. 이번 동궁(東宮)께서 전주(全州)에 오시어 하삼도(下三道, 충청, 전라, 경상) 근무하는 무사(武士)늘에게 과거를 보아 인재(人才)를 뽑으라 하셨는데, 난리가 일어난 지 2년 동안 남도의 무사들이 오랫동안 진중에 있었지만, 그들을 위로하고 기쁘게 할 일이 없었는데 동궁께서 전주(全州)에 오시어 백성들이 감동하지 않은 이 없다고 말합니다."

1593年(癸巳年) 12月 27日
"전주부에서 과거 시험을 개설하라고 명(命) 하셨다 하므로 해상의 진중에 있는 사졸(士卒)들이 모두 즐거워하므로 물길이 요원(遼原)하여 기한 내에 도착하기 힘들고 왜적과 대처하고 있는데 갑작스럽게 환란이 생길 수 있으므로 정군 용사들을 보낼 수 없사오니, 수군(水軍)에 소속된 군사들을 진중에서 시험을 보아 그 마음을 위로해 주고 규정에 기마(말타기), 각궁(활쏘기) 시험을 외딴섬이라 말이 달릴 만한 곳이 없으므로 편전(片箭) 쓰는 것으로 품의(稟議) 하오며 조정(朝廷)에서 선처해줄 것을 삼가 아뢰나이다."

_삼도수군통제사 이순신

과거 시험이란 임금(國王)의 고유권한으로 문무관(文武官) 뽑는 시험으로 식년무과(式年武科)로 4년마다 실시하나 이번 별시는 특별히 인재를 등용이 필요한 경우 임시로 실시하는 시험이며, 통제사 이순신 장군은 분조(分朝) 활동차 하삼도에 오신 동궁(光海君)에 수군만을 위한 특별전형 시험을 한산도에서 실시하여 줄 것을 명 받기에 이른다.

병조(兵曹)에서는 기사(騎射, 말달리기)는 제외하고 편전(片箭, 길이가 짧은 화살), 철전(鐵箭, 전투용 화살)으로 치른다는 내용으로 상소(上疏)를 올리다.

이때 도원수 권율(權慄)에게 문관을 청했더니 삼가현감 고상안(高尙顔)을 참시관의 추천받았으며, 그 외 장흥부사 황세득(黃世得), 고성현감 조응도(趙凝道), 웅천현감 이운용(李雲龍)이며, 시험관으로는 통제사 이순신(李舜臣), 전라우수사 이억기(李億祺), 충청수사 이순신(李純信)이다.

1594년(甲午) 4월 6~8일(3일간) 한산도에서 치른 결과 4월 9일 100명의 합격자를 발표하기에 이르며 합격 증서로는 백패(白牌)와 홍패(紅牌)로 나누며 자료에 나타난 합격자는 송여종

(宋汝悰, 1553~1609)등으로 노량해전을 승리로 이끈 장수이며, 이번 과거 시험에 경상우수사 원균(元均)은 왜 빠졌는지…, 그의 아들 원사웅(元士雄), 통제사 이순신 장군의 자녀들도 모두 빠졌다.

광양현감 어영담(魚泳潭) 병사(病死)

1.

'아프던 몸이 완쾌까지는 아니어도 좀 우선한다며 한시를 놓았다. 그런데 광양현감이 병사하다니…… 아! 이런 큰 슬픔을 맛볼 줄이야.'

통제사인 이순신(李舜臣) 장군보다 13세가 더 많은 광양현감 어영담(魚泳潭). 수군 중에서 지략(智略)과 전공(戰功)이 가장 높았는데, 공신(功臣)에 오르지 못함을 못내 아쉬워했는데……

1592년 임진왜란 시 꿈에도 밟지 않은 경상도로 처음 출동을 결심한 것도, 경상도 남해를 제집 안방 드나들 듯한 것도, 모두가 광양현감 어영담 덕분이라고 기회 있을 때마다 자랑하던 통제사 이순신, 또 조선의 한쪽인 호남이 이렇게나마 지탱하고 보존할 수 있었던 것이 모두 어영담 덕분이라고 했는데.

경상우수사 원균(원균(元均)은 광양현감 어영담을 향하여 '어영담은 이순신의 넷째아들이라.'라고 많은 사람 앞에서 놀려댔지만, 그때를 기다리기라도 한 것처럼 만면에 웃음으로 응수하더라.

나이가 가장 많아도 신임의 두터웠던 어영담, 그 어영담이 병사했다니 믿을 수 없다.

광양현감 어영담이 1593년(癸巳年) 2월 웅천해전에 출동하고 없는 사이 독운어사(督運御史) 임발영(任發英)이 실제의 장부보다 600명이 많은 양곡을 사사로이 보관한 것으로 잘못 인식하고 조정에 어영담의 파면을 요청했다(이 모두가 이순신을 견제하기 위하여 서인 세력들이 이순신이 출동하고 없는 틈을 타서 지적 사항을 조정에 보고하기에 이르렀다 함).

이런 사실을 보고 받은 이순신은 곧바로 어영담의 유임을 청하는 장계를 올렸다.

2.

"어영담은 남해안의 변장(邊將)으로 물길의 형세를 알지 못하는 곳이 없으며, 기교와 전술이 남보다 뛰어나므로 중부장으로 함께 작전을 모의하였으며, 전투에는 죽음을 무릅쓰고 앞장서며 승리하였습니다. 비록 작은 잘못이 있다 하더라도 이토록 어려운 시기에 장수 한 사람을 잃는 것은 적을 막아내는데, 방해될 뿐만 아니라, 해전(海戰)은 사람마다 잘하는 것이 아니므로 장수를 바꾸는 것은 좋은 계책이 아닙니다.

민심이 이와 같으니 평정될 때까지라도 그 자리에 눌러 두어 바다를 침범하는 왜적들이 평정될 때까지 조정에서 참작하여 주십시오."

그러나 우국충정에서 우러나온 이순신 장군의 간청을 외면하고 광양현감으로 김극성(金克成)을 임명하고 만다.

3.

이순신 장군의 간청에도 광양현감 어영담은 1593年(癸巳年) 11月 파직된다. 그러자 이순신 장군은 어영담을 수군의 조방장으로 청하여 허락받았으며, 이때도 매번 선두에서 열심히 싸웠다. 이순신과 더불어 고락을 같이했던 어영담은 1594년(甲午年) 4월 9일 병사했다. 유행하던 전염병 때문이다.

통탄가언(痛嘆可言) 통탄가언(痛嘆可言)
애통함을 어찌 다 말하랴.
하늘이 무심하도다, 하늘이……
녹도만호 정운(鄭雲)의 전사에 이어 광양현감 어영담(魚泳潭) 병사까지.
피로 맺은 의형제(義兄弟)는 순천부사 권준(權俊 1541~ 1611), 전라좌수영의 2인 자, 방답첨사 이순신(李純信, 1545~ 1610), 당상관인 절충장군 품계를 받은 홍양현감 배홍립(裵興立, 1546~1608)의 조선 수군을 재건하는 백전노장까지.

광양현감 어영담

그는 경상도 바다를 처음 찾아가고 요즈음의 위성 항법 장치(GPS) 역할을 톡톡히 한 사람이며, 세상에서 가장 무서운 적, 전염병을 만나다니……

자신의 목숨과도 같은 어영담. 전우이자 부하들이 죽어갔을 때 장군의 마음은 오죽했겠는가.

통탄가언(痛嘆可言)

쓰린 아픔을 어찌 다 말하랴.

한산도가(閑山島歌)

난중일기(亂中日記), (乙未) 7月 10日
홀로 다락 위에 기대어 나라 돌아가는 꼴을 생각해 보니
위태롭기가 마치 아침 이슬과 같다
안으로는 정책을 결정할 만한 기둥같은 인재(人材)가 없고
밖으로는 나라를 바로잡을 주춧돌 같은 인물이 없으니
모르겠다, 나라의 운명이 어떻게 되어갈지 마음이
괴롭고 종일 엎치락뒤치락했다.

난중일기(亂中日記) 7月 21日
태귀련(太貴連) 언복(彦福)이 만든 화도(칼)을
충청수사(忠淸水使)와 두조방장에 한 자루씩 나누어 주다.
저녁에 회울 우후 이몽구(李夢龜)가 돌아오다.

난중일기(亂中日記) 8月 7日

선전과 이광후(李光後) 선조 임금의 분부를 가지고 왔다.
"원수는 삼도 수군을 거느리고 곧장 적의 소굴을 공격하라"라는 것이다.
밤새 이야기하다.

난중일기(亂中日記) 8月 15日
새벽에 망궐례(望闕禮)를 올렸다.
3도의 사부와 잡색군(雜色軍)들에게 음식을 배불리 먹였다.
밤에 희미한 달이 수루에 비추어서 누워도 잠을 이루지 못했다.
시(詩)를 읊조리며 기나긴 밤을 지샜다.

한산도가(閑山島歌)
'한산도'가라는 시조는 어느 때 어떤 장소에서 읊었나? 난중일기에 확실한 기록이 없으니 추정할 수밖에 없으나 한산도가는 1597년(丁酉) 8월 15일, 보성 열선루에서 수군(水軍)을 없애라는 어명을 받고 한산도가(閑山島歌)를 읊었다고 주장한다(사학자이며, 순천향대학교 이순신 초대회장 이종학 주장).
1595년 을미(乙未) 8월 15일 한산도에서 이순신 장군과 가리포 이응표 첨사가 시를 읊었다고 이씨 가승(家乘, 집안의 역사)에 전해지고 있어 현재까지는 정설(定說)로 생각하는 분들이 많다.
여기 한산도가를 소개한다.

閑山島 月明夜 上戍樓 (한산도 월명야 상수루)
한산섬 달 밝은 밤에 수루에 홀로 앉아

撫大刀深愁時(무대도 상수시)
큰 칼 옆에 차고 깊은 시름 하던 차에

何處一聲羌笛更添愁(하처일성강가 갱청수)
어디서 일성호가는 남의 애를 끊나니

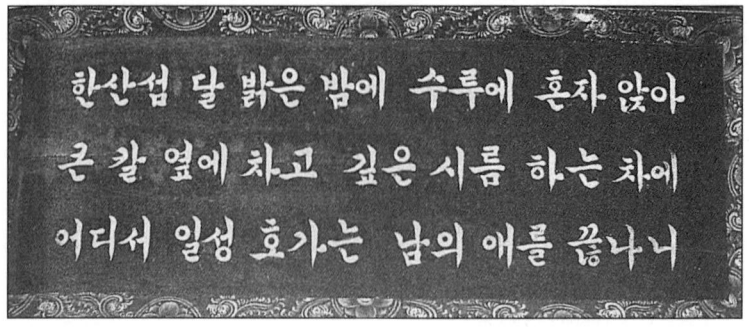

_한산도 수루의 한산도가

위의 한산도가는 청구영언(靑丘永言), 해동가요(海東歌謠), 고금가곡(古今歌曲), 연려실기술(燃藜室記述) 그 외 다수에 실려 있으나 내용이 조금씩 차이가 있다.

다음은 조경남(趙慶男)의 난중잡록(亂中雜錄)을 인용한다.
이순신(李舜臣) 장군이 한산도(閑山島)에서 읊은 시가(詩歌)가 20수 이상이 있었다고 하나 여러 난리를 겪은 후 모두 없어져 전해지지 않고 연구(聯句) 하나와 노래 한 장이 세상에 전하니 어찌 애석함을 이길 수 있으랴.

이순신이 가장 애송하던 시(詩)

한산도야음(閑山島夜吟)

수국추광모(水國秋光模)
바닷가에 가을빛이 저물어 가는데

경한안진고(驚寒雁陣高)
찬바람에 놀란 기러기 떼 높이 떴구나

우심전전야(憂心輾轉夜)
나랏일 걱정스러워 잠 못 이루는 밤

잔월조궁도(殘月照弓刀)
싸늘한 새벽 달빛은 칼과 창을 비추네

점(占)을 치는 통제사 이순신(李舜臣)

절박(切迫)함의 탈피용이랄까.

현실(現實)의 절박함이나 예측이 불확실한 상태에서 탈피하고자 점(占)이라는 비상수단을 이용한다. 앞으로 닥쳐올 미래를 알고 싶어 하는 마음이리라.

이상과 현실을 고뇌하는 심정이 오죽했겠는가. 어떤 일이 일어날까! 닥쳐올까! 얼음물보다 더 차갑고, 봄볕보다 더 포근한, 정직(正直)과 냉철한 합리주의자(合理主義者), 이순신.

촌각(寸刻)을 다투는 불확실성에 대하여 점(占)이라는 수단으로 예견(豫見)하려는 허전한 마음이라니….

1594(甲牛) 7月 13日(乙五)

홀로 앉아 면(葂) 막내아들 병세가 어떤가를 생각하고 척진 점(글자점)을 짚어보니 군왕을 만나는 것과 같다(如君王), 아주 좋아 다시 짚어보니 어두운 밤에 등불을 얻는 것과 같다(如夜得

燈)는 점괘가 나왔으니 두 괘가 다 좋은 것이다.

조금 마음이 놓였다.

그날 또 유 정승(서애 유성룡)의 점을 쳐보니 바다에서 배를 얻는 것과 같다(如海得船)고 나왔으니 다시 점을 쳐보니 의심하다가 기쁨을 얻는 것과 같다(海得船毅得喜)는 점괘가 나왔다. 아주 좋다.

또 비가 올지, 날이 갤지 점을 치니 뱀이 독을 뱉는 것과 같다. 큰비가 내렸으니 농사가 걱정이다. 그런데 신통하게도 점괘가 맞아떨어졌다. 그날 밤에도 퍼붓듯이 큰비가 내린다. 자신도 점괘 얻는 것이 그대로이니 거참 묘하다. 감탄한다.

1594年 7月 15日 (甲辰)

비가 오더니 맑다.

소식을 전하러 조카 해(荄)의 종, 경(京)이 왔다. 면(葂)의 병이 나아진다고 한다. 어찌 기쁘지 않으랴. 조카 분(芬)의 편지에 아산의 선산은 무사하고 어머니(天只) 평안하시니 다행이다.

원문(原文)-면병향차(葂炳向差) 면의 병이 나아진다.

1594年 7月 16日 (壬辰)

명나라 장수가 삼천진(三千陣, 삼천포)에 머물면서 한가롭게 쉬고 있다 하여 본진(本陣, 한산도)으로 돌아왔다.

이순신(李舜臣) 장군은 '한산도로 돌아왔다'를 본진(本陣)으로 돌아왔다며 한산도를 본진(本陣)으로 표기하고 있다.

전초기지, 전진기지, 본영(本營)은 전라좌수영(本營)이기 때문이다.

원문-석환본진(石環本陣)

저녁 무렵에 한산진으로 돌아왔다고 이순신 장군 본인이 기록하고 있다.

1594년 7월 26일
오랜만에 탐후선이 들어왔다. 아들이 편지를 보냈다. 어머니(天只)는 평안하시고 면(葂)의 병세는 좋아진다고 한다. 유홍(俞泓), 윤근수(尹根壽)가 세상을 떴다고 한다. 종사관(從事官) 윤돈(尹暾)이 온다고 한다.

1594년 8월 2일
비가 퍼붓듯이 왔다.
한밤중에 꿈을 꾸니 부안(扶安)에 사는 첩이 아들을 낳았는데 달수를 계산해 보니 때가 낳을 달이 아니므로 꿈에서라도 쫓아 버렸다. 몸이 좀 평안하다. 송희립이 보러왔다.

1594년 8월 6일
늦게까지 비가 왔다. 충청수사와 활을 쏘다.
어머님도 평안하시고 면도 차츰 차도가 있다고 한다. 수루에서 자다.

1594년 8월 30일

기다리던 본영(本營) 탐후선이 들어왔다.
　아내(妻)의 병세가 심한 중태라고 한다. 생사(生死)가 결판났는지 알 수 없다. 나라가 왜적으로 인하여 어수선한 이때 다른 일은 생각할 수 없으나 세 아들과 딸은 어찌 살아가라고. 가슴이 아프고 괴롭다. 내가 출동을 늦추고 왜적을 치지 않는다고 하는데 분하고 놀랍고 탄식이 절로 나온다.
　천년을 두고도 탄식할 노릇이다.
　(왜적과 대치하고 있는 현실은 경솔하게 전쟁을 했다가 참담한 패전(敗戰)을 당할 것을 예측하고 기록하고 있다. 앞으로 닥칠 칠천량해전을 예상했을까.

<small>원문-통민통민(痛悶痛悶), 가슴이 아프고 괴롭다.</small>

1594年 9月 1日 (丙子)
　누웠다 잠을 못 자고 불을 켠 채 뒤척이다가 날이 샐 무렵 아내의 병세에 점을 치니 '중이 환속한다(如僧還屬).' 다시 하니 의심할 일이 기쁨을 얻는 괘가 나왔다(如義傳喜). 병세의 차도를 알려 줄지 점을 치니 '귀향 가다가 친화(親和)를 만나는 괘가 나왔다.
　가까운 기일 내 좋은 소식이 있을 징조다.

　임진왜란 7년 기간 중 부인(妻)에 관한 난중일기의 기록은 단 3회에 불과하다. 가까이 손에 잡힐 만큼 지근거리에 있었더라면 따뜻한 위로와 격려가 있어 아픈 몸이 금방이라도 완치될 수 있었을 터인데. 아니면 목소리라도 들을 수 있었더라면, 멀리 떨어져 있어 얼마나 노심초사(勞心焦思)했을까.

점이라는 불확실한 수단을 이용, 가까운 시일 내 좋은 소식이 있으리라는 기다림과 더불어 즐거워하는 모습이라니, 대장이기에 앞서 가장 지아비인 것을.

<small>원문-시역금일내(是亦今日內), 가까운 시일 내에 좋은 소식을 기다리다.</small>

1594年 9月 2日(丁丑)

기다리던 본영 탐후선이 왔다.

아내(妻) 병은 나아진다고 하였으나 원기(元氣)가 약해서 더디다니 참으로 걱정이다.

<small>원문-석탐선입래(夕探船入來) 기다리던 배가 왔다.</small>

1594年 9月 3日(戊寅)

밀지(密旨)가 왔다.

수륙(水陸)으로 여러 장수들이 계획을 세워 왜적을 치는데 분발하지 않고 바라만 보고 있다고 한다.

3년을 바다 위에서 원수를 갚으며 밤낮으로 하루를 보내고 험준한 곳에 웅거하며 소굴에 들어있는 적을 경솔하게 나가서 칠 수는 없다.

손자병법(孫子兵法)에 적을 알고 나를 알면 백 번 싸워도 위태롭지 않다(知彼知己, 百戰不殆).라고 하지 않던가.

군신(君臣)의 의(義)-나라는 왜적의 왜인을 받아 없어져 가는데 구해낼 방법이 없으니 무엇을 어찌할꼬.

1594年 9月 28日

적을 치기 전에 촛불을 밝히고 홀로 앉아 적을 토벌하는 일을 점을 쳐 본다.

첫 점은 '활이 살을 얻는 것 같다(如弓得箭).'

두 번째는 '산이 움직이지 않는 것 같다(如山不動).'

위험만 있고 나가지 말라는 것이다. 바다 가운데 진(陳)을 치다.

1594年 10月 1日(乙巳)

장문포에 도착, 경사우수사 원균(元均) 장문포 앞바다 가로막고, 충청수사 선봉, 여러 장수와 영등포로 갔다. 사도(蛇島) 2호선이 뭍에 걸려(조수의 간만차) 나오려고 힘쓰는데 왜적의 정탐선에서 불화살을 쏘아 불꽃이 솟았다. 군졸 모두가 죽임을 당하다.

너무나 분하고 가슴이 미이졌다.

사도군관(蛇島軍官)은 죄를 가중 처벌했다.

" 고음내(古音川)
해(太陽)를 품다

下 "

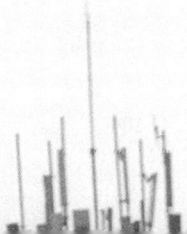

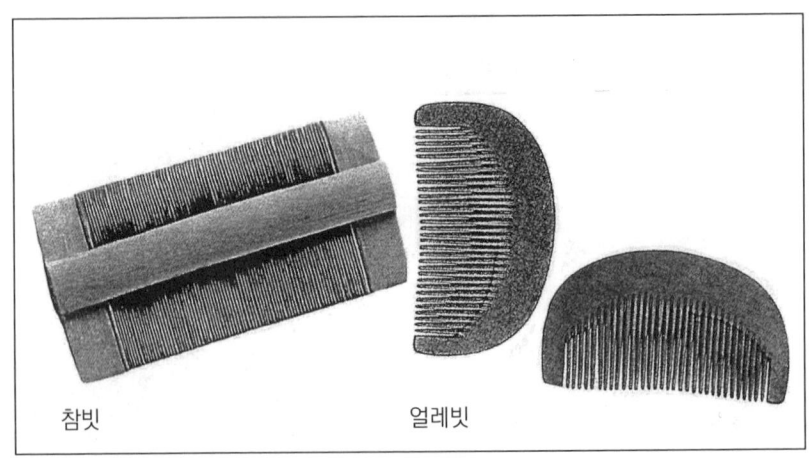
참빗　　　　　　얼레빗

명나라 군은 참빗이고 일본군은 얼레빗이다

원균(元均)은 이순신(李舜臣)을 시기하여 "백성들은 이순신을 '해왕(海王)'이라고 부릅니다."라고 조정(朝廷)에 고자질하였지만, 진실(眞實)로 남도의 민초(民草)들은 "해신(海神)으로 우러러 받들며 장군의 함자만 들어도 눈물이 난다."라는 타루비(墮淚碑)가 증명하는데 뉘라서 변명하리오.

타루비

선조 임금의 양위(讓位)

　전에도 경도에 있을 때 옥당(玉堂)의 내린 비답에 인간사에 뜻이 없다고 전교가 있었는데 경들은 아직도 기억하고 있으리라.
　물러나고자 하는 마음은 오늘에야 생긴 것도 아니고 벌써 오래전부터인데 지금에 와서는 뜻을 잃고 마음을 잃고 집을 잃고 나라를 잃었으며 마침내는 눈까지 잃어서 이미 어둡게 되고 말았다.
　내가 하루를 더 왕위에 있으면 백성들이 하루 더 걱정이다.
　지금 물러나는 것이 합당할 때이니 바라건대 경들은 불쌍하게 생각하여 속히 물러나게 허락하여라.
　나라를 잃은 원통함을 마음에서 비록 사라지지 않겠지만 물러나게 한 은혜로 반드시 눈을 감을 수 있게 될 것이니 원컨대 경들은 짐을 불쌍히 여겨 내 작은 뜻을 이루게 하라.
　1592년 11월 8일

양위나 선위나 임금이나 군주가 세자나 후계자에게 왕권(王權)이나 대권(大權)을 넘겨주는 의식을 말한다.

조선 왕조 500년을 살짝 들여다보면 일부 군주들이 정권 유지를 위한 고난도의 기교로써 대간들이나 백성들에 대한 권력의 도전을 억압하기 위한 수단으로 실행하지도 않을 양위란 무기를 휘두른다. 요즈음으로 말하면 일종의 정치 쇼라고 말하면 지나칠까?

선위 파동을 자주 일으킨 군주는 태종 이방원이 있으며, 금메달감으로 가장 많은 선위 파동을 일으킨 군주는 임진, 정유재란의 주역인 선조 임금이다. 그다음으로 사도세자를 뒤주에 넣고 굶겨 죽인 영조 임금이고 선위 파동은 태조가 4회, 영조가 4회 선조는 무려 8회가 넘을 만큼 자신의 정치력을 극대화하기 위한 수단이었기도 하지만 성격적으로 변덕이 심한 군주다.

특히 선조는 전쟁에 대한 공포심과 명나라 위정자들의 불평불만이 계기가 되었다. 또 명나라에서 선조의 괴팍한 성질을 믿을 수가 없으니 광해군(光海君)과 상대하겠다고 하여 선조의 심기를 불편하게 하자 선위 파동을 일으켰다.

그뿐인가!

명나라, 일본 간 협상 중에 걸림돌이 선조라며 노골적으로 중국 측에서 말하기도 하였다. 전쟁 중 분조를 하고 있는 세자 광해군의 인기는 하늘을 찌를 듯 올라가지만, 선조는 명나라로 망명이나 하려는 소인배 같은 군주로서 피난길에 백성들의 돌팔매나 맞고, 비 오는 야밤에 떠나야 했던 비굴함이 생각날 때마다 선위로 만회하려고 했다.

선조는 16세에 등극하여 41년간 집권하면서 무능한 집권자로 백성들로부터 인정받지 못한 콤플렉스를 시험하기 위하여 10일이 넘도록 선위하겠다고 권력을 담보로 신하들의 충성심을 저울질하며 위험하고 비굴하게 인기 만회 게임을 하였던 장본인이 선조다.

임금의 후회(後悔)

나라를 망(亡)친 군주(君主)는 다시 보위(寶位)에 오를 수 없다. 옛 임금 가운데는 간혹 다시 나라를 다스린 자가 있기는 하나 이 모두가 웃음거리가 아니더냐.

불행(不幸)하게도 국사(國事)를 다시 회복(回復)할 수 없다면 내 선군(先君)의 곁에 들어가 죽을 것이고 다행히 중국의 힘을 빌려 옛 강토를 수복한다면 아침에 적을 치고 저녁에 물러가도 좋다. 오직 한 생각이 간절히 여기에만 있을 뿐이다.

관왕묘(關王廟) 건립

　임진왜란 시 명군의 참전과 주둔을 통하여 조선에 알려진 중국 문물 가운데 특이한 것이 관왕묘다. 관왕묘는 촉한(蜀漢) 때의 장수인 관우(關羽)를 모신 사당이다. 사당 중앙에는 관우의 초상(肖像)을 모시고 좌우엔 그의 양자인 관평(關平)과 부하인 주창(周倉)을 배향하였다.
　명에서는 관제묘(關帝廟)라고도 부르는데 군신(軍神)이자 재물의 신 등 다양한 영험을 지닌 신(神)으로 추앙되었다.
　제찰사 유성룡의 지적에 의하면,
　"명나라에서는 요동에서 북경에 이르는 모든 곳에 관왕묘가 있고 민가에도 관우의 초상을 방이나 벽에 걸어두고 참배하는 것이 풍습이 될 정도로 보편화 되었다."라고 한다.
　조선에 관왕묘가 처음 건설된 것은 1597년 당시 서울에 경리 장수로 와 있던 양호에 의하여 이루어졌다고 하나 명군이 조선에 입성하였을 때 이미 명군 사이에는 관우의 초상을 가슴에 넣고 다니는 등, 마치 전쟁의 부적처럼 효험이 있다며 개개 병사들이 소지하였다고 한다. 처음 양호는 남대문 근처 명군의 주둔지 부근에 터를 잡고 명군을 동원하여 공사를 시작하였고 조선에서는 목수와 미장이를 지원했다고 한다.

이렇게 완성된 관왕묘를 남관왕묘라 불렀으며 5월 13일 관우의 생일을 맞이하여 선조 임금도 참배할 것을 종용하자 친히 분향재배 의식을 행한 바 있다.

두 번째 관왕묘는 동대문 밖 영도교(永渡橋) 부근에 터를 잡아 그 공사는 공역의 부담을 거의 조선에서 부담하게 되었다. 완공된 후에는 인력징발 과정의 민폐와 시일이 지연되면서 비판의 원성이 하늘을 찔렀다.

우선 명 장수들의 강력한 요청을 쉽사리 뿌리칠 수 없었으며 선조 임금의 또 다른 생각은 관왕묘 건립으로 무사들의 정신적 귀의처로 삼으려 하였으며 명군 지휘관들이 누누이 강조했던 관왕의 신통함에 대하여 잃어 가는 민심을 관왕묘에 치성을 드림으로써 임진왜란의 민심을 회유해 보려는 도 다른 술책은 아니었을지.

임란 이후 전국적으로 관왕묘를 모시는 사당이 유행처럼 번졌으며 서울에서는 동묘, 남묘, 북묘가 있었다. 종묘제례악처럼 관왕묘악도 있었다니…….

명나라 군사들은 주둔지마다 관왕묘(關羽, 승리의 神)를 설치하였다.

정유재란(丁酉再亂) 후,

명나라 도독(都督), 진린(陳璘)은 고금도(古今島)에 설치하였으나 전쟁이 끝난 후 돌보지 않아 쇠락한 것을 절도사(節度使) 유비연(柳斐然)이 대대적으로 수리 사우(祠宇)를 보수하여 관왕을 중심으로 좌측에는 충무공 이순신(忠武公 李舜臣)을 우측에는 진린(陳璘)을 배향하였으며, 숙종 36년 국가사업으로 1년 2회 제사를 지냈으며 조선과 명과의 관계를 복원하자는 뜻과 이순신을 중국 관왕과 함께 모신다는 큰 의미를 지녔다.

이와 더불어 전국 각지에 사우가 설치되는 대명 의리론으로 본다. 명나라 장수들이 건립했던 관왕묘에 대한 조선 국왕의 참알(參謁)은 지속해서 정례화했다.

고금도의 관왕묘 비(關王廟 碑)

어머니(天只)를 뵙기 위한 휴가 신청서

어머니(天只) 변씨 부인이 돌아가시기 1년 전 도제찰사 오리 이원익(李元翼)에 특별 휴가를 신청하다.

도제찰사 이공원익(都體察使 李公元翼)에 드리는 글월
살피건대, 세상일이란 부득이한 경우가 있고, 정(情)에는 더할 수 없이 간절한 대목이 있는데 이러한 정(情)으로서 이러한 경우를 만나면 차라리 나라를 위해 의리(義理)가 죄가 되면서도 할 수 없이 어버이를 위한 사정으로 끌리는 경우가 있을 듯합니다.
저는 늙으신 자친(慈親)이 올해 여든하나 이온데 임진년(壬辰年) 첫 무렵에 모두 함께 없어질 것을 두려워하여 뱃길 남쪽으로 내려와 여수 고음내(古音川)에서 피난살이를 하였사온바, 그때는 다만 모자(母子)가 서로 만나는 것을 다행으로 여겼을 뿐 다른 아무것도 생각할 여유가 없었습니다.
그러나 계사년에 명나라 군사들에게 휩쓸리어 적들이 숨고 도망가니 이는 정이 떠돌던 백성들이 모두 제 고장을 그리워할 때가 되었습니다. 그러나 하도 음흉한 적(賊)들이라 속임수가 많고 온갖 꾀를 다 부리니 한 모퉁이에 모여 진(陳) 치고 있는 것이 어찌 예사로운 일이오니까.

만일 다시 무지(無知)하게도 쳐 일어난다면 그때는 어버이를 주린 범의 입 속에 넣는 격(格)이 되겠기에 얼른 돌아가지 못하고 그럭저럭 기다리다 오늘에 이르렀습니다.

그러나 저는 원래 용렬한 재목으로 무거운 소임을 욕되이 맡아 일에는 허술히 해서 안 될 책임이 있고, 몸은 자유로이 움직일 수 없어 부질없이 어버이 그리운 정곡만 더 할 뿐이오. 자식 걱정하시는 그 마음을 위로해 드리지 못하는바 아침에 나가 미쳐 돌아오지만 않아도 어버이는 문밖에서 비리본다고 하거늘 하물며 못 뵈온 지 3년 째나 됨이오리까.

사기왕손매전(史記王孫賣傳)

여막출이부환즉오기민이망(如莫出而不還則吾倚闆而望)

(네가 저녁에 나가 돌아오지 아니하면 나는 거리에 서서 바라본다는 문자(文子)로써 어머님이 자식을 기다리는데 쓰는 말)

얼마 전 하인 편에 글월 대신 써 보내셨는데 '늙은 몸의 병이 나날이 더해가니 앞날인들 얼마 되랴. 죽기 전에 네 얼굴 한번 보고 싶다.' 하였더이다. 남들이 들어도 눈물이 날 말씀이어늘 하물며 그 어머니와 자식 된 사람이오리까.

기별 듣잡고는 가슴 더욱 산란할 뿐 다른 일엔 마음이 내키지 않습니다. 제가 지난날 계미년(癸未年) 함경도 전관(專管)으로 있을 적에 선친(先親)이 돌아가시어 천리(千里) 문상한 일이 있었사온바, 살아계실 때 약 한 첩 못 달여드리고 영결조차 하지 못하여 언제나 그것이 평생 유한(有限)이 되었습니다.

이제 또 자친(慈親)께서 연세 이미 여든을 넘으시어 해가 서산(西山)에 닿을 듯하온바 이러다가 만일 또 하루아침에 다시 모실 길 없는 슬픔을 만나는 날이 오면 이는 제가 또 한 번 불효한 자식이 될뿐더러, 자친께서도 地下에서 눈을 감지 못하시리라. 적이 생각하건데 왜적(倭賊)들이 화친을 청함은 그야말로 터무니없는 일이며 또 명나라에서 사신들이 내려온 지가 벌써 언제인데 적들은 아직껏 물 건너가는 형적이 없으니 앞날에 닥쳐올 환난이 응당 전일(前日)보다 심할 듯합니다.

그러므로 이 겨울에 자친을 뵈옵지 못하면 봄이 되어 방비하기에 바쁘게 돼서는 도저히 진(陣)을 떠나기가 어려울 것이온즉, 각하께서는 이 애틋한 정곡을 살피시어 몇 날의 말미를 주시면 배를 타고 가서 한 번 뵈옵으로 늙으신 어머니의 마음을 적이 위로될 수 있으리라 여겨집니다. 그리고 혹시 그사이에 무슨 변고가 생긴다면 어찌 허락을 받았다 하여 감히 중대한 일을 그르치게 하오리까.

_이충무공 전서(李忠武公 全書)

이 서찰 역시 날짜가 명기되어 있지 않으므로 언제 쓴 것인지

확실히 지적할 수 없다 하더라도 난중일기 중에 몇 군데 참고할 만한 내용이 기록되어 있다.

이 편지는 진주에 와 있던 체찰사 오리(悟里 李元翼)에게 진중(陣中)에 휴가를 청하는 편지려니와 역사적으로도 참고할 점이 있으며 공(公)의 진솔한 심정이 뭇사람의 가슴을 찌르는 명문이라 할 만하다.

그런데 이 서찰은 어느 때 보냈는가? 근친을 결행했는가? 그 답을 난중일기에서 찾아보기로 한다.

1596年(丙申年) 윤 8月 5日
하천수(河千壽)를 진주에 와 있는 체찰사에 보냈다.

1596年(丙申年) 윤 8月 8日
이때 하천수가 왕복한 것은 분명하게 공의 편지를 가지고 다닌 듯하며,

"…… 그날 밤에 흠뻑 땀을 흘렸다."라고 기록한 것으로 보아 체찰사 이원익(李元翼)으로부터 여수 고음내(古音川)에 계신 어머니를 뵙고 오라는 언질(言質)이 있었을 것으로 예상되며, 공(公)은 하얀 날개를 달고 순희의 길을 갔을 것이다. 서울의 건천동, 병정놀이로 날을 지새우고, 물장구치며 뛰고 놀았던 초동 친구들…….

어디 그뿐인가!

희망과 용기, 좌절하기도 하고 인내, 비상하며 무과(武科)의

꿈을 실현하였던 아산, 동구 비보와 녹둔도에서의 좌절과 승리로 이어지는 백의종군 길……. 남쪽 바다 발포만호로서 꿈을 실현하였을 전쟁의 승리. 그 이상의 꿈을 창조하였던 전라좌수사로서의 창조 정신.

어머니 앞만 서면 다시 전쟁터로 기약 없고 이별, 다시 헤어지는 그리운 어머니(天只), 어머니! 고음내(古音川)…….

진솔한 그 말 한마디에 웃고 있어도 눈물이 나는 어머니, 자식들과 장졸들에게 들키지 않으려 수없이 눈물을 삼켰을 아들 이순신(李舜臣). 꽃구름을 타고 수없이 선회하였을 고음내(古音川), 오늘 그 꿈이 현실임을 어머니(天只)는 이 마음을 아시기나 할까. 어머니(天只) 계신 고음내(古音川) 하늘이시여!

1596年(丙申年) 윤 8月 12日 (나흘 후)
종일(終日) 노를 빨리 저어 밤 10시경 어머님 앞에 도착하였다(한산도에서 여수). 한려수도 뱃길 3백 리, 3~4일 걸려 도착할 수 있는 먼 뱃길을 단숨에 오시다니,
"어머니(天只) 백발이 부스스한 채 나를 보고 놀라 일어나시는데 기운이 흐려져 아침저녁으로 보전(保全)하시기 어렵다. 눈물을 머금고 서로 붙들고 앉아 밤새도록 위로, 그 마음을 풀어드렸다.

장수(將帥)의 이동(移動)은 전투, 비전투 시를 불문하고 비밀리에 신속하게 야음(초저녁, 새벽)을 이용한다. 반드시 상대방(相對方)이나 불순세력이나 적의 눈을 피해 신속하게 이동한다. 전라좌수영(여수)에서 경상도로 첫 출동 하였던 임진년(壬辰

年) 5월 4일 첫 출동 할 시에도 인시(寅時, 3~4시)로서 첫 새벽을 이용하여 출동하는 등, 고음내(古音川) 오실 때도 야음을 이용 한산도에서 최정예 부대를 편성하여 오셨을 것으로 예상된다.

1596年(丙申年) 윤 8月 13日
어머니를 모시고 옆에 앉아 아침 진짓상을 드리니 무척 즐거워하신다. 늦게 하직 인사드리고 본영(本營 여수)으로 돌아오다.

이순신 장군의 지극한 효성에 크게 감동한 도제찰사 이원익은 전시임에도 특별 휴가를 주어 모자 상봉의 기회를 준다.

사람이 가장 살기 좋은 터(吉地)

1.

조선 영조 때의 실학자인 이중환(李重煥, 1690~1752)은 택리지(擇里志)라는 책에서 살기 좋은 곳을 이렇게 정의하고 있다.

무릇 사람이 삶의 터전을 잡는 것에는,
첫째, 지리(地利)가 좋아야 하고
둘째, 생리(生利), 생산물에서 얻는 이익이 좋아야 하고
셋째, 인심(人心)이 후해야 하고
넷째, 산수(山水), 아름다운 산, 물이 있어야 한다.

특히 이 네 가지 중에서 하나라도 모자라거나 부족하면 이상적(理想的)인 거주지(居住地)가 아니다. 또한, 사람이 살아가는 이치(理致)를 논한다면 물과 불을 살펴야 하고, 다음은 오곡(五穀)이고, 풍속(風俗)과 산천(山川)경계를 꼽는다. 물길과 나뭇

길이 멀면 사람의 힘이 매우 궁벽하고 풍속이 문(文)만 숭상하면 말썽이 많고 또한 무(武)만 숭상하면 싸움질이 많아지고 상리(商利)만 숭상하면 간사해진다.

그와 더불어 재물(財物)은 하늘에서 내리고 땅에서 솟아나는 것이 아니니 기름진 땅 옥토(玉土)가 으뜸이고, 배와 수레를 이용한 물자 교류 등이 필요하다.

2.

남사고(南師古, 1509~1591): 조선 중기의 학자로서 역학(易學), 풍수(風水), 천문(天文)의 대가로서 조선의 살기 좋은 곳 십승지를 지적하고 그곳이 목숨을 보전하고 자손 대대로 좋은 곳이라 칭하다

· 경상도 : 풍기 금계촌, 봉화 내성면, 예천 내성 금당실, 가야산 만수동

· 충청도 : 보은 속리산, 공주 유구

· 강원도 : 영월 전동

· 전라도 : 무주 무풍, 부안 변산, 운봉 동점촌

위에 말한 곳은 술가(術家)에서 말한 기근, 병화(病火)를 당할 근심이 없고 낙원(樂園), 이상향(理想鄕)이다.

3. 두사충(杜士忠)이 말한 길지(吉地)

두사충은 어떤 사람인가?

임진(壬辰) 이듬해인 계사년(癸巳年 1593年 1月 5日) 명나라 이여송(李如松) 장수와 일본의 소서행장(小西行長, 고니시)과 평양성 전투에서 명나라가 일본에 대승을 한다. 이때 명나라의 승지(勝地)를 점지해 준 술사이며, 이순신 장군과도 친하여 어라산 묘지를 잡아준 이가 두사충이다. 그는 이순신 장군의 모친이 피난 내려와 살고 있는 본영(本營) 여수의 고음내(古音川)에 대하여 생거(生居) 고음내(古音川)를 전시(戰時)인지라 실사(實事)까지는 아니어도 곳곳이 다골다난(多骨多難)으로 유한(有限)한 곳이지만 고음내(古音川)는 삼막일개(三幕一蓋)로 생업(生業)을 지켜 주는 보길지(保吉地)라며 십승지보다 월등하게 좋은 길지라 했다. 고음내(古音川)에 계셨더라면…

이순신의 비서실장 정경달(丁景達)

1. 반곡(盤谷) 정결달(1542~1602)은 어떤 사람인가

이순신보다 3세가 많은 반곡 정경달은 1570년 식년 문과에 급제 후 선사부사에 재임 중 임진왜란을 맞이하여 금오산에서 왜적을 크게 무찔렀다.

1594년 통제사 이순신은 군사들을 잘 먹이고 잘 싸운 선산부사 시절 정경달의 전공(戰功)을 높이 사 신병치료 차 고향 장흥에 내려와 있다는 그를 통제사의 종사관으로 보내줄 것을 장계한다.

1594년 1月 13日 통제사 이순신의 종사관으로 임명(任命)한다.

난중일기(亂中日記) 1594(甲午年) 2月 28日~3月 2日
조상사정여종사관종일일화(朝上射亭如從事官終日日話)
아침부터 활터에 나가 종일 이야기하다.

정경달이 한산도에 부임하자, 연 23일간이나 통제사 이순신과 마주 앉아 향후 대책을 논의하는 모습이 난중일기에 확인할 수 있다. 통제사 이순신과 종사관 정경달과 함께한 기간은 겨우 1년 남짓이며 1595년 남원부사로 이임할 때이다. 그러나 이 기간에도 영광, 함안군수 등 인사발령이 있었으나 이순신의 강력한 유임 요청으로 함께할 수 있었다.

이순신과는 처음 만난 인연이지만, 자신을 믿어주고 끌어준 이순신을 위해 최선을 다했다. 이순신이 출전 중에는 그를 대신하여 공무를 총괄하였고, 이순신이 관심을 기울였던 둔전관리, 군량미 확보, 전국을 유랑하는 피난민 정책, 군량, 소금, 군마, 목장지 관리에 관심이 많았으며, 특히 본영(本營)인 여수 고음내(古音川)의 변씨 부인과 그 식솔들, 우위장 정철(丁哲)과의 돈독한 관계였다.

이때 종사관 정경달은 통제사 이순신 장군과의 관계 모습은 어땠을까.

수많은 문무신(文武臣)과 상하 관료들을 보았지만, 이순신만은 달랐다. 솔선수범, 원칙과 정돈, 신상필벌, 청렴성, 소통, 전략전술 어떤 일에나 목숨을 걸고 전력 질주하며, 어머니에 대한 효도, 가족 사랑, 비범함과 초인적인 인간애의 부하 사랑, 그 인간성에 정경달은 푹 빠져 있었다.

이순신보다 나이는 많고 높은 벼슬임에도 통제사 이순신을 지극 정성으로 모시는 특등 비서실장으로 그 역할을 다하였다. 그 후 원균(元均, 1540~1597)의 모함으로 통제사 이순신이 옥에 갇히자 이순신의 구명(救命) 운동에 운명을 건다.

"이순신을 죽이면 종묘사직이 망합니다."

일개 지방 수영의 종사관 정경달은 어찌하여 어떤 방법으로 선조 임금을 대면하였을까?

아마 이순신을 너무나 잘 알고 있는 정경달이라면 가능하지 않을까. 영의정 유성룡이 그 길을 열었을 것이다. 그는 선조 임금 앞에서 대전 마루에 이마를 찧으며 울었다.

"전하! 이순신의 나라 사랑하는 마음과 적을 방어하는 재주는 일찍이 그 예를 찾을 수 없으며, 장수가 전쟁에 이기기 위하여 기회(機會)를 엿보고 정세를 살피는 것을 어찌 싸움을 주저한다고 말할 수 있습니까. 전하! 이순신에게 죄를 물으시더라도 그의 몸을 부수지 마시옵소서. 전하! 그리고 이순신을 죽이면 종묘사직이 망합니다."

죽으면 죽으리라 각오하고 민족의 구원을 위해 담대히 나섰던 그는 이순신 장군의 구명 운동에 나선 사나이 중의 사나이다.

2. 고음내(古音川)의 이순신 구명(救命) 활동

1597년(戊戌年) 3月 4日

삼도통제사 이순신 장군이 원균(元均)의 모함으로 한산도에서 서울로 압송, 감옥에 잡혀 있을 때 선조 임금은 이순신을 죽이려고 했다.

"이순신은 조정을 속이고 임금을 무시한 죄, 심지어 남의 공을 가로채고 남을 죄에 몰아넣은 죄, 이 모든 것이 제멋대로 거리낌 없이 행동하는 죄, 신하(臣下)로서 임금을 속인 자는 반드시 죽여서 용서하지 말아야 한다."

선조 임금이 통제사 이순신을 죽이겠다는 의지가 이토록 확고하니 누가 이순신을 변호하겠는가. 이때 종사관 정경달(丁景達)과 우위장 정철이 발을 벗고 나섰다.

통제사 이순신 장군이 원균의 모함으로 잡혀가자 정경달, 정철은 도제찰사 이원익, 영의정 유성룡, 이항복, 정탁 대감 등을 찾아가,

"왜적들이 겁내는 것은 오직 이순신인데 일이 이 지경에 이르렀으니 우리라도 어찌할 길이 없겠소." 하고 묻자,

"누가 옳고 그른가는 말로서 해명할 게 아니라 여기 증거가 있습니다. 통제사 이순신 장군이 붙잡혀가는 날, 군사들과 전라좌수영의 백성들이 울부짖지 않은 이 없었고 모두가 이순신 장군이 원통하게 죄를 입었다며 이제 우리 백성들은 어떻게 살꼬, 땅을 치며 눈물을 흘렸습니다."

"또 이것을 보시면 시비(是非)를 가릴 수 있습니다."

이순신 장군이 하옥된 후 고음내(古音川)에 있는 어머니를 비롯한 가족들의 생활상, 전라좌수영 등에서 수집한 모든 기록을 전달하고 무죄를 밝히려 했으나 직접 나서면 이순신의 잘못 알려진 내용으로 선조 임금의 노여움에 부채질하여 역효과를 염려하여 우의정 정탁에게 부탁하기에 이른다.

정탁은 이순신 장군의 남쪽에서의 각종 기록을 밤새 확인, 검토하니 터무니없이 무고와 왜곡됨을 깨달았다. 종사관 정경달, 우위장 정철의 이순신을 존경하는 신의와 충성심에 감동하며 남쪽 연해민들의 이순신 구명에 크게 감명을 받았다.

왜 정탁은 생명을 담보하며 이순신을 구출하였을까? 이순신과 정탁 간에는 임진년 전부터 유성룡과 함께 소식을 주고받은 사례가 난중일기에 남기고 있다.

· 甲午年(1595) 2月 4日 우의정 정탁으로부터 소식이 왔다.
· 乙未年(1595) 4月 12日 우의정 정탁으로부터 소식이 왔다.
· 丙申年(1596) 4月 15日 정영부사(鄭暎府事, 정탁)에게 편지를 써서 보냈다.

이순신과 우의정 정탁과 지속적으로 편지를 주고받으며 안부 나누는 것을 시작으로 전투 상황, 장비, 보급, 일선 지휘관으로서의 애로사항, 당면한 제반 문제들을 말하지 않았을까.

이순신의 인간적 진솔함과 백성을 사랑하고 나라에 충성으로 끈끈한 관계인 이순신을 죽도록 내버려 두지 않았을 것이다. 이순신을 죽이는 것은 자신이 죽는 것과 마찬가지였다. 진심으로, 진심으로 빌었다.

진실된 정탁의 신구차로 인하여 이순신은 사형을 면하고 백의종군한다. 정탁은 이순신을 구해낸 생명의 은인이며 나라, 조선을 구한 조선의 은인이다. 또한, 이 땅에 숨 쉬며 살아 있는 자의 은인이다.

3. 신구차(伸救箚) 요약본

선조 임금에게 이순신의 사형을 면해 달라고 구명 상소를 올리다.

"인재(人才)란 나라의 보배입니다.

죄인은 한번 문초를 거치면 그대로 쓰러져 죄상을 밝히려 해도 목숨이 끊어진 뒤라, 어찌해볼 방법이 없어 항상 민망하였습니다. 이순신이 조그만 실수를 범했다 하여 절대 용서할 수 없다고 하겠습니까?

이순신은 참으로 재질 있는 장수로 육전과 해전(海戰) 등 못하는 전투가 없는 장수이며, 이순신 같은 장수는 쉽게 얻을 수 있는 장수가 아닙니다.

이순신을 극형에 처하는 것은 이순신과 감정이 좋지 않은 원균도 원하지는 않을 것입니다. 이순신의 처형을 좋아할 놈들은 왜놈들뿐입니다. 전하!"

정탁의 '신구차'라는 상소에 감명을 받은 선조 임금은 이순신이 구속된 지 28일 만인 1597년 4월 1일 사형을 면하고 백의종군으로 풀려나게 된다.

4. 혈정(血情)

난중일기(亂中日記) 丁酉年 4月 24日
早發到南原得逢 丁哲 等 懷通如何如何

일찍 출발하여 남원에 닿았다. 읍에서 시오리 떨어진 곳에서 정철(丁哲)을 만나 그들과 오리까지 와서 작별하고 이희경의 종 집에 도착했다. 이 가슴 가득한 회포를 어찌 말할 수 있으랴.

이순신은 왜 남원에 일찍 도착했을까?

평생, 꼭 만나야 할 사람, 그들을 만나기 위해서다. 조선에서 제일가는 둔전(屯田) 경영의 달인이며 지략가(智略家), 학문이 깊어 명나라의 접반사를 역임한 인물, 이순신 장군의 종사관으로 장군이 부재중일 때면 통제영의 대소사(大小事)를 말끔히 처리하는 끝까지 마무리한 사람, 반곡 정경달(丁景達)이다.

통제사 이순신 장군이 좌의정 유성룡에 전하는 글월
"정경달이 둔전 경영에 무척 애를 썼습니다. 관찰사의 공문에 관찰사 이외 둔전을 손 못 댄다고 하며, 농사도 손대지 말라 합니다. 추수가 끝날 때까지라도 정경달의 인사를 늦추어 주십시오."
어떻게 해서라도 종사관 정경달을 붙잡아 두고 싶어 하는 이순신 장군의 깊은 뜻을 읽을 수 있다.
_이순신 연구 논총 7호

승진, 전임을 막을 만큼 신임이 두터움을 알 수 있으며 그 당시 정경달은 남원부사로 부임하였기 때문에 그는 통제사 이순신이 옥에 갇혔을 때, 선조 임금을 알현하는 자리에서도. "통제사 이순신을 죽이면 사직 또한 망합니다. 이순신을 살려 주십시오." 하며 임금 앞에서도 직언을 서슴지 않았던 인물이며 구명 운동의 선두주자이며, 후손으로 다산 정약용이 있다.

5. 나머지 한 사람은 누구인가

임진왜란 시, 어머니(天只) 변씨 부인, 처 방씨 부인, 동생, 아들, 조카, 종……

　조선 천지의 병화(兵禍)나 생불여사(生不如死, 살아가는 모습이 죽음만 못하다는 뜻)의 쑥대밭에서 구복지계(口腹之計, 삶의 활로를 찾는 일)의 생사의 땅, 어머니(天只) 변씨 부인의 땅(安樂處) 고음내(古音川)의 우위장(右衛將)인 정철(丁哲), 그는 정경달에게 지지 않을 만큼 구명 운동에 앞장섰던 인물로, 함양 사조역 찰방(察訪) 이희경의 종 집에서 이순신, 정경달, 정철 3인의 만남이 어찌 천재일우(千載一遇)에 비기랴. 피를 나눈 형제 이상의 혈정(血情)으로 여하여하(如何如何, 울음과 웃음이 섞인 신음) 하며 밤을 새웠을 것이다.

　어머니(天只) 편지
　"하인 편에 대신 글월을 써 보낸다.
　늙은 몸이 병이 나날이 더해가니 앞날인 듯 얼마나 되랴. 죽기 전에 네 얼굴 다시 한 번 보고 싶다."
　하시던 그 목소리 주인공 고음내(古音川)의 어머니(天只)!
　"아침에 나가 미처 돌아오지 않아도 어버이는 문밖에서 돌아오기를 바라본다, 하거늘, 학수고대 그렇게도 소자(小子. 李舜臣)의 얼굴이 보고 싶더이까?"
　어머니(天只)의 영(靈)이 영원히 살아 숨 쉬는 충효의 발원지 고음내(古音川) 의사가 상통한 달인들의 만남. 전장(戰場)의 중심에서 믿음, 정성, 환희, 사랑, 우정, 존엄…….
　간곡하고 살가운 정의(情誼)는 살을 베어주어도 아깝지 않을 질곡의 반환점에서 천지(天地)와도 바꿀 수 없는 천연(天然)의 향기, 만리장성만큼이나 만리장천(萬里長天)같은 사연으로 그 달밤을 하얗게 지새웠으리라.

"이 가슴 가득한 회포, 감회, 격정(激情) 조금이라도 풀렸나이까 어머니! 우리 어머니!"

> **정씨 4충신 (丁氏 四忠臣)**
>
> 정철(丁哲), 정린(丁麟), 정춘(丁春), 정대수(丁大水)는 여수 출신의 무신으로 임진왜란이 일어나자 의병을 일으켜 큰 공을 세웠다. 정철과 정린은 부산해전에서, 정춘은 옥포해전에서, 정대수는 노량해전에서 순절하였으며 오충사에 배향되었다.

여수 이순신광장에 조성한 정씨 4충신 명판
押海丁氏 昌原派月川公 門中 五百年史

정탁의 '신구차'

　정탁이 선조 임금에게 '신구차'라는 상소를 올리기 전에 많은 신료가 이순신의 억울함을 호소하며 석방을 원했지만 모두 실패하고 만다.
　그러나 정탁은 단 한 번의 상소로 모든 것을 해결하고 만다. 정탁 대감의 상소엔 무엇이 선조 임금의 마음을 움직이는 열쇠가 되었을까.
　이순신을 구명하기 위해 많은 대신(大臣)이 선조 임금에게 이순신은 죄가 없으니 살려주어야 한다고 주장했다. 그러나 이순신을 잡아들인 이는 선조 임금인데, 이순신을 풀어주라고 하는 것은 스스로 잘못을 인정하는 꼴이 되니 어떻게 그런 명령을 내리겠는가.
　그러나 정탁은,
　"이순신이 큰 죄를 지었지만, 아직 벌을 내리지 않은 것은 임금님이 덕이 있기 때문이며, 지금은 전쟁 중으로 이순신 같은 장수를 아껴야 하며, 이순신이 잘못을 인정하고 있을 테니 죄를 씻을 수 있도록 기회를 한 번 주심이 어떠냐."라며, 상대편의 마음을 인정하고 내가 바라는 바를 설득하는 기술이 깃든 정탁 대감의 신구차 상소를 읽고 마음을 돌려 투옥된 지 28일 만인 4월 1일 '백의종군' 명을 받고서야 풀려날 수 있었다.

극적으로 사형을 면한 이순신에 대해 정탁은 다시 한번 임금에게 1,298자의 신구차(일종의 구명 진정서)를 올렸다.

신구차(伸救箚)

엎드려 아뢰옵니다. 이모(李某, 이순신)는 몸소 큰 죄를 범하여 죄명조차 무겁건마는, 성상께서는 얼른 극형을 내리시지 아니하시고 두남두어 문초하시다가 그 뒤에야 엄격히 추궁함을 허락하시니, 이는 다만 옥사를 다스리는 체모와 순시만으로 그러하심이 아니라, 실상은 성상께옵서 인(仁)을 행하시는 한가닥 생각으로 기어이 그 진상을 밝힘으로써 혹시나 살릴 수 있는 길을 찾으시고자 원하심에서 하심이라. 성상의 호생하시는 덕이 자못 죄를 범하고 죽을 자리에 놓인 자에게까지 미치시니 신은 이에 감격함을 이길 길이 없사옵니다.

신이 일찍 위관에 임명되어 죄수를 문초해 본 적이 한두 번이 아니온데 대개 보면 죄인들이 한 번 심문을 거치고는 그대로 상하여 쓰러져 버리고 마는 자가 많아 설사 좀 더 밝혀줄 만한 실정을 가진 경우가 있어도 이미 목숨이 끊어진 뒤라 어찌할 길이 없으므로 신은 적이 이를 항상 민망스레 여겨 왔사옵니다.

이제 이모((李某)가 이미 한 번 형벌을 겪었사온데 만일 다시 또 형벌을 가하오면 무서운 문초로 목숨을 보전하지 못하여 혹시 성상의 호생하시는 본의를 상하게 하지나 않을까 하고 걱정하는 바이옵니다. 저 임진년에 왜적의 배들이 바다를 덮고 적세가 하늘을 찌르던 그날 국토를 지키던 신하들로서 성을 버린 자가 많고 국방을 맡은 장수들도 군사를 그대로 보전한 자가 적었사오며 또 조정의 명령조차 거의 사방에 미쳐 가지 못 하올 적에 순신이 일어나 수군을 거느리고 저 원균과 더불어 적의 칼부리를 꺾음으로써 국내 민심이 겨우 얼마쯤 생기를 얻게 되어 의사들은 기운을 돋구었으며 적에게 붙었던 자들도 마음을 돌렸으니 그의 공로야말로 참으로 컸사옵니다.

중략

이모((李某)는 참으로 장수의 재질이 있사옵고 해전과 육전에 못 하는 일이 없사오매 이러한 인물은 과연 쉽게 얻지 못할 것일뿐더러 변방 백성들의 촉망하는 바요, 또한 적들의 무서워하는 바이온데 만일 죄명이 엄중하여서 조금도 용서할 도리가 없다 하고 공로와 죄를 서로 비겨볼 만한 점도 묻지 않고 또 능력이 있고 없음도 생각하지 않고 그 위에 천천히 사리를 보살핌도 없이 끝내 큰 벌을 내리는 데까지 이르게 하오면 공이 있는 자도 스스로 더 내키지 않을 것이옵고 능력이 있는 자도 스스로 더 애쓰지 않을 것이옵니다.

중략

이제 이모(李某)는 사형을 당할만한 중죄를 범하였으므로 죄명조차 극히 엄중하옴은 진실로 성상의 말씀과 같아 온바 이모(李某)도 또한 공론이 지극히 엄중하고 형벌 또한 무서워 생명을 보전할 가망이 없는 것을 알 것이옵니다. 비옵건대 은혜로운 하명으로써 문초를 덜어주셔서 그로 하여금 공로를 세워 스스로 보람 있게 하시오면 성상의 은혜를 천지 부모와 같이 받들어 목숨을 걸고 갚으려는 마음이 반드시 저 명실 장군만 못지않을 것이 온바 성상 앞에서 나라를 다시 일으켜 공신각에 초상이 걸릴 만한 일을 하는 신하들이 어찌 오늘 죄수 속에서 일어나지 않으리라고 하오리이까.

그리하오면 성상께서 장수를 거느리고 인재를 쓰는 길과 공로와 재능을 헤아려 보는…(후략). 지금 이순신이 옥에 갇힌 것만 해도 율명(律名)이 매우 엄중하다는 것을 보여 주었으니, 다시 그가 공을 세워 스스로 보답하게 한다면 조정에서 처리하는 도리가 마땅함을 잃지 않을 듯합니다. 신이 부질없는 소견이 있어서 감히 이렇게 성총을 번거롭게 하고 더럽히게 되어 황공하기 그지없습니다. 삼가 바라건대 주상전하께서 재가하여 주시기 바랍니다.

_ '약포집' 정탁, 이순신 옥사의 이순신 옥사의(獄事議)
_ '이충무공 전서' 권 12, 정탁의 신구차

임진왜란은
세계용병(世界傭兵)의 집합 장소(集合場所)

임진왜란은 세계 전쟁이었다

일본의 조선 침략으로 시작된 이 전쟁은 한중일(韓, 中, 日) 3국의 전쟁이 아니라 아세아 전쟁을 확대한 전쟁이었다.

이항복(李恒福)은 어전에서,

"명나라 군사 가운데 태국(타일랜드), 티베트, 인도, 미얀마 등 여러 나라에서 온 특기병(特技兵)들이 다수 포함되어 있습니다."

라고 아뢴 내용이 있으며, 전쟁이 장기화되면서 얼굴이 이상하게 생긴 파랑국(波浪國, 포르투갈) 병사들이 총포(銃砲)를 잘 다루었으며, 선조 임금은 어전에서 그들의 무술을 사열(査閱)하면서 상금으로 은(銀) 일량(一兩)씩을 하사하기도 하였다.

네덜란드(和蘭)의 가톨릭 신부까지 종군(從軍)한 것을 보면 임진왜란은 500년 전에 아세아(亞細亞) 전쟁이 아닌 세계 전쟁을 방불케 했다.

서구 외국인이 본 임진왜란

일본군을 따라 임진왜란 시 조선에 와 있던 예수회 소속 선교사들에 의하여 기록된 문헌으로 조선과 일본과의 전쟁인 임진왜란의 전모가 서방 세계에 알려지게 되었다.

한반도를 밟은 최초의 서양인은 그레고리오 데 세스뻬데스(Cespedes) 신부는 전쟁 중 보고 들었던 내용을 4통의 편지로 남기고 있다.

그가 남긴 편지는 서양인들의 객관적인 시각에서 당시의 상황이 기록되었는데 그는 '모두가 원하지 않는 전쟁이 도요토미 히데요시의 무모함에서 저질러졌다.'라고 지적하였다.

포르투갈 신부 루이스 프로이스(L. Frois), 샤를르브(Charlevois) 등은 일본이나 조선 어느 한 편에 기울어 편파적으로 기술하지 않고 중도적인 입장에서 사실을 기반으로 히여 공정하게 기술하고 있다.

중략

세스뻬데스의 첫 번째 편지

고니시의 정적(政敵)인 가토는 여기에서 북쪽으로 약 15레구아 쯤 떨어진 곳에서 머물고 있었습니다. 그는 조선군을 여러 번 공격했으며 그 공격 중 한 번은 어느 지역에서 벌어졌는데 기록에 의하면 그곳에는 천 개가 넘는 불교사원들이 있으며, 막대한 양의 재물과 식량이 있다는 말을 그가 들었다고 했습니다(경주

지칭).

그러나 가토가 그곳에 도착하여 모든 것을 파괴시키고 불 지르고 뒤엎어버렸는데, 소식에 따르면 일본군의 극렬한 행동을 제지하기 위하여 십만 명의 중국 군대가 내려왔다고 합니다.

부산성은 난공불락의 요새로 조만간에 완성되리 여겨지는 놀랄 만큼 거대한 방어 작업이 추진되고 있었습니다.

세스뻬데스의 두 번째 편지

조선의 추위는 매우 혹독하여 일본과는 비교도 안 됩니다.

종일 손발이 반쯤은 마비되어 버리고 아침에는 미사를 올리기 위하여 거의 움직일 수도 없었지만, 스스로 건강을 유지하고 있습니다.

까를레티의 동방여행기(진주박물관 소장)

하느님께 감사드리며 우리 천주님께서 내게 주시는 결실에도 감사드립니다.

나는 원기가 넘치며 나의 사명과 추위를 꺼리지 않습니다.

이곳의 가톨릭 신자들은 매우 불쌍하여 굶주림과 추위, 질병 등 다른 곳의 상태와는 다른 매우 어려운 불편함을 겪고 있습니다.

도요토미 히데요시가 식량을 보내주고 있지만, 이곳에 있는 모든 병사를 먹여 살리기에는 불가능한 대단히 적은 양만 도착됩니다.

게다가 일본 본토에서 오는 지원이 매우 불충분하고 또 매우 늦게 옵니다. 지금은 배가 온 지 두 달이 되었습니다.

그리고 많은 선박을 잃었습니다.

뿐만 아니라 사람도 많이 죽었습니다.

평화를 위한 타결은 아직 이루어지지 않고 있으며, 그것을 결말 짓기 위하여 와야 할 사람들이 도착하지 않고 있습니다.

많은 병사들은 이토록 전쟁이 지연되는 것은 중국군의 배가 도착하고 군대가 상륙할 때인 여름까지 일본군을 기다리도록 하려는 술책에 불과하다고 의심하고 있습니다.

왜란의 참상

1592년 예수 선교외 연례보고서 부록편에 나오는 임진왜란 기사

"이 독재 군주는 모든 사람들이 존경을 받으면서 발전과 번영을 이룩하였다.

그 후에는 어떤 이들의 말에 따르면 자신의 외아들이 친자식이 아니라 양자라고 하는 사실에 걱정하였으나 어린아이가 세 살이 채 안 되어서 죽자 아들의 죽음을 슬퍼하면서 덴까의 통치를 그의 조카에게 넘겨주고 자신은 중국을 무력으로 점령하기 위하여 그의 군대를 중국으로 보내든지, 아니면 원정에서 죽든지 하여 후손들에게 영원히 자신의 이름을 남기고자 하는 뜻을 품었다.

도요토미는 여러 번 자신의 신하들과 친밀한 대화에서 말하기를 이에 일본 내에서는 더는 올라갈 명예가 없으며, 이를 다른

곳에서 찾지 않는다면 현재 누리고 있는 세력에서 자신이 밀려날 것이라고 했다.

그리하여 중국 정복을 꾀함으로써 자신의 명예를 높이고자 하였다.

도요토미는 일본인들의 마음이 얼마나 쉽게 변할 수 있는지를 알고 있으며, 앞으로 자신의 왕국 내에서 발생할 폭동이나 전쟁을 방지할 수 없을 것으로 진단하고서, 중국 원정을 실행하기 위하여 이때를 절호의 기회라고 확신하였다.

일본의 영주들은 이 원정이 그들에게 매우 어렵다는 것을 알고 있었으며 영토 밖에서는 외국 사람들과 결코, 전쟁을 치른 적이 없으므로 살아서는 그들의 고향으로 돌아올 수 없으리라는 두려움에 가득 찼다.

도요토미는 신하들에게 자유로움과 관용을 베풀면서 그들의 환심을 사기 위해 모든 책략을 다 동원하였다."

중략

"꼬라이 정복사업은 나날이 약화되어 갔으며 일본인의 피해는 극심하였다.

매일 많은 사람이 질병과 허탈 속에서 죽어갔다. 또한, 많은 사람이 도중에 꼬라이인들의 습격을 당하였고 기아로 죽는 사람도 적지 않았다.

일본군의 침탈에 대하여 조선의 여성들은 단순히 피해 달아나거나 죽음으로서 정절을 지키는 데에 그치지 않았다.

죽음을 눈앞에 두고도 의연히 일본군을 꾸짖거나 은장도로 강력하게 저항하는가 하면, 죽음을 불사하고 일본 장수를 수장(水葬)시킨 강하고 의로운 여성도 있다.

또한, 부녀자들은 생사를 눈앞에 둔 일선 전쟁터인 행주산성 전투나 진주성 전투의 예와 같이 앞치마에 돌을 날라 던지거나 끓는 물을 성 밑으로 붓는 등 전투에 적극적으로 참여하였다.

또 식량을 조달하고 부상자를 치료하는 등 일본군 격퇴에 헌신적인 노력을 기울였다.

이렇게 임진왜란에서 조선의 여성들이 보여 준 장하고도 놀라운 의열과 충절은 전란을 극복하는데 또 하나의 귀중한 밑거름이 되었음을 간과할 수 없다(국립 진주박물관 소장 내용임)."

조선(朝鮮)의 '어머니' 신사임당(申師任堂)

　어느 날 여섯 살 손주와 한 상에 마주 앉아서 저녁을 먹는데 대뜸 한다는 소리가 가관이다.
　"할아버지! 이번 추석에는 할아버지 그려진 돈 말고 할머니 그려진 돈으로 바꿔주세요. 저는 할머니가 참 좋거든요."
　"야 이 녀석아, 너만 할머니가 좋은 것이 아니고 이 할애비도 할머니를 참 좋아한단다."

　조선의 성군(聖君)이신 세종대왕의 초상이 그려진 만 원권 지폐보다는 구매력이 가장 높은 신사임당(申師任堂)이 모델인 오만 원권을 달라는, 어른들이 못할 말로 용돈 인상의 뜻을 겁 없이 전한다.
　코흘리개 여섯 살 또래 어린아이들마저도 돈의 가치를 알고 가장 선호한다는 조선의 어머니상 신사임당.
　현명하고 정숙한 아내의 표본(標本)인 조선의 어머니. 현모양

처의 대명사인 신사임당으로 선정하게 된 배경에는 우리나라의 양성평등이 일조하였으며 여성의 사회적 참여, 교육의 중요성, 부부간의 화목, 부모에 대한 효도도 한몫하였으리라.

신사임당(1504~1551)은 기묘명현(己卯名賢)인 아버지 신명화(申命和), 어머니 용인 이씨(李氏) 사이의 5녀 중 둘째 딸로 오죽헌(烏竹軒, 현판 글씨 추사 김정희) 외가(外家)에서 태어났다.

본명은 신인선(申仁宣) 사임당은 당호(堂號)이며 평산 신씨(平山 申氏)이다.

신사임당의 초충도 그림이 장마철에 습기를 제거하려고 잠깐 볕에 말리려고 마당에 널었더니 닭들이 쪼아대는 바람에 아까운 그림만 구멍이 났다고 한다.

신사임당은 조선 중기의 화가 안견(眼見)과 안평대군의 화풍을 이어받아 산수(山水) 풀벌레, 포도에 능(能)했으며, 경전을 통하여 시서화(詩書畵)는 물론 침선, 자수도 능했다고 한다.

또한, 천품이 온화하고 정결, 정숙하고 품행이 신중하여 많은 사람의 존경의 대상이 되기도 했다니…….

신사임당은 이원수(李元秀)와 사이에 4남 3녀를 두었으며, 3남으로 태어난 이가 구도장원공(九度裝元公)으로 아홉 번이나 과거 시험에 장원급제한 성리학의 대가인 율곡 이이다. 율곡(栗

谷) 이이(李珥, 1536~1584), 자는 숙현이고 시호는 문성(文成), 본관은 덕수(德水)이다.

그는 22세에 성주목사 노경린의 딸과 결혼하였으며, 이때 안동(安東)으로 퇴계(退溪) 이황(李滉)을 찾아간다.

계상서당에서 만나, 이기설(理氣說), 사단칠정설(四端七情說)에 대하여 3일간이나 담론을 벌렸으며, 이때 퇴계 선생은 손자 같은 율곡에게 '후생가외(后生可畏), 뒤에 태어난 이가 두렵다.'라는 유명한 말을 남긴다.

율곡은 화담 서경덕(徐敬德)과 고봉 기대승(奇大升)을 존경했으며 이기일원적(理氣一元的) 이론을 역설, 또한, 선조 임금에게 군현의 통폐합, 군사 훈련, 성곽 보수 양병(養兵) 문제, 특히 십만양병설(十萬養兵說)을 주장했다.

율곡 이이

십만양병설(十萬養兵說)은 율곡(栗谷) 이이(李珥, 1536~1584)가 임진왜란(壬辰倭亂) 10년 전 이조 판서로 재직 시 선조 임금과의 경연에서 시무육조(時務六條, 十萬養兵說)로 조정(朝廷)에 건의하였으나 거부했다고 한다. 그 내용을 보면 이러하다.

1) 임형능(任形能)

어질고 똑똑한 인물을 임용할 것.

2) 양군민(養軍民)

서울에 2만 명 8도에 1만 명의 상비군을 배치한다.

3) 족재용(足財用)

국가 재정을 충족 시킬 것(1년분 식량 확보).

4) 고번병(固藩屛)

국경을 견고하게 지킬 것(서울을 중심으로 성곽, 토성을 쌓았다).

5) 비전마(備戰馬)

전마를 준비할 것.

6) 명교화(明交化)

교화를 밝힐 것(군사에 대해 예의를 가르치다(예의범절)).

이들을 건의, 헌책하였으나 받아들여지지 못했다.

율곡은 임진왜란이 일어나기 8년 전인 1584년 1월 16일 49세를 일기로 파주 지운산에서 돌아가셨다. 율곡의 세상을 보는 안목, 선견지명(先見之明)과 우국충정은 빛을 보지 못하고 임진왜란, 이몽학의 난을 맞이한다.

십만양병설에 대하여 이설(異說)이 있음.

신사임당의 친정(親庭)을 바라보는 시(詩) 한 수

慈親鶴髮在庭瀛(자친학발재임정) / 늙으신 어머님을 고향에 두고

身向長安獨去情(신항장안독거정) / 외로이 서울 길로 가는 이 마음

回首北村時一望(회수북촌시일망) / 머리 돌려 북평 땅을 한번 바라보니

白雲飛下暮山晴(백운비하모산청) / 흰 구름만 저문 산을 날아 내리네.

| 신사임당의 초충(草蟲 풀과 벌레)도 |

신사임당은 자녀들의 영화(榮華)를 보지 못하고 1551년 48세로 별세하였다. 맏아들 선(璿)은 28세이며, 시서화가 어머니 사임당에게도 지지 않을 만큼인 맏딸 매창(梅窓)은 23세, 율곡은 16세이며 넷째 우(瑀)는 10세였으나 그도 율곡만큼 성리학의 대가이다.

오죽헌의 실내 모습 오죽헌의 검은 대나무

 1453년 10월 18일 수양대군(세종대왕의 둘째 아들, 후에 세조)는 김종서(金宗瑞), 황보인(皇甫仁)과 서화(書畫)의 달인이며(세종대왕의 셋째아들) 친동생인 안평대군(安平大君)을 제거하기 위하여 계유정난(癸酉靖難)을 일으켜 죽인다. 안평대군은 강화도로 귀양 보낸 후 사사(賜死)시켰으며 1455년 6월 11일 조선의 6대 왕인 단종(端宗)은 숙부인 수양대군에 왕위를 물려주고 15세에 상왕(上王)이 된다.

 1457년 세종대왕의 여섯째 아들인 금성대군(錦城大君)도 단종 복위 운동을 하다가 발각되어 안평대군과 같이 사사시켰으며, 단종 역시 영월 청령포에서 숙부인 세조의 사약을 받았다.

1447년(세종 29年)

 안평대군은 어느 봄날,

 천상(天上)에서 신선(神仙)들과 노니는 꿈을 꾼다. 이 말을 전해 들은 화가 안견(安堅)은 안평대군의 꿈속의 하늘 이야기를 화폭에 담는다. 꿈속의 이상향(理想鄉), 무릉도원(武陵桃源)을

3일 주야를 눈을 부릅뜨고 그림을 완성하였다.

신숙주, 박연, 김종서가 발문(跋文)을 남겼던 그림(20인이 발문).

몽유도원도(夢遊桃源圖), 지금은 이 그림이 우리나라에 없다. 그러면 이 그림은 현재 어디에 있는가?

일본 덴리(天理)대학교 박물관에 보관되어 있으며 일본 중요(重要) 文化財 1125호로 지정되었다.

|안견의 몽유도원도|

국립중앙박물관에 모사본이 전시되어 있다(후일담이지만, 신사임당은 안견의 서화를 가장 존경하고 답습함을 잊지 않겠다고 함).

1844년(현종 10年) 제주도에 유배 중인 추사(秋史) 김정희(金正喜, 1786~1856年)는 제자인 이상적에게 세한도(歲寒圖)라는 그림을 그려 준다.

이 그림은 일본인이며, 경성제대 교수였던 등총린(藤塚隣, 후지즈카 치카시, 1879~1948) 교수가 귀국하며 일본으로 가지고 간다.

위와 같은 사실을 알고 있는 서예가인 진도 출신 소전(素筌) 손재형(孫在馨, 1903~1981) 선생이 교수를 설득, 김정희의 세한도를 돌려받아 귀국하기에 이른다.

또, 문화재 수집가이며 훈민정음해례본, 상감청자운학병, 해원 신윤복(申潤福, 1758~?) 풍속화 등 수백억 원을 호가하는 17점의 국보, 32점의 보물 외 5천여 점을 수집한 간송 전형필(全鎣弼, 1906~1962)에서 장남 전성우(鄭性愚, 1934~2018), 장손 전인곤으로 이어지며 안견의 '몽유도원도'를 구입할 것을 적극적으로 권했으나 부친의 유고로 구입 시기를 놓친 것을 퍽 후회했다고 한다(이 그림이 조선에 있다면 아마 수백억을 호가할 것이라고 말하고 있다).

율곡 이이는 니탕개(尼湯介) 반란 이전에 선조 임금에게 올린 군 정책에서 '조선은 바다에 접한 땅이기 때문에 왜구가 날뛰어 불시에 출현하니 어찌 전쟁을 잊은 채 군사 준비를 하지 않을 도리가 있겠습니까? 지금 방어하는데 가장 중요한 곳은 바다를 접한 3면보다 더 급한 곳이 없습니다.'라고 말했다.

북방 여진족과 남해의 왜구 침략을 걱정하는 율곡 이이의 충정은 추호도 의심의 여지가 없다.

'200년 역사의 나라가 지금 2년 먹을 양식이 없습니다. 그러나 이건 나라가 아닙니다.' 서인, 동인, 북인, 남인 따지기에 앞서 율곡 이이가 조선의 국방력을 비통해 했고 군사력의 증강을 역설했다. 역사적 기록도 수없이 많다.

모든 시대에 그 시대의 신이 있다. 임진왜란 시 조선에는 율곡 이이라는 우국충정의 신이 있었다.
_글 '이순신' 김동철

신사임당
고운 모습 흰 백합 맑은 지혜
가을 달에 비기오리까
사임당 그 이름
귀하신 이름 뛰어난 학문, 예술, 높은 덕을 갖추신이여
어찌 율곡 선생의 어머니만이 오리까. 역사 위에 길이 사실 겨레의 어머니외다. 겨래의 어머니 시서화의 달인 신사임당.
_노산 이은상

영웅(英雄)들의 사생활

1.

이순신 장군에게 '부안댁'이라는 작은부인이 있었다.

당시 사대부들은 수실을 두는 것이 일반화하던 시절이라 현재의 눈으로는 생소하겠지만, 도덕적으로 문제는 되지 않았나 보다. 그 당시 임금들은 세를 과시하기라도 하듯 많은 후궁을 거느렸다. 후궁이 많기로는 태종이 11명으로 으뜸이고, 성종 9명, 선조, 고종 6명, 조선의 성군이라는 세종대왕도 5명의 후궁을 두었으니, 이순신 장군은 심신(心身)이 피곤하거나 뒤척이며 온갖 근심이 밀려들 때쯤이면 부안에 살고 있는 '부안댁'이 그리웠나 보다.

난중일기(亂中日記) 1593(癸未)年 8月 13日
"몸이 몹시 불편하여 홀로 봉창 아래 앉아 있었다.
온갖 회포(가슴에 품은 생각) 천 갈래 만 갈래 일어난다.

이경복에게 장계를 가지고 가라고 보냈다.

경이 어미에게 줄 노자를 문서에 넣어 보냈다.

((경(庚)이는 서자 훈(薰), 신(藎) 중, 훈의 아명(兒名)이다))

경모행자첩송(庚母行資帖送)"

본영(좌수영, 여수)에서 온 공문을 결재해 보냈다. 몸이 몹시 불편하여 홀로 배 위에 앉았노라니 회포가 천 갈래 만 갈래다. 이경복에게 장계를 가지고 가라고 시켰다. 송두남이 군량미 3백 석과 콩 3백 석을 실어왔다.

그 당시 사대부나 양반들의 축첩은 관행이었을까? 성리학의 교과서라 할 만큼 매사에 완벽한 퇴계 이황(李滉)도 첩(妾)을 두었으며(斗香), 도덕군자라는 율곡 이이(李珥)도 첩을 두었으니(기생, 유지), 그뿐인가,

송도삼절(松都三絶)로 유명한 화담 서경덕(徐敬德)도 첩을 두었다니 사대부들이 첩을 두는 것은 시대 상황이 부끄럽거나 손가락질받는 일은 아니었나 보다.

경이 어미인 부안댁은 이순신 장군의 작은부인이며 정읍현감 재직 시 만났던 인연으로 전해지며, 그 사이에 2남 2녀를 두었으며 두 아들은 훈(薰), 신(藎)으로 무과 급제 후 이괄(李适)의 난, 정묘호란(丁卯胡亂)에 참전하여 모두 전사(戰死)하였다(병조참의로 증직).

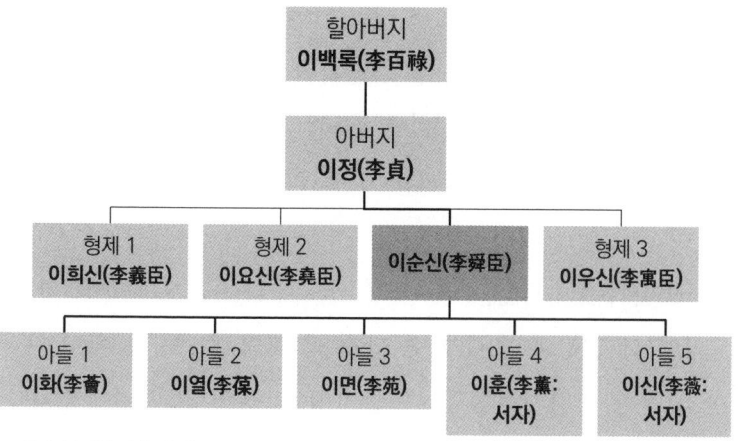

이순신 장군의 가계도

이순신 장군과 부안댁은 계속하여 안부를 주고받았다. 경이 어미 편지 속에 '괴롭다' '도둑이 들었다.' 등 세상살이의 애환도 적절히 표현했니 보디.

2.

이순신 장군이 부안댁인 해주 오씨를 진중(陣中)으로 부른 까닭은 무엇일까?

본처인 상주 방씨는 아산에서 제사, 사당 등 선영 봉사로 움직일 수 없기 때문일까? 시어머니인 변씨 부인을 모실 기회이기도 하고…….

삼도수군통제사 이순신(李舜臣)

생사가 뒤바뀌는 소용돌이 속에서 상처받은 감성을 탈출하고

자 시를 읊기도 하고 일기를 썼다. 그도 남자(男子)이기에 이성(異性)에 의지하고파 만남을 기대하였으리라.

또한, 생동하는 에너지를 충전하는 기회를 만드는 영혼의 몸짓이라고나 할까(본인 생각).

난중일기(亂中日記) 1594(甲午)年 1月 1日~17日 (약 20일가량)
어머님(天只)을 모시고 한 살을 먹게 되니 난리 중에도 다행한 일이다(대천지동첨일년난중지행야, 待天只同添壹季亂中之幸也).

1일(경진) 비가 세차게 내림
어머님을 모시고 한 살을 더 먹게 되니 난리 중에서도 다행한 일이다. 늦게 군사 훈련 때문에 본영(여수, 전라도좌수영)으로 돌아올 때도 비는 그치지 않았다. 신사과(愼司果)에게 문안하였다.

이때(甲午) 이순신 장군은 본영(本營)인 여수(麗水)에 근무 중이셨다.

때맞추어 부안댁인 해주 오씨가 여수에 왔나? 본영(本營) 부근, 또는 고음내(古音川) 부근에 임시 거처를 마련하여 오래지 않은 기간이지만, 훈, 신 등 자녀들과 단란한 한때를 보내지 않았을까?
심신(心身)의 위로(?)를 받았을 것으로 예상된다.

3.

난중일기(亂中日記) 1594年 8月 2日

한밤중에 꿈을 꾸니 부안댁이 아들을 낳았다. 달수로 따져보니 낳을 달이 아니기로 비록 꿈이지만 내쫓아 버렸다(夢扶安人生男易月計之則生月非月故夢寂黜送之).

위(난중일기)의 내용으로 보아 정월(正月) 초순에 여수에서 같이 생활하였다면, 구시월이나 되어야 정상적인 분만으로 순산(順産)할 것이 예상되지만, 달 수를 따져보니 낳을 달이 아니어서 쫓아버렸다? 칠팔월에 아기가 태어난다면 정확하게 예상하기는 힘들지만, 미숙아나 칠삭둥이가 아니랴.

작은부인인 부안댁도 인연을 맺은 가족임에야 어찌 지아비로서 임신했다는데 무관심하겠는가. 몸은 비록 접전 지역인 한산도에 멀리 떨어져 있어도 탈 없이 순산하기를 몹시 기다리며 해산달이 가까워질수록 산모의 수발, 산후 처리 등등 꼼꼼한 성격에 마음이 편하기만 했겠는가.

난중일기(亂中日記) 1594(甲午)年 9月 16日

꿈에 아들을 낳았는데, 경이 어미가 아들을 낳을 징조다(是夜夢見兒子及庚母産子之占也). 드디어 아이를 순산했는가 보다.

순산하기를 빌었는데 드디어 아이를 낳았다. 이때 출생한 아이가 훈, 신 중 '신'으로 예상된다(是夜夢見兒子乃慶母産子之占也).

4.

추사체라는 서법(書法)을 전수한 추사 김정희(金正喜), 그도 기생 초생과의 사이에서 서자 아들 우아(佑兒)라 부르는 김상우(金商佑)를 32세에 낳았다. 서자 아들이 예쁘고 귀여워 아이들의 교과서와 같은 '동몽선습(童蒙先習)을 손수 써서 가르치고 서법(書法)과 난(蘭)치는 법을 수수하는 등 사랑스러운 부정(父情)을 감추지 못했다(물론 양자 아들 김상무에게도 성의를 다하지만) 위로와 사랑이 담긴 편지를 쓰기도 했다.

제주와 북청에서 귀양살이도 서자 아들과 함께하며 부자간의 정을 남기기도 하였으니……

삼도통제사 이순신(李舜臣) 장군 역시 나이 50세에 얻은 서자 아들, 자기를 빼어 닮았다는 전갈에 어찌 보고 싶지 않았겠는가. 그래서 군관 이경복(李景福)을 시켜서 멀고 험한 한산도(閑山島)까지 오라고 했다.

난중일기(亂中日記) 1594(甲午)年 11月 23日
군관 이경복이 소실(부안 오씨 부인)과 함께 왔다(夕李景福與其房人入來).

23일(정유) 맑고 따뜻함
홍양 군량과 순천 군량을 받았다. 저녁나절에 이경복(李景福)이 소실과 함께 왔다. 듣자니 순변사들의 비난을 받는다고 했다.

아이를 출산한 지 2개월, 산후더침으로 부기(浮氣)마저 있는, 성치 않은 몸으로 산 넘고 바다 건너 꿈에도 그리던 그 님을 만나고저 천 리나 되는 먼길을 결행(決行)하였다. 경이 어미인 오씨 부인은 부안을 출발하여 정읍, 장성, 나주, 화순, 순천을 거처 통제영(統制營)이 있는 여수까지 오백 리가 넘는 길을 걸어서 왔다(부안-여수 230km).

하루 이틀도 아니고 성인 남자도 힘들고 험한 길을 몸을 푼 아녀자가 어린 피붙이까지 줄줄이 동반하여, 낮의 길이가 노루 꼬리처럼 짧다는 동지 녘에 옷 속으로 파고드는 엄동설한 추위까지, 발걸음을 더디게 하였을 것이다. 전란으로 산하가 폐허로 변하고 왜적의 첩자가 우글거리는 거리를 여인이, 아무리 통행첩을 소지했다고 하나 가능한 일인가.

이세부터는 남해 마닷길은 사지 중의 사지(死地)인 격진의 싸움터다. 삼도통제영이 있는 여수(麗水)에서 이순신 장군이 근무 중인 한산진(閑山陳)까지도 삼백 리 한려수도(閑麗水道), 거칠고 사나운 파도를 만나지 않고 순풍에 돛단 듯 항해하기를 빌고 또 기도해보지만, 하늘에 갑작스럽게 먹구름이 덮더니 장대 같은 소나기가 퍼붓는다.

겨울철, 예고 없이 북서 계절풍이 거칠게 항해를 지체시킨다. 이럴 때면 강풍을 피하거나 예정된 날짜보다 지체되기 마련이고 서해안 물길까지도 손바닥 펼치듯 훤하니 알고 있으며 격전지 남해 바다는 제집 안방 드나들 듯한데, 광양현감 어영담(魚泳潭) 같은 이도 집채만 한 너울이 덮칠 때면 일엽편주가 되어 하늘에 생사를 맡길 수밖에…….

어제 먹었던 모든 것을 토하고…… 난장판이 된 선박, 선실 내 취사도구는 뒤섞여 나뒹굴고, 배를 처음 타 본 아녀자나 아이들은 오죽했을까.

숙달된 수군들마저도 피하기 힘들어 한겨울 배 멀미에 시달리고 나면 몸은 파김치가 되기에 십상이다. 바다 위에는 갈매기 떼들이 제 세상을 만난 듯 창공을 날아다닌다. 물론 호송군관 이경복의 인솔하에 이동하지만 사방팔방에 왜적들의 간자(첩자)들이 우글대고 지극히 적정(賊情)이 불안한 이때 부안댁 오씨 부인이 한산도까지 이동한다?

이는 왜적들과 싸움에는 지지 않을 만큼의 특급작전(?)이며 은밀하게 지극히 집행부의 최측근 몇 사람만이 알고 있는 계획이 아니었을까. 천신만고(千辛萬苦) 끝에 도착해 보지만, 이곳이라고 호락호락하고 만만한 곳은 아니라 주색잡기(酒色雜技)라면 모르는 사람이 없을 만큼 파다하고 견원지간(犬猿之間) 같은 경상도우수사 원균(元均)의 구험(口險)이 알았다면 어찌 보고만 있었겠는가. 이순신 장군 나이 50세, 손자 같은 서자 아들들, 쇠똥을 묻혀도 예쁘다는 늦둥이들, 천진난만하게 재잘거리며 뛰어노는 모습이 눈에 넣어도 아프지 않을 녀석들, 꿈만 같은 순간이었을 것이다.

화약 냄새가 자욱한 해무 속에서 짧지만, 행복한 때를 보낸다. 포식난의(飽食暖衣, 편안하고 넉넉함)까지는 아니어도 너희들 앞길은 꽃길이기를 바라며 다시 만날 것을 다짐해 본다.

사생활을 밝히지 않는 현실에서 천지(天只)를 주무르는 재주와 나라를 바로 세운 분 누구인가. 밝은 길, 바른 길로 만백성을 인도한 영원한 성자(聖子), 더 큰 공적에 혹여 누(累)나 흠(欠)이 되지나 않을지. 청맹과니에 가까운 무지라며 조롱이나 당하지 않을까. 몹시 애태우며 공개 여부를 두고서 큰 공적에 누가 되진 않을까?

걱정을 하였음을 감히 말씀드리며 재삼 양해를 구합니다.

(해주 오 씨와 또 다른 윤연의 누이와의 관계로 그곳까지 밝혀 내지 못함을 이해하여 주십시오)

조선(朝鮮)의 길지(吉地) 고음내(古音川)

1. 멘토들

한 면은 바다에 접하니 바닷물 소리 가깝고
삼 면은 산에 연해 있으니 푸른빛이 깊네
산수 경치가 아름다운 곳(山紫水明)의 고장
_이백(李白)의 장야사(靜夜思)에서

거두망산월(擧頭望山月, 고개 들어 산에 걸린 달 바라보니)
저두사고향(低頭思故鄕, 고향 생각에 머리가 숙어진다)
_월천공(月川公 5百年史) 中에서

이 바다를 굳게 지키는 것(國家之保障), 바로 나라를 굳게 사수(死守)한다는 이순신(李舜臣) 장군! 우리 민족의 신념(信念)과 긍지(矜持), 주체성(主體性)을 살리고, 인류(人類)의 사표(師表)가 되신 이순신 장군, 동량지재(棟梁之材), 기둥, 들보, 초석(礎石)을 융단 위에 깔아 준 땅, 그곳은? 조선(朝鮮) 천지에 어느 곳인가?

이 고장을 지키기 위해 헌신한 공적이 있었기에 나라의 융성과 문화와 전통이 면면히 전승되는 작금의 일들의 융융(融融)함이 어찌 우연이라 하겠는가. 겉은 다듬어지지 않아 거칠지라도 속내만큼은 비단결처럼 곱고 살가움과 감칠맛이 정으로 묻어나는 그 땅, 바로 이곳이 바로 길지(吉之)인 고음내(古音川)이다.

이순신 장군의 어머니(天只) 변씨 부인, 가족 방씨 부인, 동생, 아들, 조카들, 노비에 이르기까지 권솔들의 안위(安危), 가사(家事), 가계(家計)를 보살피는 안전핀 역할을 사력을 다한 멘토들이 있었으니 그들은 바로 충절공(忠節公), 정철(丁哲)을 중심으로 한 사충신(四忠臣)이다.

대개 한 사람의 충(忠), 한 선비의 의(義)만도 세상에 결코, 흔하지 않은 일인데 한 집안에서 충, 열사가 너덧 분 나왔단 말인가. 이처럼 위대한 가문의 공적(功績)이 묻히고 소문도 없이 조용히 사라진다면 그 충혼(忠魂), 의혼(義魂)이 어찌 지하에서 서글프게 생각하지 않을 것인가.

_우의정 조두순 찬술(撰述)

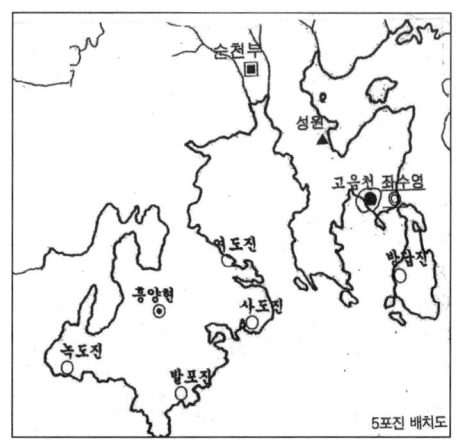

2. 이순신 가(家)의 피난처 제공

이순신 장군이 전라좌수사(여수)로 부임, 특별하게 마음을 쓴 관심사 중에는 전쟁이 일어나도 노모인 어머니(天只)와 가족을 평안하게 지낼 수 있는 피난처를 확보하는 일이 급선무였다.

이순신 장군이 노모(老母)를 비롯한 식솔을 월천(月川) 정계생 선생댁에 피난시킨 것은 전략가(戰略家)로 최상의 전법(戰法)이었으며, 어버이를 섬기는 지극함이 타의 모범이며, 본보기가 아니랴. 더욱 특별한 인연은 정계생 선생과 조부 이백록이 기묘명현으로 당시의 피해의식이 임진왜란이라는 국란을 맞이하여 피난지인 고음내(古音川)에서 찬란하게 꽃피우고 열매를 맺을 줄이야.

아버지 이정(利貞), 고향 아산에서 돌아가실 때 교통이 불편하여 1월에야 비보를 듣고 함경도에서 달려와 친상(親喪)하지 못함을 평생을 두고 후회하였는데, 어머니(天只)마저 전쟁의 중심에 모셨으니 조선에서 가장 안전한 땅이 아니었을까. 그곳이 어디에 있을까?

지리적, 전략적으로 평안한 곳, 이곳은 하늘이 점지해 준 땅 솔고개(松峴) 고음내(古音川)이다.

통제영이 있는 본영(本營)까지 약 6km가량의 지근거리며 보통 사람이 한두 시간이면 오갈 수 있는 거리다.

3. 5관(官) 5포(浦)

눈앞에는 안방처럼 평안하고 돌멩이만 던져도 물고기가 나온다는 어족이 풍요로운 가막만이 있으며, 10여km 전방, 태평양으로 연하는 대양의 초입에는 아들(李舜臣) 이름과 같은 동명이인(同名異人)인 이순신(李純信) 참사가 맡고 있으며 5관 5포의 한 곳인 방답진(防踏陳)이 두 눈을 부릅뜨고 물샐틈없이 사주경계를 하고 있다.

바다 건너 여자만(넘자바락)은 어떤가?

이곳은 1관 4포가 있으며 지붕 없는 미술관으로 우주 발사기지가 있는 고흥(흥양)이다. 복주머니처럼 생긴 고흥반도의 중심엔 팔영산이 있고 흥양성을 중심으로 녹도만호, 발포만호, 사도, 여도첨사 등 4개 진이 어깨를 마주하고 있다.

반도의 중심엔 순천부(順天府)가 있으며 광양(光陽), 보성(堡城), 낙안(樂安) 등 백여 리 안에 손짓만 해도 금방 뛰어올 만큼 고음내(古音川)가 맞받이를 하고 있다.

4. 삼도수군통제영(三島水軍統制營)이 있는 여수는 어떤가?

여수를 일러 금생여수(金生麗水)라 금이 나는 곳이다. 또한, 옛 선인들은,

산자수명(山紫水明), 산수가 지극히 맑고 아름다우며,

풍광절가(風光絶佳), 경치가 뛰어나게 절경을 이루며,

동난하량(冬暖夏凉), 겨울은 따뜻하고 여름은 시원하다.

이곳을 일러 천년(千年)의 양지(陽地)라고 한다. 버선목처럼 쭉 벋어온 웅거 지점을 중심으로 각종 해산물이 풍어를 이루는 천년의 안식처 여수가 위치한다.

여수 예찬(禮讚)

새 소리로 굴러떨어지는 칼 벼랑에는
지난밤 달빛이 쏟아 놓은 억만 동백꽃
남해 줄산 건너던 마파람은 아침에 꿰어간
대숲에 와서 연종일 쌍피리를 분다
사계 풍악 귀에 걸고 구름 끝에 앉은 오동도
역사와 자연의 정취를 피워내는 여수반도는
분명 한반도의 진주, 마지막 보석임이 틀림없다
아침을 여는 거대한 도시엔 언제나 금관을 닦고
햇볕이 눈부시게 피어오르는 전승의 현주소
언제나 신들의 속삭임이 꽃으로 피어나는
고향, 순국, 호국
승리의 고장 여수(麗水)가 아니랴

_시인 백보운

1592년(壬辰年)

　전라좌수사 이순신(李舜臣) 장군은 여수에서 5천여 군사를 이끌고 경상도로 출동하여 첫 전투인 옥포(玉浦) 대첩을 비롯하여 당포, 한산, 부산대첩을 이루고 개선(凱旋)한 곳이 여수이다. 조선천지(朝鮮天地)에 여수(麗水) 말고 또 어디 있는가. 조선 역사상 우리 민족은 천회(千回)가 넘는 외침을 당했어도 싸워 이기고 개선했던 곳은 어디인가?

1593년 1월

평양성 전투에서 명나라 이여송(李如松)이 이끄는 조, 명 연합군과 일본의 소서행장(小西行長)의 싸움에서 승리하고 다음으로 임진, 계사년 이순신 장군이 대첩을 한 여수(麗水) 개선이 아니랴.

그래서 노산 이은상 선생은 '조선에서 충효열의(忠孝烈義)를 논한다면 여수가 으뜸이다.'라고 말하지 않았겠는가.

그래서 고음내(古音川)가 충과 효의 발원지라 말한다.

5. 고음내(古音川)은 어떤 곳인가?

행정구역상 여수시 시전동이며 송현(松峴), 모전(茅田), 웅동(熊東), 웅남(熊南), 웅서(熊西) 5개 마을을 웅천(熊川, 곰챙이, 고음내(古音川)라고 한다.

> **송현(松峴)마을**
>
> 송현마을은 마을의 주위에 송림이 무성하다하여 송개, 솔고개 또는 솔고라고 이름했다. 솔개는 소나무가 있는 포구란 뜻으로 바다를 기준해서 붙여진 이름이다. 임진왜란 시에 이충무공께서 어머님을 안전하게 피신시킬 곳을 역술인에게 물어보니 소나무 그늘 아래가 안전하다 하여 가까운 좌수영에 모시질 않고 '솔고개'로 불리는 이 마을로 어머니 초계변씨를 5년간 모시고 기거 하였다고 전해진다. 지금도 이곳은 임진왜란 시에 이충무공께서 어머니를 모셨다는 자당이 있다. 이 마을 사람들은 주로 어업에 종사했으며 웅천지구 택지개발로 인하여 송현마을 이주민들은 솔개본동과 옛 남촌마을 앞 갯들에 새로운 '보금자리'를 마련하였다.
>
> **우리마을 사람들**
> (명단)

송현(松峴), 소나무가 무성하여 솔개, 솔고개라고 한다.

이순신 장군의 어머니(天只)가 사시던 자당공원 앞바다로 웅천어항, 두레기(두럭도), 진성(툿島)이 있으며 뒤쪽에는 중마산(일명 쭝매산)에 '이순신 공원'을 조성하여 300m 정상에 봉화대가 설치되어 있으며 지금도 5관 5포의 전라좌수영의 장수들이 이순신 장군에게 지금도 출정 보고를 하고 있다.

> **모전(茅田)마을**
>
> 모전마을은 띠밭몰이라 불렀는데, 모전은 띠밭을 한자로 표기한 것이다. 이곳에 돗자리, 기발, 방석, 기타 가정용품을 만들 수 있는 띠가 많이 자생하고 이를 재배한 데서 붙여진 이름이다. 본마을은 양지촌과 음지촌으로 나누어지는데 양지촌은 대인산의 남서방 마지막 줄기 산자락에 위치하며 음지촌은 성주산의 소조산이라 할수 있는 도리산의 북서쪽에 자리하고 있다. 무룡골은 대인산의 동쪽줄기와 성주산의 동북쪽 줄기가 만난 골짜기로 무룡골 저수지가 있었으나 그 자리에는 새로운 웅천못공원으로 자리를 잡았다. 웅천지구 택지개발로 인하여 모전마을 주민들은 남촌마을 앞 갯들에 새로운 보금자리를 마련했다.
>
> **우리동네 사람들**
> (명단)

모전(茅田), 띠풀이 자생한다고 하여 '띠발몰'이라 부르며 길 가운데를 두고 대인산 자락의 양지촌, 성주골의 음지촌, 무룡골, 웅천 공원이 조성되어 있다. 지금은 남촌 갱번가에 산다.

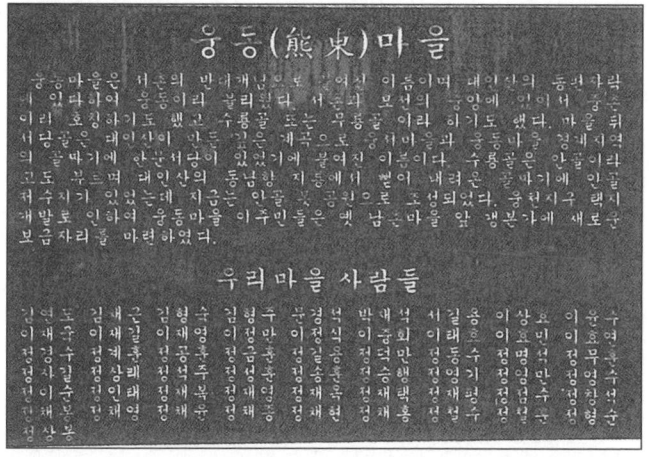

웅동(熊東), 일명 중촌(中村)으로 서촌, 모진 사이에 있으며 예날엔 서당골이라고 불렀다. 안골저수지가 있어 안골 대인산 동쪽에 있으며 남촌 깽번가에 산다.

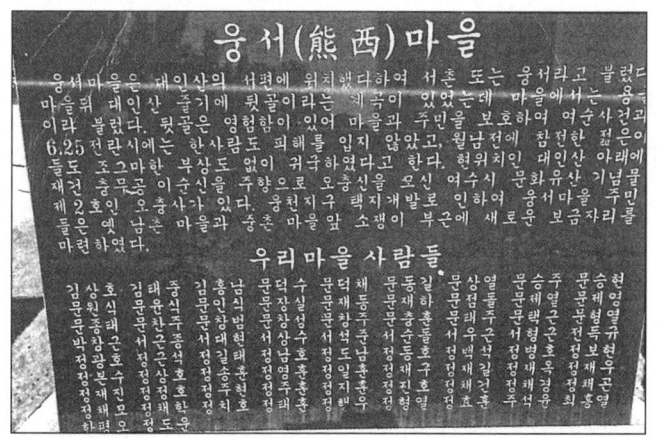

웅서(熊西), 대인산 서쪽에 있으며 웅서라 부르며 대인산 골짜기 뒷골에 영험한 곳이라고 하며 갓몬당, 쟁기제(생태터널)이 있으며 이곳은 5충신(忠臣)을 모신 오충사(五忠祠)가 있다. 임진왜란 시 이순신을 도운 정철, 정린, 정춘, 정태수 장군을 모시는 사당이다.

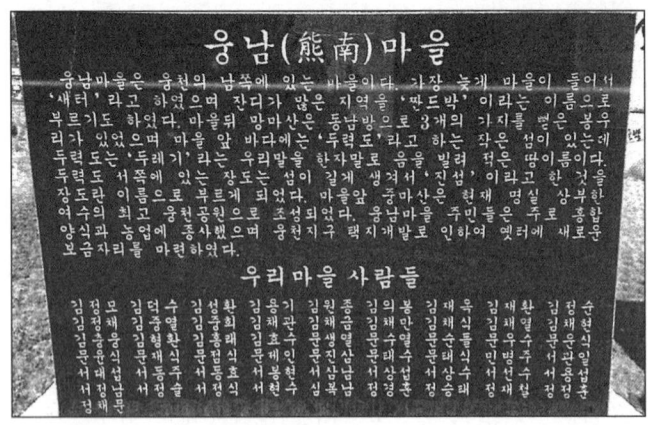

웅남(熊南), 새터, 짠드박이라고 부르기도 하며 마을 뒤에는 망마산이 있고, 마을 앞(現, 지웰아파트) 지명이 뜰(밭 마사지에 좋은 웅천 해수욕장이 있으며) 임진왜란 시 치마처(馳馬處, 말 훈련장)의 병사(兵士)들의 주둔 훈련하였던 장소이다.

관련 근거, 여수대학교 문영구 교수 "전라좌수영 여수, 266p, 고음내(古音川)는 3면이 육지에 둘러싸여 있는 토산혈(土山血)로써 태풍, 홍수, 해일, 가뭄 등 자연재해로부터 보호되는 가거지지(可居之地)로 (가히 살만한 곳)이라고 평한다.

지형은 어떤가?

조선 중기의 중신인 이중환(李重煥)의 택리지(擇里志)에서 지리(地里), 즉 땅의 모형이 후덕해야 하고, 생리(生利), 즉 기름지며 생산물이 풍요로워야 하고, 인심(人心), 즉 사람과의 관계에서 심성이 후박하고 아름다운 산수(山水)가 있어야 한다고 하였다.

한편, 지리가 좋아도 생리가 모자라면 사람이 오래 살지 못하고 생리가 좋아도 지리가 나쁘면 이곳 또한 부족하고 가까운 곳에 산(山)이 없으면 정서가 맑지 못하다. 택리지와 같이 한 군데라도 흠이 있으면 길지(吉地)가 아니다.

임진왜란(壬辰倭亂)! 무근지설(無根之說, 뜬 소문이 횡횡하고) 생사(生死)를 기약할 수 없는 극한(極限, 맨 끝) 백성, 가솔의 안위가 어찌 위태롭지 않으랴만 어머니(天只)를 비롯한 식솔들이 7년여간 고음내(古音川)에 기서함이 가급인족(家給人足, 그런대로 여유로움)의 삶이었으며, 명나라 풍수 두사충(杜士忠)이 인정한 길지(吉地), 파죽지세(破竹之勢)의 난리에도 인명(人命)은 보존(保存)한다니 이 또한 이런 곳이 조선(朝鮮)에서 얼마나 되랴.

가거지지락(可居之地樂) - 가히 살만한 곳으로 즐거움이 있는 곳, 그곳이 고음내(古音川)이다.

6. 망마산

좌청룡(左靑龍)은 고락산(故樂山) 정기(正氣)가 황새, 또는 황소 등(혹자는 鳳凰, 상서로운 새)을 타고 양지골(現 이순신 도서관)을 건너 음지골(건강보험)에서 중마산(現 이순신 공원)에 노적단(露積團, 집 밖에 쌓아둔 곡식더미)을 만든다.

우백호(右白虎)는 고락산 지선인 대인산 갓몬당, 쟁기재(現 생태터널)을 타고 망마산에서 용트림을 한다. 여수시 시전동 웅남마을 뒷산을 '망마산'이라고 부른다.

임진왜란 시 왜적들이 바깥 바다인 가막만 수로를 타고 쳐들어 오는 것을 미리 발견하기 위하여 병사들이 산에 올라가 동정을 살피는 등 마을을 관찰하는 데서 유래한다. 이곳은 신경표(神經表, 大東輿地圖의 꼭짓점)까지는 아니어도 토혈(吐血)이 상통하니 혈(血) 자리로서 소쿠리 안같이 해만의 중심 지혈이 뭉치는 곳으로, 땅의 기운이 듬뿍 서려 근동에 발동(發動), 발복(發福)하고 뭇사람들이 마음으로 바라는 바를 기원하는 기도처다.

이렇게 신령(神靈)한 곳임을 망각하고 향토 예비군들의 시설인지, 참호, 교통호를 만들어 놓고…. 그뿐인가? H자 표시가 있는 군 헬기장까지 만들어 놓았으며, '갈마음수(渴馬飮水. 목마른 말이 물을 찾는 형) 지형 위를 힘차게 뛰어오른 말잔등에 팔각정(전망대)을 만들어 놓았다.

무지망작(無知妄作, 잘 모르고 한 일)이라 예상하지만, 에울마루 공연장을 건너뛰어 말이 목을 축이고 북악(北岳) 같은 진산(鎭山)이라고 한다.

갯고랑(갱번가) 곰챙이 꼴짜구 고음내 산다고요?

맨해튼의 마천루까지는 아니어도 4, 50여 층의 건축물 3만여 세대가 시새움 하듯 하루가 다르게 치솟고 있는 상전벽해(桑田碧海)의 용천(龍泉) 현장을 보고도 '곰챙이 꼴짜구 촌에' 산다는 괄시, 하대하며 놀려대는 꼴이라니…. 숨은 보석, 최고의 생거지지(生居之地)를 놔두고 용천병을 떨고 있으니…… 원….

7. 어머니(天只) 변씨 부인

한산도(閑山島) 〈-------------------〉 여수(麗水)
이순신(李舜臣) 〈-------------------〉 어머니(天只)
이 한려수도(閑麗水道)는 전라좌수영(수사, 이순신) 5천여 군사가 경상도 바다에서 싸워 승리하고, 여수로 개선(凱旋)하였던 삼백 리 노정(路程), 승리의 수도이며 태양이 비치는 해왕의 길이 있다.

어머니(千只)
아침에 일어나 흰 머리카락 10가닥을 뽑았다.
흰 머리카락이 있으면 어떨까 마는 다만 위로는 늙으신 어머니가 계시기 때문이다(亂中日記, 1593. 6. 12.)
조발백십여정노랑고야(朝拔白十餘警老堂故也)

전쟁을 피하여 고향 아산을 떠나 고음내(古音川)에 계신 어머니에 대한 애틋한 그리움을 난중일기에 남겼으니. 어머니(天只)
아들의 무사 귀환을 천지신명에 염원하였던 자당공원 정대수(鄭大水) 군관의 별채인 초당에 계신지라 마음 놓지 못하는 염려(念慮)야 없겠냐며 평안하시고 그 위치가 송현(松峴, 솔고개) 사방을 조망할 만큼 가장 높은 곳으로, 겨울이면 포근하고 여름이면 서늘하고 해발(海拔) 50m의 언덕배기이다.

거울같이 잔잔하고 은빛 파도가 넘실대는 가막만이 눈을 뜨면 펼쳐지는 손에 잡힐듯한 바다 건너에는 두산도(斗山島)를 이웃하고 전에 장군께서 근무하셨던 고흥 발포(鉢浦)까지는 아니어도 여도진, 사도진까지는 육안으로 흐릿하지만, 조망이 가능하다.

항 포구나 어촌에서 생활하다 보면 사물(징, 꽹과리, 북, 장구) 놀이 소리가 마을 안쪽에서 울려 퍼지는 경우와 멀리 바다에서 울리는 두 종류가 있다. 어촌에서 울리는 경우도 먼바다로 출항하기 위해 풍어제, 선원들의 안전을 기원하고,

먼바다에서 들리는 경우는 천주 용왕님께 만선의 기쁨을 주어 감사하고, 특히 손꼽아 기다릴 가족들에게는 거칠고 억센 바다와 싸워 아무 탈 없이 돌아옴을 제일 먼저 알리는 가장 반갑고 듣기 좋은 한마디로 일종의 귀향 보고서(報告書)이다.

또한, 이곳 갯가는 봄철 사리때나 큰 파도가 밀려들 때면 고기떼가 지천으로 들어와 황금어장을 이루었으며 전어, 서대, 조기, 삼치, 고등어, 낙지, 문어, 오징어 등 갈퀴로 긁어모아 끌어오는 등 바다가 물 반, 고기 반이었다.

모두가 백성을 구제하기 위한 수호신의 배려였을까? 포구 갯가는 만선의 기쁨, 가족을 만나는 기쁨에 웃고 떠드는 왁자함, 낯익은 눈에 선한 얼굴, 전시를 감안하지 않더라도 정희가 묻어나는 갯가 사람들, 병화(兵禍)가 보호되는 곳, 때맞춰 바라던 비까지 내리고 연년세세 풍년이 들고 굶주림을 없애 주는 땅, 그곳이 어디인가? 꿈에서나마 그리던 고장.

섬김의 발원지(發源地), 고읍내(古邑川)이다.

8. 명풍수 두사충(杜士忠)

1593년 1월 7일

평양성 전투에서 조, 명 연합군(총대장 이여송 李如松)과 일본군 대장 소서행장(小西行長, 고니시 유키나카)와의 치열한 전투에서 일본군은 대패하고 이여송은 대승을 거둔다. 오죽하면 왜장 고니시는 투구를 벗고 혼자 도망쳤을까.

이때 명나라 풍수지리의 대가이며 수륙지획주사(水陸地劃主事)라는 직책으로 일진, 길흉(吉凶) 싸움에서 승리할 수 있는 군진(軍陣)의 위치를 선점해 주는 술사(術士)가 있었으니, 그가 누구인가?

명풍수 두사충(杜士忠)이다. 이순신 장군과도 절친하며 사후(社后)인 1599년 2월 아산 금성산에 장지(葬地)를 잡아주기도 하였으며 그도 명나라로 귀국하지 않고 대구 모명제(暮明齋)에 잠들었다.

이순신 장군이 그에게 써준 봉정두복야 시를 전한다.

북거동근고(北去同勤苦) 북쪽으로 갔을 때도 같이 일했고,
남내공사생(南來共社生) 남쪽으로 와서도 생사를 같이 했네.
일배금야월(一杯今夜月) 한잔 술 달빛 아래 나누면
명일별이정(明日別離情) 내일은 이별의 정만 남으리

명나라 수군 장수 진린(陳璘)의 막하에서 비장복야문하주부(婢將復夜門下主簿)라는 직책을 수행하면서 이순신 장군을 흠모하여 절친한 관계를 유지하였으며, 이순신 장군의 운구행렬이 완도, 고금도에서 아산에 도착 두사충이 잡아 놓은 음택(蔭宅)

에 묘를 쓰다. 그럼 두사충은 고음내(古音川)를 어찌 보았을까?

어머니(天只), 처 방씨 부인 등 식솔들이 병화를 피하여 아산에서 천리(千里)나 먼 남쪽 끝자락인 고음내(古音川)까지 현지를 주유(周遊) 동행하지는 않았어도 전언, 전고(傳告, 사실을 전함)는 알고 있었으며 '병화, 기근을 막아주는 길지 고음내(古音川)에서 천명(天命)을 누렸을 터인데, 떠나다니……'

진(晋)나라 도연명(陶淵明)의 귀거래사(歸去來辭) 전원을 그린 글월같이 조선에서는 병, 화, 기근을 막아주는 상길지(上吉地)라 평(平)했다.

명풍수 두사충에 대한 풍문들은 사실 접근을 시도하였으나 밝혀내지 못했다. 구전(口傳)으로 전래(傳來)된 내용을 정리하였을 뿐임을 양해하며 주시길 바랍니다.

9. 자당공원(慈堂公園)

7년 가뭄이 들어도 마르지 않는 석간수(石間水) 영천(盈泉)이 있다.

(여수 향교 전교이신 정준호 증언)

아무도 일어나지 않은 꼭두새벽에 다른 사람들보다 먼저 일어나 맑고 깨끗한 정화수(井華水)를 뜨기 위해 황급히 영천으로 간다.

우물의 유래

이 우물은 골샘(滑泉)이라고 불렀다.
1520년경에 발굴한 석정으로서 기묘명현 정계생(丁戒生)이 조정에서 이조좌랑으로 재직할 때 중종반정(中宗反正)으로 기묘사화가 일어나 신진사류 조광조(趙光祖)등이 사사되자 부당함을 상소하였으나 받아들여지지 아니하자 벼슬을 버리고 숨음川 松峴(현 웅천동 송현마을)에 은거하시면서, 이곳 대인산 아래 별당을 지어 나라를 걱정하며 지내실 때 손수 발굴한 우물로 최근까지 "큰"마을과 "청룡"마을 200여 호가 이용하였다. 웅천지구 택지 개발 시 압해 정(丁)씨 창원파 여수 종중의 주선으로 보존하고 있다.

서기 2018년 5월
押海丁氏昌原派麗水宗中

칠흑 같은 그믐밤임에도 등불을 밝히지 않아도 수없이 다녔던 길이기에 평소대로 고부간에 염원하던 그 바람의 물을 뜬다. 어두워도 물의 색깔이 맑고, 밝게 보이며 바로 떠 오지만, 검거나 투명하지 않으면 한참을 쉬었다가 다시 뜨기를 반복한다.

고부간에 같이 떠 온 물 한 바가지에도 지극 정성이 물씬 풍겨 난다. 전장(戰場)에 출정(出征)한 아들, 남편 이순신(李舜臣).

"어서, 어서 전쟁이 마무리되고 건강한 몸으로 무사히 돌아올 수 있도록 빌고 빕니다. 하느님! 용왕님! 부처님! 조상님!"

양손이 닳도록 빌고, 빌었을 영산(嶺山, 現 자당공원)은 그때 그 시절을 알고 있을까?

500년 이상된 득음목(得音木)은 사라호 태풍에 쓰러지고 현재는 그루터기만 남이 있어서 그때 그 당시를 전하고 있다. 이렇게 전하는 두 분의 간절한 기도가 4백 년이 지난 지금도 가막만의 은빛 파도와 함께 노도처럼 왔다가 잔잔한 여운으로 들리는 듯 귓가를 맴돌다가 사라지기를 되풀이한다.

자연계(自然界)의 이변

갑작스러운 기후 변화가 있는 경우 우박이나 소낙비 등 예측할 수 없는 천재지변의 날씨에 새, 양서류 곤충들이 체온을 높이기 위해 날갯짓이나 그 행동이 이상하게 전개되기도 한다.

그때가 언제인가?

우리 수군(水軍)이 크게 이겼을 때와 이순신 장군이 대장선(大將船)을 타고 고음내(古音川) 포구 안에 들어오실 때 한두 시간 전부터 수백, 수천 마리의 갈매기 떼가 바다 위를 수놓듯 선회하기도 하고, 대장선을 호위하기도 하고, 때아닌 개구리, 맹꽁이, 산야의 풀벌레들이 합창하듯 큰 소리로 울어 대고 쌍나팔을 불어 냈다. 갈치, 상어, 고등어, 진어, 조기, 문어 떼가 포구 안으로 떠밀려 들기도 했다고 한다.

이상하고 기묘한 일들이 최첨단을 논하는 요즘에는 전설처럼 이해하기 힘들겠지만, 국토를 짓밟은 왜적의 무리를 응징하고, 나라를 위기에서 구원(救援)하려는 수호신(守護神)을 말 못 하는 미물(微物)인 그들이라고 국난을 극복하고 개선(凱旋)하는 성웅(聖雄)의 참뜻을 어찌 외면하겠는가.

송현(松峴, 솔고개) 고음내(古音川)

1592년 일본 장수 소서행장(小西行長, 고니시 유키나카)가 가장 먼저 조선의 평양성을 점령 함락시킨다.

1593년 1월 조명(朝明) 연합군 총대장 이여송(李如松)의 평양성 전투에서 왜적은 대패(大敗)하고 만다. 이때부터 조선의 지명(地名) 중에서 이여송(李如松)의 송(松) 자가 들어간 지명은 왜적들이 기피했다고 하며 이순신 장군 역시 1593년 5월 말, 아산에 계신 어머니(天只) 외 식솔을 송현(松峴) 고음내(古音川)에 모시어 살게 되셨다.

고음내(古音川)의 도시화

2004~2016년(12년간) 여수시 도시계획에 의해 '웅천지구 택지 개발 사업' 편성으로 줄자로 재듯 수로(水路)만 남기고 드넓게 바다 280萬m²(약 97萬 坪)을 매립(埋立)하여 육지와 대지(大地)가 되었으며, "살아 있는 바다 숨 쉬는 연안"이라는 표어로 2012년 여수 해양 엑스포를 성공적으로 치른 후 지각 변동에 따라 이곳 고음내(古音川) 역시 여수의 해운대(海雲臺)라며 땅 투기 바람이 위세를 떨치는 곳이기도 했다.

한산도생활(삼도통제사시설)

이순신 장군이 한산도에서 야음을 이용 어머니(天只)를 뵙기 위해 단숨에 오셨던 고음내(古音川). "나라에 큰 치욕을 씻어라." 말씀하시고 못내 서운해하지 않으셨던 장소, 아내 방씨 부인, 동생, 아들, 조카, 종들, 그 외 많은 이들이 울고, 웃고 만나고 헤어지던 그 선착장(船着場), 이곳을 누하장(淚下場)이라고 했다.

한 번 전선(戰船)을 타고 떠나면 다시는 돌아오지 못하는 병사(兵士)들이 많았기에 그곳에 가면 눈물을 많이 흘렸다고 하여 그렇게 불렀다고 한다.

삼도수군통제영이 있던 한산도, 그곳에서 어머니(天只)를 뵙기 위해 대장선을 타고 오셨던 고음내(古音川), 선착장 바로 그 자리, 도시계획에 의거 대단위 아파트단지가 건립되었다. 소자가 그곳에 살면서 이순신을 읊을 줄이야(포래나 2단지 208동 803호)

어머니(天只)가 거주하시는 곳

싸움터에 나간 아들, 남편을 위해 새벽녘이면 정화수를 떠놓고 치성을 드렸던 영산(寧山)은 자당공원(慈堂公園)으로 명명 정돈되었으며, 자당 안채에는 옛 모습 그대로 모자(母子)가 정담을 나누고 계시다.

이순신 장군과 어머니(天只)의 모습

방씨 부인은 출동하는 지아비의 옷매무시하는 자상함, 알뜰하게 안살림을 아끼며 규모 있는 모습으로 이끌어감이 시린 손끝에 묻어난다.

방씨부인상

지척인 앞산에는 여의도 면적의 두 배나 큰 '이순신공원'이 조성되어 있다.

300m 높이의 봉화대에는 통제사 이순신을 도운 5관 5포의 장수들이 도열하여 맞이하고 충성을 맹서하고 있으며 고음내(古音川)를 중심으로 한 사충신(四忠臣)과도 뜻을 같이한다. 이곳에 오르면 돌산 방답진성, 고흥의 중심 팔영산, 순천 해룡까지 조망이 가능한 일출(日出)의 명소이다.

이순신 공원! 충효의 발원지(發源地)!

성웅의 이름에 걸맞게 성지(聖地)로써 유업을 계승, 책임과 의무(毅武)를 다하는 간곡한 기원을 어머니(天只) 이름으로 조선에 고지하나이다. 어머니 천지(天只)여!

1. 月川公 500年史(압해 정씨 종친회장 정채홍, 정준호 님 증언)
2. 여수文化(文化院) 전 文化院長 문정인, 임용식 님 증언

어머니(天只) 변씨 부인

1. 조선의 어머니

지금의 현충사가 위치한 아산시 염치면 백암리가 초계 변씨의 집성촌이며, 무장인 변수림(卞守林)의 따님이시다. 서울 건천동에 사는 이정(李貞)에 출가하였으며 31세에 태어난 이가 3남 이순신(李舜臣)이시다.

할아버지 이백록(李白祿)을 포함한 선대를 모신 곳은 용인시 수지읍 고기리(古基里)에 안장되어 있으며(난중일기 어느 곳에도 할아버지 이백록에 대한 언질은 전무함) 정확한 고향 위치는 알 수 없으나 아마 백여리 주위가 살아온 세거지(世居地)가 아닐까.

서울 삶의 기반과 세간 인적, 물적 모든 여건을 팽개치고 서울을 떠나 3백 리나 떨어진 친정이며 외가(外家), 처가(妻家)인 아산으로 대 식솔을 이끌고 이사를 감행한 이도 아마 어머니 변씨 부인의 뜻이리라.

한마디로 아버지 이정(李貞)이 아산으로 처음 들어온 덕수(德

水) 이씨(李氏)의 입향조(入鄕祖)이시다. 그러면 아산으로 이사한 시기는 언제일까. 1556~7年 이후이며 12세 전후가 아니었을까.

1597年 1月 27日 어전회의
선조 임금 : 이순신(李舜臣)은 어떤 사람인가?
유성룡 : 신은 이순신과 함께 건천동 한동네에서 살았으며 능히 자기 직분을 다할 사람으로 생각되어 추천하였습니다(선조신록).
한마을에서 살며 직분을 다할 것으로 믿었다면 성장기의 삶을 공유한 12, 3세 전후가 아니었을까. 이순신, 소년 시절, 친구들과 전쟁놀이를 시작할 때면 동무들이 대장으로 떠받들었으며 진(陳)을 치며 동무들을 지휘하는 모습이 크게 돋보였다고 한다.

부모(父母)
_소월

낙엽이 우수수 떨어질 때
겨울에 기나긴 밤 어머니 하고
둘이 앉아
옛이야기 들으며……

나를 태어나게 한 조국을 위해 충성(忠誠),
나의 몸을 주신 부모에 대한 효도(孝道)

성리학을 근간으로 한 최고의 가치와 덕목이 아니랴.

국가 백성들에게 책임과 의무를 완수한 인격자 이순신(李舜臣)

만백성의 가슴속에 살아 숨 쉬는 불사신(不死身)이여!

진명지주(眞明之主) 하늘의 뜻을 세상에 평정토록 하셨을 어머니(天只) 그 덕(德)은 하늘만큼 높고, 그 지혜와 관조(觀照)는 땅만큼 넓고, 성덕(聖德)으로 계칙(戒飭, 경계하고 타이르고) 하시는 우리 겨레의 어머니, 초계 변씨, 우리의 어머니가 계셨다.

천지(天只)가 계셨다.

2. 어머니(天只)의 결심(決心)

불세지공(不世之功, 세상의 큰 공을 세움)으로 무너지는 나라와 백성을 살려낸 이 누구이던가. 어머니(天只)에게는 심성, 감성 비단결처럼 곱디고운 셋째아들, 지근거리(至近距離)에서 아들의 속내를 어루만지며 속속들이 읽을 줄 아는 당찬 어미가 아니랴.

멀리 떨어져 있어도 어미를 향한 미망의 촉수는 해가 모자랄 만큼 더듬고 있는 그 성정을 어찌 모르리오. 어머니(天只)를 우러러 곧 '하늘이다.'라는 극존대의 효심(孝心), 온 나라가 전쟁 중이라 목숨을 옥죄이고, 부언유설(浮言流說, 떠돌아다니는 근거 없는 말), 들뜬 소문들이 눈덩이처럼 더해가고, 골목을 휩쓸고 지나는 바람 소리, 멀리서 들리는 개 짖는 소리에도 콩닥콩닥한 잠새 가슴은 천 길 낭떠러지에 나뒹군다.

끝이 보이지 않는 기약 없는 전쟁, 앉아서 보고만 있을 것인가. 지근거리(至近距離)에서 아들과 같이 황망한 이 난국을 함께 나눈다면 홀로 마음 쓰고 가슴 태우는 순간보다는 훨씬 가볍지 않을까.

태산(太山) 준령처럼 큰일을 도맡아 전담한 아들 이순신(李舜臣), 그이 곁을 반드시 지켜 주어야 하는데…… 언제나 어머니(天只)의 평안함을 확인한 후에야 공무에 전념한 아들이 아니냐. 몇 번의 가족회의(家族會議), 어머니(天只) 당신의 거처를 두고 장고에 들어간다. "가자! 아들 곁인 남도(麗水)로 오늘 출발이다. 가서 철벽 수호하자."

어머니의 결심으로 대 식솔을 이끌고 드디어 여수 고음내(古音川)에 오시다.

난중일기 1593년 6월 1일
아침에 여수에서 탐후선이 왔다.
어머니 편지에 평안하시다니 다행이다.
朝探候船入來天只間則平安多幸多幸
_1593년 5월 여수 고음내(古音川)으로 이사하셨을 것으로 예상.

천리 밖 고향, 아산을 떠나 안전하다고 하나, 사지(死地)나 다름없는 고음내(古音川) 남도 생활이 좀 익숙해가는 80세 노모를 한산도로 모셔 와, 날마다 문안 인사는 아니어도 자주 뵐 수 있도록 가까운 곳에 모시고 싶은 생각도 간절하셨으리라.

한려수도 삼백 리(閑麗水道, 麗水), 어머니(天只)를 뵙기 위해 왜적과 염탐꾼이 우글거리는 남해를 왕래할 경우 어느 한 곳이라도 만만했겠는가. 뭇사람의 눈을 피함은 물론 군부대, 특히 지휘부가 이동할 경우 그날의 전황(戰況)에 따라 그 계획이 일시적으로 취소, 축소, 변경, 순연되기가 다반사였으리라.

병력이 이동할 경우, 바다 속내를 제집 드나들 듯한 광양현감 어영담 같은 달인도 면밀히 검토, 신중에 신중을 기했을 것이다. 야음을 이용하여 순풍에 돛단 듯 순항하면 좋으련만 높은 파도, 역풍을 만나 초조와 애태움이 한두 번이며, 마음 씀씀이가 오죽 했겠는가.

3. 나라에 치욕(恥辱)을 크게 씻어라

亂中日記 1594年(선조 27年) 50세

갑오(甲午) 正月 1日

어머님을 모시고 한 살을 더 먹게 되니 난리 중에도 다행한 일이다.

(대천지동첨일년차난중지행야, 待天只同添一年此亂中之幸也)

이때도 왜적과의 장기전에 대비하며 전력 강화의 일환책으로 본영(本營)인 여수에 주재하며 뜻을 같이하는 지인(知人)들과 하루가 모자랄 만큼 타협하는 등 긴박했던 상황을 진솔하게 그리고 있다.

갑오(甲午) 正月 11日

어머님(天只)을 뵙기 위해 배를 타고 바로 고음내에 댔다.

어머님께 가니 아직 주무시고 계셨다. 웅성대는 소리에 놀라 깨셨는데 기운이 가물가물하여 앞이 얼마 남지 않으신 듯하다. 오직 애달픈 눈물이 흐를 뿐이다. 그러나 말씀하시는 대로 착오가 없으셨다.
(일박서산천지하은루, 日博西山天只下隱淚)

갑오(甲午) 正月 12日
아침을 먹은 뒤에 어머님께 하직을 고하니,
'잘 가거라 나라에 치욕을 크게 씻어라' 하고 두세 번 타이르시며 조금도 이별하는 것을 탄식하지 않으셨다.
(대설국욕 재삼윤유, 大雪國辱再三輪諭)

평상심이 보통의 아녀자라면? 또한, 보통의 부모라면? 죽고 삶이 하루가 다르게 뒤바뀌는 전장(戰場) 터, 첫째도 안전이요, 둘째, 셋째도 안전이다. '맡은 일에 최선을 다하고, 건강한 모습으로 다시 만나자.' '나라에 치욕을 크게 씻어라.' 두세 번 타이르시고 이별하는 것을 조금도 걱정하지 않으셨다. 어느 뉘라서 그 모습을 흉내 낼 수 있을까.

영웅(英雄)은 하루아침에 만들어지지 않음을 알았다. 길고 오랜 세월을 담금질하는 수련의 과정이 어찌 헤아릴 손가. 신(神)의 반열에 오를 만큼 진솔함이 유감없이 발휘하셨다.

"나라의 부끄러움을 크게 씻으라고요? 예, 온겨레의 이름으로 깨끗이 씻었나이다. 어머니!"

4. 정돈된 인격자(人格者)

국가의 운명이 바람 앞에 촛불처럼 흔들릴 때 온몸을 던져 철통, 철벽으로 막아낸 이!

막천석지(幕天席地), 하늘과 땅으로 막아주니 막후에서 혼신(渾身)을 다한 어머니 천지(天只), 함자를 알고 있는 우리 백성들이 과연 몇이나 될까? 이토(泥土, 진흙) 속에다 진주(眞珠)보다 더 값진 보물을 숨겨 두고 아녀자라는 이름으로 꺼내지도 않고 묻혀두다니, 망각(忘却)했다고 억지로 변명할까.

후생(後生)들의 무지(無知)하고 아둔함이라니, 그 모자간(母子間) 나라 사랑의 큰 뜻을 추모하며, 대한민국 한국은행에서 고액권 화폐 모델을 선정한다면 성웅(聖雄)을 탄생시킨 어머니(天只) 변씨 부인으로 백만 원, 천만 원보다 높은 '1억 원' 무량수로 대접해야 한다. 어떤 가치로도 접하기 어려운 어머니(天只), 진신(眞神) 수국신(壽國神)으로 만백성의 이름 조선(朝鮮) 천하에 공표하여도 좋은 조선의 진신(眞神), 충무공 이순신 장군의 어머니가 아닐까.

어머니(天只)가 한산도(閑山島) 전장으로 떠난 아들(李舜臣)을 그리며 고음내(古音川)에서 쓴 글월,

"서풍(西風) 타고 흘러간 저 먹구름아!
흙비를 뿌리면서 어디로 흘러가니
궂은 비 하염없고 하늘빛 나직하니
가막만 검은 바다 성난 듯 일렁인다

불철주야 진중에서 몸은 중히 여기시어 강건해야 할 터인데
식불감미(食不甘味, 입맛을 잃음) 밥 못 먹고
침불안석(寢不安席, 잠을 설침) 단잠을 못 자며
행여 기운 다하셨나, 혹여나 몹쓸 병에 시달릴까
한산도 낮은 구름 파도 높아 못 오시나
저기 저 갈매기야 어디메로 향하느냐
우리 장군 일장서를 내 손에나 놓아주렴"

_출처 미상

자식을 걱정하며 그리는 어버이의 마음이 구구절절 표현된 글이다.

화폐를 만든다면 변 씨 부인을 모델로 1억 원의 주인공으로 만들었으면….

이순신(李舜臣)의 파직(罷職)과 수감(收監)

'임진왜란'은 일본군의 침략으로 초기에는 연전연승하였다. 일본의 침략자 풍신수길(豊臣秀吉)은 명나라는 물론 아세아를 정복할 줄 알았으나 그 후 연패와 패전(敗戰)을 거듭하며 조선의 남부 해안으로 후퇴하였다.

또한, 명나라, 일본 양국 회담이 지지부진한 가운데 만회하는 뜻으로 일어난 전쟁이 1597년 일어난 정유재란이다. 조선에 가장 먼저 침략한 왜장 소서행장(小西行長)은 막하 장수이며 세작(細作, 간첩) 활동을 한 요시라(要時羅)가 경상우병사인 김응서(金應瑞)를 찾아가 알려준다. "일본의 장수 가등청정(加藤淸正, 가또 기요마사)이 일본에서 곧 조선으로 건너온다. 오는 길목인 해상에서 생포(生捕)하시오."

작전 중인 상황에서 아국(我國, 日本)의 특급 정보를 적국(敵國)인 조선국에 전달한 것이다. 경상우병사 김응서는 일본 간첩 요시다를 임금에게 숙배(肅拜)하게 한다. 선조 임금은 요시다에게 가선대부라는 벼슬을 주고, 그뿐인가? 상으로 은자(銀子) 80냥을 하사한다.

_선조실록 30年 1월 22일

일본 간첩 요시라(要時羅)의 특급 정보(?)를 경상우병사 김응서는 도원수 권율(權慄)을 통하여 선조 임금에게 긴급하게 보고한다.

때는 정유년(丁酉年) 1월 13일 도원수 권율은 한산진(閑山陳)으로 통제사 이순신을 찾아가서 요시라의 거짓 정보를 전한다. 이때 이순신(李舜臣)은,

"반드시 왜적들이 간교(奸巧, 간사한 속임수)가 있을 것이오. 우리 수군(水軍)이 배를 끌고 나가면 왜적들이 모를 리 없고 나갔다가 불의의 습격을 당할게, 뻔한 이치요. 그러니 첩자(諜者)의 말을 믿고 따를 수는 없는 일이오."

드디어 이순신은 선조 임금의 명령을 거부하기에 이른다. 지금까지 통제사 이순신은 왕명(王命)을 한 번도 거역하거나 출전(出戰)을 미룬 적도 없다. 그러나 선조 임금의 명령(王命)이 하달되어 도원수 권율이 직접 전달한 시급을 다투는 작전명령(作戰命令)을 거부하기에 이른다. 그렇다면 통제사 이순신(李舜臣)은 작전명령을 거부했을 때 오직 죽음밖에 없다는 사실을 알고 있었을까.

왜적들이 조선 수군을 바다로 꾀어낸 다음 사방팔방에서 왜적들이 포위 공격을 해온다면, 어찌 참패(慘敗)하지 않겠는가. 그뿐인가, 수많은 부하의 목숨은 어찌한단 말인가.

서애 유성룡은 자서전 징비록에서,

"그 당시 통제사 이순신은 주저했다."라고 기록하고 통제사 이순신은 왕명임에도 출동을 거부하기로 결심(決心)한다. 임금의 명령을 거부한 죄로 이순신 자신이 죽는다고 해도 정성을 다한 수군(水軍) 부하들을 죽일 수 없다고 판단. 도원수 권율의 명을 거부하고 출동하지 않는다.

"통제사 이순신은 왜장 가등청정(加藤清正)을 생포하지 않고 나라를 저버렸다."라는 모함으로 파직(罷職)당한다. 그 후 고문 등 혹독한 시련을 견디며 하늘이 무심하다며 천추의 유한으로 남긴다. 삼도통제사 이순신(三道統制使 李舜臣) 장군이 왜장(倭將) 가또 기요마사(加藤清正)를 해상에서 체포하지 못한 사실이 보고되었을 때 선조 임금의 분노는 극에 달한다.

1957년 1월 27일 대신(大臣)들과 당상이 참여하는 어전회의를 개최한다.

요즈음으로 말하여 각료회의(會議)지만, 이순신(李舜臣) 탄핵으로 변질되었다. 선조 임금이 이순신을 처벌해야 한다고 하자, 사헌부(司憲府)는 일본 장수인 가또를 체포하지 않은 이순신을 나라의 은혜(國運)를 저버린 배반자로 탄핵한다. 선조 임금은 1597년 2월 5일 이순신의 하옥을 결정한다. 2월 6일 김홍미에 '하옥시키라' 명한다. 선전관 표신(標信)과 밀부(密符)를 주며 "원균과 교래 후 이순신을 잡아라. 또한, 이순신이 왜적과 대치하고 있으면 그 전투가 끝난 후 잡아 오도록 하라."라고 명하기에 이른다.

이때 선조 임금은 비망기(備忘記)를 하달한다.

期罔朝廷無君之罪(기망조정무군지죄)

조정을 속이고 임금을 업신여긴 죄((이것은 부산 왜영(倭營) 방화 사건이 허위로 판명되어 붙여진 죄목))

從賊不討負國之罪(종적불토부국지죄)

일본 장수 가또를 체포하지 않아 내리는 죄(倭賊船)을 치지 않음을 말함

奪人之功陷人於罪(탈인지공함인어죄)

남의 공을 빼앗고 남을 모함에 빠뜨린 죄((원균을 모함하였다. 아들 원사웅(元士雄) 포함))

방자하고 거리낌 없이 광해군(光海軍)이 전주에서 불렀는데도 왕세자의 명을 거역한 죄(부를 일도 없지만).

이순신은 2월 26일 한산도에서 체포되어 3월 4일 수감 된다. 새로운 통제사 원균에 다음과 같이 인계된다.

군량미 9,914석(외지에 보관 중인 군량미는 제외), 화약 4천 근(千斤), 총통 300자루, 기타…….

한산도, 통영, 고성, 함안, 성주(成州), 문경, 충주, 용인, 판교, 송파를 거쳐 의금부(義禁府) 도착 후 수감 된다.

이순신의 옥중 생활

경국대전(經國大典)에 의하면 사형에 해당하는 경우 30일 내에 판결을 해야 한다. 중죄인이나 사형에 해당하는 경우 목에 칼을 씌우고 수갑과 발에는 족쇄(足鎖)를 채운다. 1회 심문 시 30대 이상은 때리지 못한다. 자백(自白)을 얻기 위하여 고문(拷

問)은 합법적 인정. 이순신이라고 하여 합벅적인 고문을 비껴가지 않았을 것이다.

_정약용의 목민심서(牧民心書) 인용

중죄인(重罪人)에 한하여 특별한 사유가 없는 한 목에는 칼을 차고 수갑과 족쇄가 채워진다. 형리(刑吏, 형방 관리자)에게 뇌물(賂物)을 강요받으며 응하지 못하는 경우 정신적 고통이 감수된다. 옥내(獄內)가 불결하여 빈대, 벼룩, 이 등 각종 해충으로 인하여 피부병에 걸리기 쉬웠으며 여름철의 무더위, 한겨울의 강추위, 잡곡 주먹밥 한 덩어리로 견디어야 하는 고통의 굶주림에도 한계가 있었다.

그뿐인가, 심리(審理)가 지체되기 일쑤이고 자백(自白)을 강요(强要)받고 거부하면 고문(拷問)을 당한다(이때 무수한 고문이 자행되었다). 이덕형의 '한음문고'에도 "이순신이 하옥되어 고문받다가 거의 죽게 되었다."라고 썼다.

일본 간첩 요시라(要時羅)의 최후, 1598년 일본 간첩 요시라가 남원에 출현했다. 그때도 명나라 군부와 강화 교섭을 하고 있었다. 이때 조선 조정에서는 요시라의 간첩 활동으로 원균이 이끄는 조선 수군이 철천량 해전에서 참패했다.

조정은 요시라의 체포를 강력하게 요청하기에 이른다. 명나라 군부는 남원 운봉에서 간첩 요시라를 체포하여 서울로 끌고 갔다가 명나라에서 처형(處刑)시켰다고 한다.

구명 상소(求命上訴)

도제찰사 이원익, 병조판서 이덕형, 판중추부사 정탁(鄭琢) 등 수많은 이들이 이순신의 구명 상소를 올렸으며 정탁이 올린 신구차(伸救箚)는 누구도 말 못 하고 이순신을 편들면 화가 미칠까, 모두가 염려하였는데 정탁이 목숨을 걸고 발 벗고 나선 결과, 28일간의 옥고를 치르고 "도원수(都元帥) 권율(權慄) 밑에 백의종군(白衣從軍)하라."라는 선조의 명을 받고 4월 1일 옥문을 나섰다.

선조 임금과 이순신, 이순신과 선조, 군신간(君臣間) 두 사람은 한 번도 얼굴을 마주 본 일이 없으니 역사의 아이러니는 묘한가 보다.

전쟁이 아니라면 역사에 틀춰낼 일은 없있는데 임진왜란이 일어났기에 역사의 만남이 마련되다.

어머니(天只)의 귀향(歸鄕)

1. 고음내(古音川)

둘하 노피곰 도드샤(달님이시여 높이높이 돋으시어)

어긔야 머리곰 비취오시라(아 멀리멀리 비치시옵소서)

먼 객지에 장사 나간 지아비를 동산에 올라가 달을 쳐다보며 높이 떠서 비춰 달라는 간절한 지어미의 염원이 담긴 정읍사. 사랑하는 남편이 오랫동안 돌아오지 않음을 걱정하며 무탈하게 돌아오기를 고대하며 바라는 지고지순한 백제 여인의 노래이며 간절한 염원이 여인들의 한(恨)일진대 어찌하여 정읍에만 있을쏘냐.

생사(生死)가 뒤바뀌는 전장(戰場) 터, 아들, 남편의 일구월심(日久月深, 날이 가고 달이 가도), 사지(死地)에서 무사 귀환을 바라는 어버이의 질곡(桎梏)의 삶을 뉘라서 필설(筆舌)로 말하랴. 꺼질 듯 촛불이 바람을 친 양 마구 흔들리더니 심지가 마지막 빛을 발한다. 뒤늦게야 자기 목숨보다 더 아까운 아들인 이순신(李舜臣)이 억울하게 누명을 쓰고 감옥에 갇혔다는 전갈에 고음내(古音川) 어머니(天只)께서는 까무러칠 만큼 혼절하신다.

목멱산(木覓山, 現 서울의 남산) 아래 마르네(乾川)의 따뜻한 봄날 서당으로 향하는 아들(李舜臣)에게 옷을 매무시하며 여느 때와 다름없이 당부한다.
"아들아! 부귀(富貴) 앞에 혹하지 않으며 빈천(貧賤)으로도 쉬 변하지 않고, 권세에도 굴하지 않음이 대장부(大丈夫)라는 공자님 가르침은 잊지 않았겠지?" 맹모(盟母) 삼천지교(三遷之敎)까지는 아니어도 둘째 아들 요신(堯臣)에게는 문과(文科)를, 셋째아들 순신(舜臣)에게는 무과(武科)를 천거하고 정한 이도 어머니(天只)가 아니었을까.
자상하고 꼼꼼하지만 좀 소극적인 성격의 아버지 이정(李貞)에 비하여 어쩌면 달인의 경지에 이를 만큼 매사를 깊이 통찰(通察)하는 길잡이로서 천리나 먼 남도길 고음내(古音川) 행을 앞장서 실행한 이도 어머니가 아니랴.

2. 정리(情理)

정신력과 내구력(耐久力)이 강하다고 정평이 났지만, 인생칠십고래희(人生七十古來稀)를 넘어 서산마루인 팔십 노구를 끌고 샛바람을 타고 질풍노도 너울을 어찌 견디어 내랴고. 식솔들, 이웃들의 간곡함에도 손사래로 대신한다. 전장에 나간 아들(李舜臣), 품속을 파고들며 맨살을 비벼대고 재잘거리던 살갑고 참

275

하디, 참한 아련함이여.

간간이 울어대던 풀벌레 소리에 선잠을 깬 지 오래이지만, 아들, 며느리, 손자, 조카, 아랫것들의 무탈함을 빌고, 지호지간(指呼之間, 부르면 금방 올 수 있는) 남도의 이웃들과 함께 공유(空有)하며 보낸 세월, 피를 나눈 형제자매보다 더 진한 삶으로 엮었던 곰삭은 동혈(同血)의 세월…… 백 년, 십 년 같은 지루함이 없었겠느냐 마는 1년 같기도 하고, 그 참한 회상이 한 달 같고, 정말 엊그제 같은데, 일장춘몽(一場春夢)이 영원히 지워지지 않는 한 폭의 그림이다.

아롱진 심연의 생각이 잔물결처럼 일렁이며 여울져 밀려왔다가 노도처럼 포말을 이루며 사라지기를 반복한다. 무촌(無寸)이면서도 유촌(有寸)처럼 참으로 정겨운 이웃들이었다. 다정다감한 정을 받았으면 갚아야 당연하거늘 무량겁(無量劫)의 은혜만 입고 기약도 없이 떠나던 그때, 몸은 비록 떠나지만, 고향 같은 고음내(古音川).

지긋한 갯내음도 장미향으로 변하는 것을…

3. 식음을 끊어버리기 며칠

평소 정계생(丁戒生) 전 간성군수 댁의 손부들과 내간체(內簡體, 규방 서찰)가 왕래할 만큼 막역지간의 보살핌이라니, 뜻있는 지우(知友)들의 설득에 기운을 회복하기에 이른다. 일기지욕(一己之慾)이라니, 혼자만의 욕심일까.

자당 기거지

"내 아들(李舜臣)이 무엇을 잘못했기에 옥에 갇혔단 말이냐? 모두가 모함이다, 암! 모함이고 말고, 올라가서 임금님을 뵙고 이 억울함을 말해야겠다. 살면 내가 얼마나 살 것이냐, 아들을 못 보고 죽을 순 없다. 서둘러라. 이번에 올라가면 다시는 고음내(古音川)에 못 올 것이다. 아들의 억울함을 반드시 이 어미가 힘을 실어 주어야 한다."

무장인 변수림의 딸로서 자식 사랑의 모성애가 강하고 치마를 두른 당찬 여장부가 아니던가. 아랫것들(노비 포함)의 엉뚱한 행동 등이 마음에 들지 않으면 손어림, 헛기침 한 번으로 그 뜻을 알고 정리되듯 평정되었으니, 특히 무존장(無尊丈, 어른을 버릇없이 대하는 일)이라면 그 성정이 불같은 어머니가 아니던가.

고음내(古音內) 천리 남도땅 아들(李舜臣)이 어머니(天只) 변씨 부인을 원해서 오신 것이 아니라 어머니가 아들을 보호하고 한산도에서 철벽으로 왜적을 막아내듯이 인(人) 벽(壁)으로 지켜주고자 그 험한 남도 땅을 자청하여 고음내(古音川)로 오셨다.

남도땅 고음내(古音川)에 오시어 해안가 토착민들의 투박한 말씨, 질그릇 깨지는 둔탁한 소리를 내는 등 느릿한 충청도 사람들의 말씨를 접했을 때 어찌 실소가 없었겠는가. 남녀가 유별한데 존대, 하대 높낮이의 호칭, 장유유서, 관혼상제에 이르기까지, 또한 해안가(갱번가) 백성들이 열악한 환경에서도 해초를 뜯고 물질을 하고 고기를 잡고 조개를 캐고 선머슴 같은 순박하지만 우직하면서도 억척스럽게 척박한 환경을 극복하는 남도 사람들을 따사로운 마음으로 보았을 것이다.

상현(上弦), 하현, 대조기(大潮期), 소조기에 의한 달과 조금, 그믐, 썰물, 밀물에 의해 생활이 바뀌는 일상. 어찌 꽃비 내리는 봄날만 있었겠는가.

고음내(古音川) 어머니(天只)가 생활하던 요사체 앞산인 중마산(지금은 이순신 공원으로 명명) 양 짓 녘에 압해 정씨(丁氏) 문중에서 문중전(門中田) 세 마지기(약 600평)가량을 어머니(天只) 채마전(남새밭)으로 경작하시라고 기부하셨다고 한다. 그 위치가 모전마을 위 음지평(現 국민건강보험 여수지사) 부근이라는 설이 있으나 지금의 이순신 공원 주차장 부근이 아닐까 여겨진다. 나이 지긋한 분들은 '자당전'이라는 말은 들었다고 구전으로 전해준 것으로 보아….

4. 전야제

"고음내(古音川) 생활 접고 아산 고향으로 올라가겠다."
폭탄선언에 비상이 걸린 곳은 고음내(古音川) 압해 정씨 문중이다.

  언감생심, 심지(心志)가 쇠심줄이며, 내구력(耐久力)은 어떻고, 그렇다고 선하심(先何心), 후하심 하실 분도 아니고 오히려 화광(和光)으로 지덕(智德)을 감출 분 아니던가. 고음내(古音川)에서는 전 간성군수 정계생 선생 후손들이 청용재(靑龍齋, 후학 집강소)에 모여 어머니(天只)의 장도(壯圖)에 대한 논의가 며칠을 지속된다. 육로로 모실 것인가, 바다로 모실 것인가, 깊은 장고 끝에 뱃길인 바다로 결정을 하고 아울러 선장으로는 정 선장을 만장일치로 추천한다.

  "오늘 나 고향 아산으로 올라가겠다."

  어머니(天只)가 말씀하였다고 하여 당장은 갈 수 없는 일이며, 정유재란으로 일전의 난리와 같이 나라 안팎이 벌집을 쑤셔 놓은 듯 어수선한 때가 아니던가.

  전라좌수영, 통제영(한산) 간 한려수도 삼백 리 뱃길 탐후선(探候船)의 이동이나 탐적, 정찰 활동과 해상 작전들에 극히 필요한 경우를 제외하고는 철저하게 선박의 이동이 제한되거나 작전 지역으로는 통제되는 등 법으로 금지되어 있었다. 더구나 언제, 어느 때 왜적이 출몰할지 모르는 적정(賊情)이 극히 불안한 바다 위를 하늘 같은 어머니(天只)를 모시고 남해를 제집 드나들 듯한 백전노장(百戰老將)의 노비(奴婢)들, 그들로 하여금 노군(櫓軍)을 비롯한 탑승 인원으로 선정하고, 사주경계는 물론 척후, 정찰 활동까지 특별히 임무가 부여된다.

  무기(武器)까지는 아니어도 상대를 제압할 수 있도록 무장이 이루어진 후에야 드디어 출항을 결정하기에 이른다. 어머니(天

只) 역시 살아생전에 고향으로 올라갈 것을 학수고대하며 많은 부대비용을 정씨 문중(丁氏 門中)에서 충당했다고 하나 누구보다 타인의 신세 지기를 싫어하시는 성품으로 보아 방관만 하고 계셨겠는가.

십중팔구 상당량의 거마비(車馬費)를 충당하였으리라. 비상약품으로 이순신 장군의 주치의 격인 정종(鄭宗)이 상비약을 준비하여 주었으며 또 수행원을 위해 준비하였으리라.

5. 출항

대장선을 타고 어머니(天只)를 뵙기 위해 오셨던 고음내(古音川) 포구안, 언제 준비하였는지 험한 뱃길에 무사귀향(無事歸鄕)을 기원하는 조촐하고 간결한 다례 상이 정성스럽게 차려진다.

떠날 채비를 하여 어머니(天只)를 비롯한 승조원 모두가 선창에 모이자 간단한 의식이 거행된다. 뱃길을 예상하기도 한 걸까, 촛불이 바람에 계속 꺼진다. 예년 같은 출항엔 만선이나 귀향을 기원해 사물놀이로 포구 안이 떠나갈 듯한 웅성거림이 있었으나 오늘만은 주위나 이웃이 알세라 쉬쉬하며 쥐 죽은 듯이 조용히 치러진다. 승조원 모두가 선상에서 작별을 고하며 큰절을 올릴 즈음 이때 어디에서 날아왔는지 하늘에 수효를 헤아릴 수 없을 정도의 갈매기 떼가 날아와 은빛 날개를 펼치며 선회 비행을 하고, 산야에서는 풀 벌레들도 뒤질세라 어머니(天只)와의 이별을 아쉬워하며 울어댄다.

선두 선장(船頭 船長)으로 정씨 문중(丁氏 門中)에서 추천한 이로 전 간성군수의 손자로서 임진 난리가 나자 전라좌수영에 자원입대하여 옥포, 당포, 한산, 부산 대첩에 판옥선 선장으로 큰 공을 세운 역전의 용사 정화(丁和)이다.
　바닷속이라면 광양현감 어영담(魚泳潭)에 버금갈 만큼 남해를 처가 안방 드나들 듯한 노장으로 오랜 바다 생활과 해전(海戰)에서 부상으로 몸이 쇠약해지자 고향에서 치료 겸 몸을 추스르고 있다가 추천을 받은 선장이다.
　새벽부터 바람이 심상치 않더니 비까지 동반한다.
　"자, 자 아침 비는 천 리 행장을 차린다는 말이 있소. 이 비는 먼 길을 떠나는 우리에겐 단비이며 축하 비일 것이요. 어서 갑시다."
　정 선장의 큰 목소리가 출발을 재촉한다.

6.
　눈에 익은 얼굴들, 드는 정은 몰라도 나는 정은 안다는데, 품 갚음도 못 하고 혼자서 텀벙 뛰어들다니, 정녕 얼굴값은 하고 있는지 모두가 후회막급이다. 갯가의 비릿한 사연까지 꼬깃꼬깃 묻었기에 엉킨 자국마다 고단했던 삶이 옹이처럼 가슴에 남는 걸까.
　평생을 두고 퍼내는 쉬 마르지 않는 샘이 있으면서도 모든 이에게는 아낌없이 퍼 주면서도 본인에게는 혹독했을까. 만백성을 향한 미소와 천사의 영혼으로 고음내(古音川)를 조선(朝鮮)의 효천(孝泉)으로 탄생시키다니, 구만 리 장천까지 무사 귀환의 기도가 닿았으면 하는 바람이다.

오늘따라 먼동이 유난히 눈부시다. 망운지정(望雲之情)의 땅 고음내(古音川), 투혼을 불어넣어 주신 하늘 같은 태양이었는데…… 은빛 물결이 너울대는 가막만 장도(壯途)를 축하하듯 잔물결이 출발을 재촉한다.

진성(辰晟)을 지나 백야수로, 하화, 상화, 꽃섬을 지나 사도, 낭도, 고흥 남열항을 보며 여자만(넘자바다)의 너울이 예상을 넘을 만큼 높다.

"자, 자, 멋이냐 오늘은 삼월 그믐이다. 물때로 치면 스무사흘인 조금이 넘었으니 여섯물 때다. 물심이 대단헝께 갯가 쪽으로 뽀짝 가덜말고 벌려라. 또 이물(선수, 船首), 고물(선미, 船尾)는 말헐 것도 없고 좌우 수현(甲板) 근자(勤者, 근무자) 십 리 밖까지 쇠눈깔 맹키로 크게 뜨고 귀는 노루귀 맹키로 세우고 쥐새끼 한 마리 얼씬 못하도록 잘 살펴서 잘 모시자. 알것냐?"

"예…"

정 선장의 독촉에 나는 듯 움직임이 빨라진다. 나로도 고흥 덕흥 선착장에서 첫째 날 숙영에 들어간다.

선박이 숙영에 들어갈 때 대비해야 할 일
· 외부로부터 은폐된 장소, 시야가 탁 트인 장소
· 바닷물이 들고남에 대비, 간만조, 조수 숙지
· 식수, 땔감 등 필요한 물건 손쉽게 구할 수 있는 장소
· 경계병 배치, 건강 상태, 비상망 즉시 출동할 수 있어야 함

둘째 날, 오늘은 사월(四月) 초하루로 물때는 일곱물이다.

바다에서 배가 빠른 속력으로 목적지를 가기 위해서는 노(櫓)를 여러 개 설치하여 한 개의 노마다 두 사람, 많게는 세 사람이 노를 함께 저어 가는데 이를 노뽕친다고 하며, 고달픔을 덜기 위해 뱃노래를 선창, 후창으로 나누어서 한다.

"앞산은 가직이 가고 뒷산은 멀어진다. 어리어차 잘도 간다……"
덕흥 선착장에서 출발하여 익금 발포(鉢浦)에 도착한다.

1580년(선조 13년) 이순신(李舜臣) 36세에 발포만호로 부임한다. 이때 전라좌수사 성박(成鑮)이 거문고를 만들겠다며 발포만호 뜰에 자라던 오동나무를 베어 오라고 시켰다(欲斫客舍庭中木箏琴).

이때 이순신은 '이 오동나무는 나라의 물건입니다. 여러 해 길러온 것을 하루아침에 베어 버릴 수 없습니다(此官家物也栽之有年一朝伐之何也).'

발포만호 이순신과 오동나무

임금의 특명으로 파견된 군기경차관(軍器敬差官) 서익(徐益)이 '발포만호 이순신은 군기(軍器)를 보수하지 않았다며 파직해야 한다.'라고 보고하여 두 번째 파직된 곳이며 18개월 만의 일이다. 그 당시 율곡(栗谷) 이이(李珥)가 이조판서로 있을 때 유성룡을 통해 이순신과 덕수 이씨인 동본임을 알고 만남을 권했으나 '나와 율곡은 같은 성씨로 만나볼 만도 하나 그가 이조판서로 있는 동안 만나는 것은 옳지 못하다.'라며 거절하였다.

고흥 쌍충사

　지죽도, 구암 선착장, 풍남 오마도, 녹동 쌍충사 이곳은 어떤 곳인가.
　1592년 9월 1일 부산해전 시 왜적선 백여 척을 분멸시키는 과정에서 녹도만호 정운(鄭運) 전사, 전 녹도만호 이대원(李大

源), 이순신 장군이 정운(鄭芸) 장군의 순국에 대한 제문(祭文),
"나라 위해 던진 그 몸 죽어서도 살았도다(爲國忘身 有死猶生). 슬프다 이 세상 누가 내 속 알아주리. 극진한 정성으로 한 잔 술 바치노라. 어허 슬프도다. 여기 이때 이 겨레와 함께 영원히 살아계실 것이다."

셋째 날, 오늘은 사월 초이틀, 물때는 여덟물.
녹동(도양) 출발, 금당도(완도), 득량만(보성), 노력도, 회진성.

난중일기(亂中日記) 1597年 8月 19日
이순신 장군은 삼도통제사 교서(敎書, 임금이 내리는 글)에 숙배(肅拜) 國家에 대한 충성을 약속, 여러 장수로 하여금 교서(敎書)와 유시(諭書)에 배게 히였는데 경상우수사 배설(裵說)은 교서와 유서에도 예를 올리지 않았다. 그 태도가 매우 놀랍기에 이방(吏房)과 영리(營吏)를 붙들어다 곤장을 쳤다.(8月 19日) 정유(丁酉) 9月 2日 병을 핑계로 도망함.

칠천량에서 왜적에 대패한 장수들은 겁을 먹고 싸울 의욕마저 잃고 말았다. 이순신 장군은 모든 장수, 수병들을 모아놓고 회령포 결의대 結成.
"우리(水軍)들은 임금의 명령을 같이 받았으니 의리상 함께 죽는 것이 마땅하다. 그런데 사태가 여기까지 이르렀으니 한 번 죽음으로서 나라에 보답한 것이 무엇이 아까우랴. 오직 죽음이 있을 뿐이다."

회령포 선언을 하였을 회진성을 경유한다.

회진성에서 12척의 전선을 인수 받아 충성을 결의, 대첩을 이룬다.

회진성의 12隻의 명량대첩 전시물

강진 마량을 경유한다.

1597년 9월 16일 명량대첩 이후, 이순신 장군은 고하도(高下島)에서 통행첩으로 강력한 수군을 육성하였다.

1598년 2월 27일 완도 고금도(古今島)로 진을 옮긴 후 명나라 진린 도독과 노량전투로 기초한 곳.

묘당도 이충무공 유적

넷째 날, 오늘은 사월 초사흘, 물때는 아홉물.
해남 남창의 원래 이름은 달량포이며 달량왜변이 있던 곳이다.

달량진성 : 남창성지

이곳은 남창에서 벽파진, 우수영이다. 이곳은 어떤 곳인가?

필사즉생(必死則生)

필생즉사(必生則死)

죽고자 하면 살 것이고 사고자 하면 죽을 것이다.

일부당경(一夫當逕)

족구천부(足懼千夫)

한 사람이 길목을 지키면 천 명도 두렵지 않다.

진도 벽파진의 전척비

1597년 9월 16일 해남우사영, 진도 울둘목에서 조선 수군 12척과 일본 133척의 싸움에서 대승을 거두다
_글 노산 이은상, 글씨 소전 손재형

오늘은 다섯째 날, 사월 초나흘, 물때는 열물.
우수영 출발, 화원반도, 목포구, 고하도, 목포

이곳은 어떤 곳인가?
1597년 9월 16일 명량대첩 이후 10월 20일 목포 앞 고하도(高下島)로 진을 옮겨 108일간 주둔하면서 전선(戰船)을 건조하고 수군을 재건하다. 특히 남해안을 통행하는 모든 선박을 향해 해로통해첩(海路通行帖)이 없으면 간첩으로 처벌하며 대선(大船) 3石, 중선(中船) 2石, 소선(小船) 1石의 통행세를 쌀로 거두어 1만 석의 군량을 확보하여 조선수군을 재건하다.

여섯째 날, 오늘은 사월 초닷새
본영, 압해, 해미, 영광.

이곳은 어떤 곳인가?
명량대첩 당일 19km가량 떨어진 당사도(신안, 임태)로 옮겼다가 어의도(지도, 임자도 사이)에서 하루를 쉬고 9월 19일 낙월(영광 칠산 바다) 경유, 법성(영광), 위도(부안), 고군산도(군산시) 전선을 정비했던 곳이다.

영광 칠산대교

일곱째 날, 오늘은 사월 초엿새

영광, 구시포, 줄포만

지금까지와는 다르게 대해(大海)에 접어든다.

이곳이야말로 중국과 접한 망망대해이다. 아산 고향을 향한 선박은 한마디로 일엽편주다. 어떻게 큰 파도를 헤치며 나갈 것인가. 큰 파도를 기다릴 줄도 알며 안전하게 항해할 것을 다짐하고 기약한다.

영광, 백수해안

여덟째 날, 오늘은 사월 초이레

줄포, 격도, 방혜, 군산(군산으로 가는 길에 지금은 새만금 방조제가 완공되어 두 갈래 길이 있다)

이곳은 어떤 곳인가?

1597년 6월 16일 명량대첩 이후 이순신 장군은 이곳 고군산열도(선유도)에서 12일간 조선 수군을 정비하여 우수영으로 돌아간 곳이다.

아홉째 날, 오늘은 사월 초여드레(조금)

장항, 서천, 춘장대, 보령, 오천

1597년 10월 명나라 수조장수 계금이 수군 3천 명을 이끌고 오천(보령)에 오다.

_오천항엔 계금 공적비가 세워져 있다. 노승석 박사 발췌

열흘, 오늘은 사월 초아흐레 한물

대천, 서산

1579년 이순신 장군은 서산 해미읍성(忠淸兵營)에서 군관으로 10개월 근무하였던 곳이며 '해미읍성'에서 근무하는 동안 방에는 옷과 이부자리만 두어 청렴하게 생활하였다고 하며 자신의 상관이라 하더라도 그릇된 행동에 대해서는 분명하게 지적하였다고 전해진다.

이순신 장군이 근무하였던 忠淸水營

열하루 오늘은 사월 열흘 두물
서산 간월, 안면도
남당항(홍성) 궁리항을 지나 돌풍이 심하기로 유명한 천수만과 간월포구(지금은 방조제 공사로 매립됨)

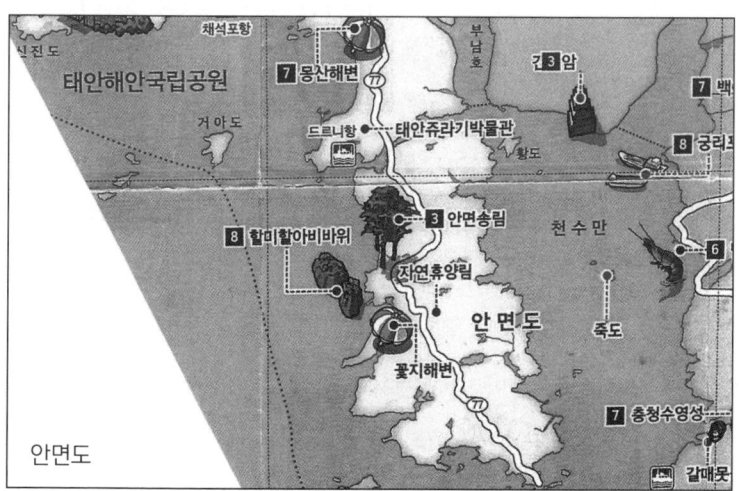

옛말에 '바닥(바다) 고운 것과 이웃집 과부 얼굴 고운 것은 사흘 넘기지 못하고 심술부린다.'라는 말이 있다. 엊그제까지만 해도 여름이 성큼 다가오듯 고운 낯빛이더니만, 사흘 굶은 시어머니 낯빛으로 불시 불식 간에 돌변하였다. 사나운 파도가 이리처럼 이빨을 드러낸 형국이다. 집채만 한 파도가 모든 것은 집어삼킬 듯이 요동을 친다.

기다려라, 기다려, 피하는 길은 기다리는 길이다.

7.

열이틀, 오늘은 사월 열하루 세물

안면도, 몽산해변, 만홍성

간월포구(간월암)를 출발하여 황도를 지나 조심스럽게 안면수로를 넘어 태안반도의 입구인 마검포에 어렵게 정박하였다.

얼마 남지 않았다고 우습게 생각했을까? 산 넘어 산이고, 갈수록 태산이란 말이 절로 나온다. 이건 배가 아니라 일엽편주다. 망망대해에 나뭇잎 하나 띄워 놓은 꼴이다.

"용왕님! 하나님! 부처님! 조상님 굽어 살펴주십시오. 실낱같은 모진 목숨 맡긴 지 오래이지만······."

범 아가리보다 더 무서운 물살을 헤집고 무리하게 항해한다는 것은 한 치 앞도 못 보는 무지한 인간들이라니. 자연 앞에 순응할 줄 모르는 인간들의 행동이 아닐까. 혼을 뺄 만큼의 높던 파도가 안면도를 넘자마자 안방처럼 잔잔해진다.

"하, 자! 다 왔다. 안면도의 태안만 넘으면 고향 아산이다. 아산! 하늘은 필시 나를 사지(死地)로 넣지는 않을 터, 아들(李舜臣)의 얼굴만큼은 기어이 보고 죽으련다."

고음내(古音川)를 떠나온 이후 지금껏 말 한마디는 물론이고 물 한 모금 넘기지 못하고 기진맥진하여 계집종 응급처방을 몇 번이나 받은 어머니(天只)가 평상시와 다른 모습으로 풀죽은 식솔들에게 무한한 용기와 꿈을 안겨주었다.

이때 어머니(天只)께서는 누구를 찾는 듯 고개를 두리번거리더니 뱃머리에서 서성이는 정 선장(丁 船長)을 발견하고는 오라는 손짓을 보낸다. 정 선장이 차림을 매무시하며 허둥지둥 뛰어나가자 고음내(古音川) 사전에 준비하신 듯 사주단자처럼 정성스럽게 싼 보따리를 계집종 덕금이 손을 거쳐 건네준다.

보자기 안에는 구김 하나 없는 말끔한 마고자(저고리 위에 입는 옷) 한 벌이 들어있었나((임금이 신하에게 옷을 하사(下賜)하는 예는 신하가 아닌 혈육지신(血肉之身)으로 매우 가깝다는 정표(情表)라 함)).

주머니 속에는 옷고름(옷자락을 여미는 끈) 같은 천(피륙) 조각 위에 글씨가 쓰여 있질 않은가.

'어머니(天只)께서 타고 가는 선박 안에 지필묵은 준비되어 있질 않은데 어떤 방법으로 준비했을까. 아니 이건 색깔이 먹물이 아닐뿐더러 뭉뚝하게 눌러쓴 것으로 보아 붓글씨가 아니잖은가. 그럼 어머니(天只)가 손가락을 으깨 혈서(血書)를 쓰셨단 말인가. 6년여 고음내(古音川)의 정을 못 잊고 혼신(渾身)을 다한 지고지순(地高至純) 함에 대한 보상인가?

영세불망(永世不忘) 영원히 잊지 않을 고음내(古音川)이어!

무량(無量)의 은혜만 입었다고 하시다니…… 원….'
 영세불망… 아! 고음내여. -永世不忘-

8.

태안군 근흥면 정죽리 안흥량(安興梁) 3대 적선을 해야 바닷길을 열어주는 안흥량. 경창(京倉) 소속의 세곡선(稅穀船) 수십 척을 송두리째 삼켰을 만큼 바닥(바다)이 거칠기로 두 번 가라면 서운해할 만큼 뱃사람들이 접근하기를 극히 꺼리는 안흥량. 적선(積善), 적여구산(積如邱山)이다. 산처럼 쌓이고도 남았을 터인데…….

조선에서 항해하기 가장 어려운 바닷길목이라면,
강화도의 손돌목(강화도와 김포, 월곶 사이)
안흥량의 관장목(태안반도의 꽃섬 사이)
진도의 울돌목(진도, 해남의 사이)

안흥량(安興梁), 안흥성(安興城)
태안반도는 3면이 바라로 둘러싸여 육지보다는 바다 교통이 발달한 곳이며, 고려, 조선 시대에 3남(충청, 전라, 경상)의 세곡선(稅穀船)이 개경이나 서울로 운행하는 항로였다. 중국 산둥성에서 315km로 가장 가까운 거리이며 조선 시대에 명나라 사신들을 맞이하고 환송하는 곳이기도 하였으며, 안흥량은 왜구의 출몰이 잦았다고도 한다. 안흥량은 태안군 신진도(新津島), 마도(馬島), 가의도(賈誼島)와 인접하고 있으며, 신동국여지승람에 의하면 원래는 난행량((難行梁), 바닷길이 험하여 여러 배가 뒤집히다))이었으나 안흥량으로 고쳐 부르게 되었다.

조선왕조실록에 의하면, 태조 4년(1395)~세조 1년(1455) 60년 동안 세곡선 200여 척, 인명 피해 1,200명이 희생되었으며, 세곡 15,800섬이 바닷속에 가라앉았다. 안흥량(安興梁)은 세곡선의 무덤이었다.

_안흥성 자료 제공자, 태안 문화관광 해설사 권문선(2279-4032)

9. 어머니(天只) 변씨 부인

곡기(穀氣) 끊기를 일주일, 설상가상(雪上加霜)으로 고뿔까지 겹쳤는데 지금에 이르기끼지 기볍지 않은 삶의 무게를 내려놓으시는 것일까. 신음(呻吟)인 양 흐린 소리를 내시더니 의식 없는 혼수상태가 계속되었다.

"그립고 보고픈 내 아들(李舜臣)아! 너의 얼굴 보기 전엔 죽지 않는다고 약속하지 않았더냐."

아들 이순신(李舜臣)이 해상에서 왜적과 싸워야 하는데 감옥에 있으니 어머니(天只) 마음이 편안하겠냐마는 안방에 있어야 할 80 노령은 거룻배 광풍 속에 생사(生死)를 넘나들고, 아들 이순신(李舜臣)이 금부도사에 이끌려 남쪽 해안으로 끌려가고, 어머니(天只)는 바다 품에서 까무러치고, 아들은 길바닥에서 절규하고……

"그립고 그리운 임 꿈속에서나 만나는데
내가 임 찾아 나설 때
임도 정녕 딴길로 날 찾아 나서는지
다음 꿈길로 나설 때에는
같은 때에 같은 길로 떠나서
가던 길에 서로 만나 보고지고"

_황진이

비가 오지 않는 꼭두새벽에 하늘을 쪼갤듯한 천둥이 삼라만상(參羅萬像)에 울려 퍼질 때, 어머니는 누구를 찾는 듯 두 눈을 두리번거리더니 눈을 감으신다. 찰라(刹羅)의 정토(淨土)를 찾아 가시는 길일까. 만면에 웃음을 띠시고 83세의 장강(長江)의 파노라마, 만백성의 어머니로서 모든 책무를 완수하고 영면하시다.

어머니! 우리들의 어머니(天只)시어!

안흥량(安興梁)에서 종, 태문(太文), 순화(順和)가 돌아가셨다고 소식을 전한다. 돌이켜 보면 참으로 행복한 때도 있었다. 1596년(丙申年) 10월 3일~10일(8일간)까지 이순신(李舜臣) 장군은 본영(本營)인 여수(麗水)에서 어머니(天只)를 위한 수연 잔치를 베풀었다.

"어머니를 모시고 본영으로 돌아와 종일토록 즐거이 모시니 다복다복(多福多福이)다."

어머니(天只)와 살아생전에 누렸던 가장 행복한 시기였으며 이승의 상봉은 마지막 해우가 아니었을까.

왜장(倭將) 가또를 해상에서 생포하라는 선조 임금의 명령을 따르지 않았으며, 1597년 2월 삼도통제사(三島統制使)에서 파직(후임은 원균)시키고 서울로 압송하여 한 달의 심문을 받다가 우의정 정탁(鄭琢)의 구명(求命) 상소로 4월 1일 도원수(都元帥) 권율(權慄) 밑에서 백의종군(白衣從軍)하라는 처분을 받고 옥문을 나선다.

4월 5일, 과천, 수원을 거쳐 아산에 도착하여 조상 묘에 참배하고……

여수에서 서해 뱃길을 이용하여 아산으로 오신다는 어머니를 기다린다. 그러나 어쩌랴, 꿈속의 아들(이순신)을 만나보지 못하고 80세가 넘으신 어머니(天只)는 뱃전에서 돌아가신다. 아들을 만나기 위해 아산으로 오시지만 않았어도 오래 사실 수 있었는데 자신 때문에 어머니가 일찍 돌아가시게 한 꼴이다. 그러나 백의종군의 몸이다. 장례조차 치를 수 없는 불효막심한 상황에서,

"내가 마음을 다해 충성, 효도하러 하였으나 오늘에 이르게 되었으니 모두가 허사가 되었다."라고 탄식한다.

안흥성에서 바라본 안흥량(安興梁)

이순신 장군의 어머니(天只) 변씨 부인이 여수에서 아산으로 올라가시다가 1597년 4월 11일 태안군 근흥면 정죽리 앞바다인 안흥량에서 돌아가시다.

안흥성(安興城) 태안군 문화해설사 권문선

10. 어머니(天只) 영면(永眠)하소서

　아버지 이정(李貞)이 돌아가시고 15년, 1597년(丁酉) 4월 11일 83세로 돌아가시다.

　_난중일기(亂中日記)

　4월13일 종, 순화가 어머니 부고를 전한다. 14일 관은 본영(本營)에서 준비, 조금도 흠이 없다(고음내 앞해 정씨(丁氏)들이 변씨 부인의 장수를 기원 오동나무로 준비하였으며 가실 때 동행하셨다고 함).

옛날부터 여수 근해의 바다는 전복 산지로 유명했다고 한다. 2011년 발굴되었던 충남 태안군 해안에서 난파된 마도 3호 덕분이다. 삼별초 항쟁이 한창이던 1264~68년, 여수에서 전복을 싣고 강화도로 가던 조운선이 태안군 마도에서 좌초되었다. 배 안에는 여수에서 싣고 간 전복 젓갈이 나왔기 때문이다(한문으로 기록됨).

어머니(天只)는 하늘이여!

아들인 나(李舜臣)를 만나기 위해 그 험한 바닷길을 돌아 고향 땅 아산으로 올라 오지만 않았어도 천만년 오래도록 살아계셨을 것을…… 하늘 같은 어머니(天只)가 유명을 달리하신 작금의 현실을 어떤 붓으로 설명할 것인가. 장례도 치르지 못하고 금부도사에 끌려가는 죄인의 몸, 백의종군(白衣從軍)의 길임을 어이하랴.

"살아서 만날 줄 알았던 기대도 앗아가고 싸늘한 시신으로 맞이하는 천추의 죄인이니 진실로 하늘에 사무치는 원통함이 응어리진 이 가슴을 무엇으로 답할지요. 어머니(天只)!"

고음내(古音川)에 계셨더라면 돌아가시지는 않았을 터인데…….

"바위섬에 파도 자국이 없을 수 없듯이 삶을 살아가는 우리 중에 빗금 하나 없는 사람이 어디 있을까요.

우두커니 서 있는 저 바위처럼 아린 상처가 덧나지 않게 소금물로 씻으며 살 수밖에요."

_정채봉 님 에세이 중에서

이 세상에 시린 가슴의 상처를 꿰매고 매만지며 도지고 도진 서글픔을 씻고 씻었을 애타는 마음이 오죽했으랴.

"닭이 울자 자리에서 일어나 앉아서 눈물만 흘렸다."

깊디깊은 시름으로 하얗게 밤을 지새우고 맞이할 때 어찌 새벽 조각달이 칼과 창만 비추었는가. 공(公)의 질곡의 마음을 뉘라서 알랴. 할퀴고 난 상처도 소금물로 씻어내면 완치된다고요? 아서라.

여수 - 안흥량(태안) 日程

구분 번호	날짜	물 때	경유지
1	삼월 그믐	여섯물	고음내-백야수로-낭도-남열-덕흥
2	사월 초하루	일곱물	덕흥 발포-풍남-녹동 쌍충사
3	사월 초이틀	여덟물	녹동-금당로·득량만-회진성
4	사월 초사흘	아홉물	회진성-남창-벽파진 우수영
5	사월 초나흘	열물	우수영·화원반도-목포구-고하 목포
6	사월 초닷새	열한물	목포-압해-함평만-영광
7	사월 초엿새	열두물	법성 훗놈-3시포·줄포만
8	사월 초이레	열서물	줄포만-격포 새만금방호재-군산
9	사월 초여드레	조금	장항·춘장대-보령·대천
10	사월 초아흐렛	한물	대천-안면수군-광천-서산
11	사월 초열흘	두물	서산-간월암-안면도
12	사월 열하루	세물	안면도-태안-안흥량

상중(喪中)
삼도통제사 임명 교서(三道統制使 任命 敎書)

1. 왕(王)은 이와 같이 이르노라

"어허! 국가가 의지(意志)하여 보장(保障)을 삼는 것은 오직 수군뿐인데 하늘이 아직도 화(禍) 내린 것을 후회지 않아 흉한 칼날이 다시 번뜩여 마침내 삼도의 큰 군사들이 한 번 싸움에 모두 없어지니 그 뒤로 바다 가까운 여러 고을은 그 누가 막아주랴.

한산(閑山)을 이미 잃어버렸으매 적은 무엇을 꺼리리오. 눈썹을 태우는 듯한 위급이 고대 닥쳐온 이제 눈앞에 당장 세워야 할 방책은 다만 흩어져 도망간 군사들을 불러들이고 또 배들을 거두어 모아 급히 요해지(要害地)에 웅거하여 엄연히 큰 진영을 짓는 것밖에 없나니, 그런다면 도망갔던 무리가 돌아올 곳 있음을 알 것이요, 또 한창 덤비는 적들도 막아낼 수가 있을 것인데 이 일에 책임질 사람이야말로 위엄과 은혜와 지혜와 능력이 있어 평소에 안팎으로부터 존경받던 이가 아니면 어찌 감히 이 책임을 이겨낼 수 있을 것이랴.

생각건대, 그대는 일찍 수사 책임을 맡기던, 그날 벌써 이름이 드러났고 또 임진년(壬辰年) 승첩이 있었던 뒤부터 업적을 크게 떨치어 변방 군사들이 만리장성처럼 든든히 믿었는데 지난번에 그대의 직함을 갖고 그대로 하여금 백의종군하도록 하였던 것은 역시 사람의 묘책이 어기지 못함에서 생긴 일이었거니와 그리하여 오늘 이 같은 패전(敗戰)의 욕됨을 만나게 된 것이리라. 무슨 말이 있으리오. 무슨 말이 있으리오(용서를 빌다).

이제 특히 그대를 상복(喪服)을 입은 채로 기용하는 것이며 또한 그대를 평복 입은 속에서 뛰어 올려서 도로 옛날같이 전라 좌수사 겸 충청 전라 경상 등등 삼도수군통제사(全羅左手使 兼 忠淸 全羅 慶尙 等 三道水軍統制使)로 임명(任命)하노니 그대는 부임하는 날 먼저 부하들을 불러 이루만지고 흩어져 도망간 자들을 찾아다가 단결시켜 수군(水軍)의 진영을 만들고 나아가 요해지를 지켜 군대(軍隊)의 위풍을 새로 한 번 떨치게 하면 이미 흩어졌던 민심도 다시 안정 시킬 수 있으려니와 짐 또한, 우리 편의 방비 있음을 듣고 감히 방자하게 두 번 쳐 일어나지 못할 것이니 그대는 힘쓸지어다.

수사 이하는 모두 다 지휘하되 일에 따라 규율을 범하고 죄가 있다면 군법대로 처단 하려니와 그대는 나라 위해 몸을 잊고 시기 따라 나가고, 물러옴 같은 것은 이미 다 능력을 겪어 보아 아는 바이니 내 구태여 무슨 말을 많이 하리오. 어허! 저 오나라 때의 장수 육항(陸抗)이 국경의 강 언덕을 두 번째 맡아 군략상 할 바 일을 다 했으며, 또 저 왕손(王孫)이 죄수의 명목에서 일어나

능히 적을 소탕하는 공로를 세운 것 같이 그대는 충의(忠義)의 마음을 더욱 굳건히 하여 나라를 건져 주기를 구하는 소원을 풀어주기 바라면서 조칙(詔勅, 임금의 명(命)을 내리노니 그렇게 알지어다."

_상복을 입고 통제사의 직분을 수행하는 것을 기복출사라고 함

2.

선조 임금의 임명 교서는 한마디로 임금이 신하에게 즉 선조 임금이 이순신(李舜臣)에 용서를 비는 사과문이나 다름없다. 상하언재(尙何言哉), 상하언재(尙何言哉),

"내가 그대에게 무슨 할 말이 있으리오, 무슨 할 말이 있으리오."

삼도수군(三島水軍) 통제영 설치에 대한 내용(李忠武公 전서 하권 李殷相 역 173P)

통제영(統制營)의 역사는 언제부터인가?

여러 가지 상위된 기록이 있으나 나(이은상)는 여기서 조경남(趙慶男) 난중잡록(亂中雜錄)을 따르기로 한다.

충무공 이순신(李舜臣)이 제1대 통제사가 되었을 때는 1593년 8월 15일 여수 경유 한산도(閑山島)였다. 원균(元均)이 제2대 통제사가 되었을 때는 1597년 2월 26일 그도 한산도였다.

그 뒤 한산도가 망해 버리고 다시 이순신이 제3대 통제사가

되었을 때는 1597년(丁酉) 8월 3일 손경래(孫景來) 집이다. 이순신(李舜臣)이 진(陳)치고 다니는 곳이 통제영(統制營)이고 특별하게 고정된 곳은 없다.

잠깐이나마 고정된 곳이 있다면 목포 고하도(高下島), 완도 고금도(古今島)가 있으나 노량해전(露梁海戰)에서 전사하여 통제영이 즉 본영이 없어진 셈이라고 보아도 과언이 아니다.

이순신(李舜臣)이 노량해전에서 순국(殉國)한 지 6일만인 1598년(무술) 11월 25일 충청 병사 이시언(李時言)이 제4대 통제사로 전라좌수사를 겸했으므로 여수(麗水)를 삼도통제사(三道統制使)로 삼을 수밖에 없었다.

그러다가 3년 후인 1601년 거제(巨濟) 우수영으로 본영을 옮기다(거제시 동부면 가베리).

조경남의 난중잡록에 동세영을 서세로 옮기나. 통제사 이시언이 전라좌수영(여수)으로부터 거제로 바꾸어 오다. 배홍립은 전라좌수사로 바꾸어 가다(移統制營丁臣統制使李時言自全羅左水使換入巨宥巨宥水使裵興立換全羅左水使).

_난중잡록(亂中雜錄) 권 4, 갑진년

노비(奴婢)
_종

통제사 이순신(李舜臣) 장군은 노비들의 활동 사항을 쇠못을 박듯 난중일기(亂中日記) 기록으로 남겼다.

임진왜란(壬辰倭亂) 시 노비(奴婢), 종들은 이순신(李舜臣) 장군 주위에서 어떠한 임무를 수행하였는가.

1.
노비(奴婢), 종들의 값어치가 소, 말 한 마리 가격보다 못했다고 한다.

노비 신분은 대대로 세습되었으며 아무리 발버둥을 쳐도 상전(上典)과의 주종(主從) 관계에서 신분은 벗어날 수 없다. 집이나, 땅 물건처럼 사대부나 양반들이 기분에 따라 사고팔고, 즉, 매매할 수도 있고, 아들이나 딸이 시집 장가를 갈 때 물건이라도 되는 양 나누어 주었다고 한다.

　그뿐인가, 아비가 양반이어도 노비가 낳은 자식은 어떠한 경우에도 무조건 노비가 되었다. 가축같이 생산 수단에 사용하는 노비였다.

　신분, 질서가 낮고 보잘것없는 천출, 천동(賤童)이 들이 임진왜란(壬辰倭亂)이라는 백척간두(百尺竿頭)의 국난(國難)의 위기를 맨몸으로 막아냈다. 전란을 승리(勝利)로 이끌었던 천출들은 소(小) 영웅(英雄)으로 대접하고 싶다.

　자연물이 인력(人力)을 가하는 즉 생산 수단을 증가시키며 철따라 농사를 짓다가도, 바닷가에서 해초를 뜯고 먼바다에서 고기를 잡다가도 나라가 위난(危難)을 당할 때면 기다리기라도 한 것처럼 일제히 일어나 성을 쌓고, 전선을 건조, 수리하고 쇳물을 녹여서 대포, 총, 칼, 빙패를 만들었으며 각궁(角弓, 활) 화살(화살)을 만드는 궁장(弓匠)으로 온 힘을 다했다.

2.

　아낙네들이라고 손 놓고 있었던가. 목화(木花)를 재배하면 밤낮을 가리지 않고 포목(布木, 피륙), 무명을 만들어 염색(染色, 물들임) 과정을 통해 수군(水軍)들의 의복을 만들어 보급하는 것도 이들의 전유물이었다.

　배에 오르면 노(櫓)를 젓는 격군(格軍)으로 전투가 벌어지면 활을 쏘는 사부(射夫), 무상(無上) 배를 다루는 뱃사공, 하솔(下率), 파석 꾼으로 손이 미치는 곳 어디에나 온몸을 던져 승리(勝

利)로 이끌었던 작은 영웅들…….

지체가 하늘같이 높은 사대부, 양반 나리들은 조총 소리 한두 방에 목숨을 부지하겠다고 줄행랑을 칠 줄이야. 비단옷, 가죽신, 갓, 대신 벙거지, 대나무 패랭이만 쓰는 천출, 천둥이들, 깔보고, 얕잡고, 하찮은 하층민들을 한 생명으로 인간의 존재적 가치를 인정하는 사람 사는 세상. 차별 없이 동등(同等)하게 대하면 진심에 복종한다.

그들의 사소한 일거수, 일동까지도 직시했기에 하나밖에 없는 목숨을 내놓지 않았던가. 때로는 피를 나누는 장수보다도 아들, 조카들의 움직임보다도, 지근(至近)거리에서 눈여겨 마주한 내용을 숨김없이 노비들의 이야기를 난중일기(亂中日記)에 기록 유산으로 남겨두셨다.

그들이 돌아갔다. 바람이 그칠 줄 모르니 걱정이다.
경이가 심하게 앓는다니 무척 걱정이다.
혹시나 하는 마음으로 하얗게 밤을 지새우고 안타까움, 인간적 대우에 감동하지 않을 자 누구이리오.

3. 천둥이들

사대부, 위정자들의 충견(忠犬)이라면 지나친 표현일까? 이 시대의 보물인 하층민, 천둥이들, 그들을 기저질환이 있는 자, 돌림병, 역병 환자(?)로 보았을까?

관심을 둘만 한 전문 식자들 마저 수수방관하고, 접근하지 않으려는 작금의 현실에 분노와 아쉬움만 남는다. 비가 오지 않음에도 삭신(뼈마디)이 쑤시고, 가슴앓이가 재발하는 걸까. 한쪽이 저리어 몸은 어쩌면 동질이상(同質異像)일까, 턱없이 업신여김에 잡초처럼 짓밟힘을 당해도 기어코 소생하고 마는 질긴 생명들.

약자의 편에서 정의, 진실을 공평하게 기록으로 남겼으니 그들은 앞다투어 하나밖에 없는 목숨을 내놓지 않았던가. 2차 출동에 47명, 3차에 119명, 4차에 30명, 끝산이, 엇금이, 끝순이, 보잘것없이 천한 이름은 이순신 장군의 붓을 통해 전해지지 않는가.

사대부, 양반, 위정자들로부터 따귀를 맞을 각오를 오늘만큼은 가장 자랑스러운 영웅으로 대접하고 싶다. 금이, 덕이, 경이, 순화, 옥지, 정세, 태문…….

그들이 지켜낸 조국 조선 어찌 자랑스럽지 않으랴.

그들이 있었기에 조선이 살아 있다.

전라좌수영의 의승수군(義僧水軍)

1.

 선조 임금이 의주(義州) 행재소(行在所)에서 넋을 잃고 있을 때 황급히 찾아온 이가 있었다. 그는 묘향산에서 단숨에 찾아온 서산대사(西山大師)였다.

 "이처럼 어려운 시기에 짐을 찾아 주시니 참으로 고맙구려. 국난(國難)에 구제(救濟)할 방법이 없겠소. 대사!"

 "신(臣)이 모두를 통솔하고 싸움터에 나가, 충적(忠赤, 忠心)을 다 하도록 하겠습니다. 전하(殿下)."

 서산대사는 순안 법흥사(法興寺)에 주둔하며 조선 8도에 격문을 보내 의승군(義僧軍)을 모집한다.

 서산대사가 의승군에 보내는 격문(檄文)

 승도(僧徒)여! 일어나라

중생(重生)을 떠나 부처가 따로 없고
세속(世俗)을 떠나 승려가 따로 없다.
지금, 이 강토(疆土)는 오랑캐의 침략으로 피바다를 이루며
우리 형제들은 곳곳에서 죽어만 가는데
왕(王)은 도성(都城)을 버리고 피난 가고
대대(代代)로 이어온 이 나라는 뿌리째 흔들리고 있다.
승도(僧徒)여! 일어나라
앉아서 개죽음을 당하느니 보다
차라리 죽어서 겨레와 나라를 구(救)자.

난중일기(亂中日記) 1593年(癸巳) 2月 20日

  승장(僧將), 삼혜(三慧), 의능(義能), 의병 성응시(成心祉) 외 승, 병들이 왜적을 무찌르다(族行到應川兩僧狀及成義兵愈丁).

  의승군이 창검을 휘두르며 화포로써 종일 전력을 다하여 무수히 왜적(倭敵)을 사살하였다(終日突戰敵射中).

  순천의 군량을 승 의능의 배에 싣게 했다(順天軍糧白五十石 載義能船).

2. 충무공 전서(忠武公 全書)

  수군(水軍)으로 자진해 들어온 교생 성응지, 승장 수인, 의능 등이 이러한 난리 때 제 몸 평안히 할 것을 생각지 않고 정의(正義), 기개(氣槪), 발휘(發揮)하여 나라의 수치심(羞恥心)을 씻

으려 하니 참으로 가상한 일이다.

　해상(海上)에 진(陳)을 친 지 두 해 동안 군량을 준비하여 이곳저곳으로 나누어 주고 관군보다 곱절이나 더한 수고로움을 가리지 않는 승군(僧軍)들을 특별하게 표창하는 것이 마땅하리라.

_전라좌도수군절도사 이순신 배

1592년(壬辰年)

　일본(日本) 침략으로 전쟁이 일어나자, 전라좌수사 이순신(李舜臣)은 관내 5관 5포에 사찰의 승려들에게 전쟁에 참여하도록 지시, 순천의 삼혜(三慧)를 시호 별장으로 임명(任命), 고흥의 의능(議能)을 유격대장으로, 광양의 성휘(成揮)를 우 돌격장으로, 순천(順天)의 신해(信解)를 좌 돌격장으로, 곡성의 지원(智元)을 양병용격 대장으로 임명하였다.

　의병을 일으킨 방처인(方處仁), 강희열(姜熙悅), 성응지(成応祉) 등에 전선(戰船)을 나누어 주고 왜적들의 동태를 살펴보도록 지시했다. 또한, 이들로 하여금 두치, 석주, 운봉, 팔랑치 등에 요충지의 수비도 전담케 하는 등 승장이 많은 적을 사살하였다. 따라서 스님들로 편성된 수군(水軍)이 탄생하여 이순신 장군 휘하에서 전공을 세우는 등 돈독한 관계가 사후까지 지속된다.

　권율(權慄) 장군의 임란(壬亂) 3대첩(三大捷) 하나인 행주대첩(幸州大捷)에서도 1천여 명의 승려들로 구성된 의승군(義僧軍)의 역할이 지대함을 알 수 있다. 그중에서도 승장 처영(處英)이 지휘하고 승군들의 활약이 승기를 잡을 수 있었으며 그의 고

충을 인정하여 절충(折衝) 장군, 당상관 직첩을 받는다.

승장 유정(사명대사, 四溟大師)은 승려로서 의(義)가 복받쳐 적을 토벌할 때 적장 가등청정(加藤淸正)을 만나 쟁변(爭辯, 다투고 논박하다) 협상을 벌이다. 선조 37년(1604) 일본에 들어가 탐적사(探敵使)로 활동하며 덕천가강(德川家康, 도쿠가와 이에야스)을 만나 조선인 포로 3천명을 쇄환(刷還, 동포들을 데려옴)하였다.

3. 1794年(정조 18年)

휴정 서산대사, 유정(사명대사) 처영(쇠묵) 대사들의 진영(眞影), 화상(畫像)을 해남 대흥사(大興寺), 묘향산의 수충사(酬忠祠)에 봉안, 편액은 당대의 명필인 정조(正祖) 임금(정조 12年) 글씨이며 해남 대흥사에 보관되어 있다.

표충사 편액

보조국사(普照國師) 지눌(知訥)은 원효(元曉) 대사와 더불어 한국 불교를 대표하는 국사(國師)로서 선종, 교종의 갈등 속에 선종(禪宗)으로 정혜결사(定慧結社), 주도. 지눌은 한국 불교

조계종의 사상적 기초를 수립한 중흥조로 불리며 불교 개혁에 앞장선 공을 인정 불일 보조국사로 추앙.

송광사를 창건하였으며 또한 여수 흥국사를 창건하시다.

보조국사 지눌 초상

그는 참선만을 일삼거나 불경만을 가르치면서 각기 그것만이 옳다고 주장하는 ...고려 했다.

흥국사

4. 호국호민(護國湖民)의 진주사(陳奏使)인 여수의 흥국사(興國寺)

나라와 사찰이 공동 운명체라도 흥국사상(興國思想)은 절이 흥하면 나라가 흥하고, 나라가 흥하면 절이 흥한다는 사상이다. 흥국사는 고려 명종(1195年) 때 창건, 정유재란으로 소실된 후 인조(1624年) 계특(戒特) 대사가 중건하였다. 또한, 이곳은 보물 396호로 지정된 대웅전을 비롯하여 괘불, 원통전, 홍교, 후불탱화, 삼장보살도 등(유물 박물관)이 있으며, 임진왜란 시 의승수군 4백여 명이 왜적과 처절하게 맞서던 호국불교의 성지(聖地)이다.

특히 승군(僧軍)들이 승가당마(僧伽唐摩)에서 벗어나 승군(僧軍) 사상 처음으로 전라좌수군의 수군(水軍)과 합류, 맹활약하였으며 전라좌수군의 역할은 조선 수군 전체의 역할이며 왜적(倭敵)을 무찌르는데, 일익을 담당하였다. 흥국사(興國寺)를 중심으로 한 전라좌수영외 의승군은 7년간 충무공 이순신 장군과 국난(國難) 극복에 혼신을 다하였다. 흥국사(興國寺)는 조선불교의 승통(僧統)을 이어오고 있다.

전라좌수영(本營)과 가까운 흥국사를 주진사(駐陳寺)로 삼고 5백여 명의 의승수군이 주둔하였으며 다른 사찰에는 존재하지 않는 공북루(拱北樓)가 있다.

국운과 국왕의 안태(安泰)를 비는 곳
_이순신 장군의 친필

사직을 향하여 매월 초하루에 제관(帝冠 또는 宰官)이 거행하는 망궐례(望闕禮)까지는 아니어도 의승수군(義僧水軍) 모두가 신성시(神聖視)하는 누각이다. 아침 일찍 점교(漸敎, 불교 교리의 가르침)를 시작으로 낮이면 전술 훈련 등 작전에 필요한 부분을 연마하고 밤이면 종이, 화살, 군사에 필요한 보급품을 만드는 등, 전라좌수영(本營)의 후방지원 부대로써 소임을 다 하였다.

또한, 대웅전(大雄殿) 옆에 심검당(審檢堂) 건물이 있었다. 이곳은 승려들의 수행에 번뇌(煩惱)를 자르고 십계(十戒, 열 가지 경계의 말)의 마음의 칼을 얻어가는 과정이다. 칼은 진정한 심신의 표시이다.

이곳 심검당 상량(上樑) 중수 시, 임진왜란(壬辰倭亂) 시 활약하였던 1천 명에 가까운 의승수군(義僧水軍) 명단이 발견되었다. 흥국사(興國寺) 내의 임난유물박물관(壬亂遺物博物館)에 보관되어 있다.

사명대사의 문집인 『사명대사집』에는 이순신 장군에게 이순신 수군통제사에 올리는 글()이라는 시 한 수가 남아 있다.

"남해를 지키는 절도사 대장군
오랑캐처럼 거친 물결, 미친 위세 잠재우고 바다를 지키시네.
구월 구일 중양절이 생신 날인데
달 밝은 밤 왜적을 지키는 호가 소리 병영을 울리네."

옛 흥국사는 임진왜란과 정유재란을 겪으면서 중요한 역할을 수행한 호국(護國)의 도량이다. 호국 승군으로 서산, 사명대사가 있었다면, 호국, 의승수군으로 자운 옥형대사사 있었다.

그들은 이순신을 도와 흥국사를 중심으로 의승군을 조직 훈련하고 이순신의 해전에 많은 공을 세웠다.

여수 흥국사는 의승군 본영으로 승군 500명이 항시 대기하며 훈련 후 전투에 임했으며 봄철이면 붉게 타오르는 진달래 꽃밭이 장관인 영취산 흥국사는 이순신 장군의 체취와 의승수군의 뜨거운 넋을 확인하는 호국의 성지다.

_글 주신 분 이순신, 김동철 님

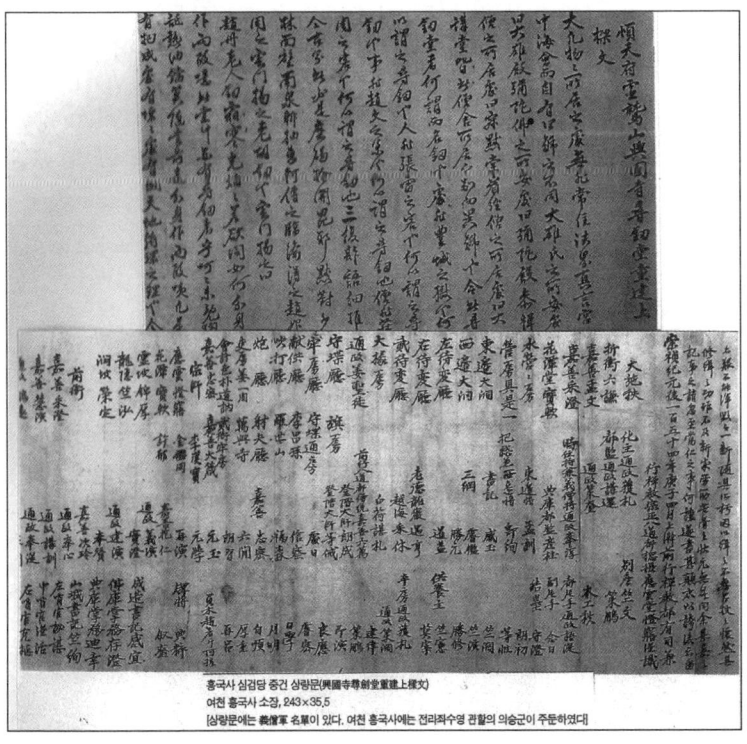

흥국사 심검당 중건 상량문(興國寺尋劒堂重建上樑文)
여천 흥국사 소장, 243×35.5
[상량문에는 義僧軍 名單이 있다. 여천 흥국사에는 전라좌수영 관할의 의승군이 주둔하였다]

흥국사 내 '임난유물박물관'

흥국사 전각과 당우, 승려들의 직함까지 전쟁과 연관되어 있으며 왜적과 싸우기 위해 처절하게 저항했던 흔적들이 고스란히 남아 있는 곳이다. 전란을 극복해 가는 과정은 권력의 중심부나 지도층보다 핍박받고 소외된 이들과 믿음을 같이 했던 곳, 이곳이 바로 우리와 같이했던 믿음의 성지(聖地), 흥국사(興國寺)이다.

이순신(李舜臣) 장군 사후(死後)에도 같이 참전하였던 승군(僧軍)들의 존경과 사랑은 지속되었다. 장군과 함께한 승군들은 전쟁 후에도 그때를 잊지 않고 전라좌수영 관내에 사랑을 지어 수륙재(水陸齋)를 통해 넋을 위로하는 등 돈독한 관계를 유지하고 옥형(玉炯), 자운(慈雲) 두 스님은 노량 앞바다에서 쌀 수백 석으로 수륙재를 봉행하였으며, 충민사 옆에 작은 암자(石原寺)를 지어 이순신 장군의 영정(影幀, 최초 영정)을 모셔 두고 80세까지 조석 공양으로 정성을 다하셨다.

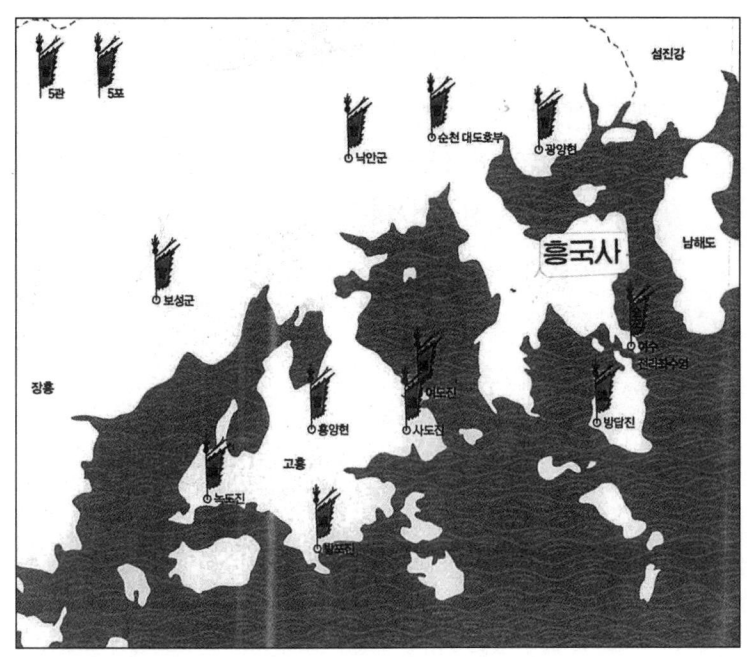

전라좌수사 5관 5포 흥국사 주변 지도
현충사 제공

5. 임진왜란 시 의병들이 피로 맹세한 약조(義兵約條)

의병 집단에서는 의병(義兵)을 통솔하기 위하여 군관(軍官)의 군율(軍律)과 맞먹는 의병들에게 '피를 마셔 의(義)를 맹서(盟誓)하고 군사를 모집했다.'라고 하며 다음과 같은 8개 조의 의병조약(義兵條約)이 있다.

① 적과 싸우다가 패하여 도망친 자는 참한다.
  (臨敵退北者斬, 임적퇴북자참)
② 주장의 일시 명령이라도 어기는 자는 참한다.
  (違主將一時之令者斬, 위주장일시지령자참)

③ 백성들에게 폐를 끼친 자는 참한다.

　(民間作弊者斬, 민간작폐자참)

④ 군사기밀을 누설한 자는 참한다.

　(漏洩軍機者斬, 용설군기자참)

⑤ 처음 약속했다가 나중에 배신한 자는 참한다.

　(始約終背者斬, 용설군기자참)

⑥ 상을 내릴 때는 적을 쏘아 죽이는 자를 으뜸으로 하고, 머리를 벤 자는 다음으로 한다.

　(論賞時射殺者爲首斬者次, 논상시사살자위수참자차)

⑦ 적의 재물을 얻을 경우 남김없이 상으로 지급한다.

　(得敵人財物者無遺賞給事, 득적인재물자무유상급사)

⑧ 남의 공을 뺏은 자는 비록 공이 있더라도 상을 주지 않는다.

　(奪人之功者雖有功不賞, 탈인지공자수유공불상)

분충토적(奮忠討賊 : 충성을 다해 적을 쳐부수자)을 복창한다.

추가(追加) 항목

1) 적과 부딪쳐 먼저 물러나는 자 참한다(臨賊退者斬).

2) 의병과 약속해 놓고 물러가는 자는 참한다(約後模退者斬).

3) 명령(命令)을 어기는 자, 실기(失期)한 자, 와언(訛言)을 퍼트린 자, 군율을 어기는 자 모두 참한다.

정유재란과 칠천량(漆川梁) 패전(敗戰)의 전말(顚末)

1. 정유재란(丁酉再亂)

1592년 발생한 임진왜란 보다 그 피해가 훨씬 컸다. 4~5년간의 지루한 전쟁으로 인하여 식량, 사람, 물자, 즉 인적, 물적 제반 상황이 바닥나 버린 상태에서 전쟁이 일어났다.

임진왜란 시 조선 8도를 점령하고도 망하지 않은 것은 전라도의 수군을 분열하지 않은 때문이라며, 세계 어느 전사(戰史)에도 예(例)를 찾기 어려운 일들이 왜적의 손에 의해서 조선 땅, 전라도에서 무자비하게 살육을 자행하였다. 왜적(倭賊) 모두가 인귀(人鬼)의 탈을 쓴 염마졸(閻魔卒, 염라대왕의 수문장)들이다. 염마졸(閻魔卒)들!

점령지인 전라도에서 사람을 만나면 남녀노소를 막론하고 칼로 쳐 죽이고 귀와 코를 칼로 자르고, 태어난 지 2~3일 된 어린 아이까지도 베었다. 또 닭, 개, 돼지 등 살아 있는 것은 하나도 남기지 않고 씨를 말렸다.

그때, 그들의 손에 잘린 코와 귀는 정중하게 일본으로 건너가 압수한 전리품을 지금까지도 전시하고 있으니…….

2.

1597년 풍신수길(豊臣秀吉)의 명(命)으로 침략한 왜적들은 육군 11만 명, 수군 1만 명, 조선에 남은 2만 명 계 14만 명이 좌우군으로 나누어 전라도를 도륙하고 명나라까지 공격할 계획으로 상륙했다.

임진왜란 시 서울을 먼저 점령하려고 소홀히 하였던 전라도, 그때의 실수를 반복하지 않기 위해서 조선의 남해안과 육지를 동시 공격하는 염마졸을 자행하였다. 이에 조정에서는 명나라에 원병을 요청, 총대장 형개(邢玠) 부대장, 양호(楊鎬), 마귀(麻鬼), 양원(楊元), 오유충(吳惟忠), 모국기(茅國器), 진우충(陳愚衷)에 6만 명을 파견하기에 이른다.

부산을 침략한 왜적들은 다대포, 서생포를 교두보로 삼고 경상도 연안으로 전세를 확장시켰으며, 한산도에 주둔한 삼도통제사 원균(元均)이 이끄는 조선 수군을 공격 칠천량에서 대패시키고 서울로 진격하여 명나라 침공 계획까지 세우기에 이른다.

다음은 통제사 원군의 칠천량 패전에 즈음한 구체적인 내용을 서술하다.

선조 임금이 이순신 장군을 삼도통제사 직을 박탈하고 구속시킨 것은 '출동' 하라는 어명을 어기고 출전을 거부했기 때문이다.

"왜적을 언제든지 공격하겠노라, 큰 소리로 호언장담하던 통제사 원균(元均)이 왜적을 향하여 출동하지는 않고 차일피일 미루고 머뭇거리고 있으니, 전일과 같이 싸움에 후퇴, 적을 치지 않는다면 나라에는 법이 있고 이제는 절대 용서하지 않겠다."라고 전교하기에 이른다.

난중일기(亂中日記) 1597年 6月 17日
도원수 권율(權慄)을 만났더니 원균(元均)의 장계를 말한다. '수군(水軍), 육군(陸軍)이 합동으로 안골포의 왜적을 쳐부순 후 통제사 원균(元均)이 왜군이 주둔하고 있는 부산으로 진격하겠으니 육군이 먼저 칠 수 없습니까?'라고 하니 노원수 권율은, '통제사 원균(元均)이 진출하지도 않고 안골포의 적을 먼저 쳐야 한다.'라고 우기면서 '수군 장수들이 다른 생각을 지니고 있으며 통제사 원균(元均)마저도 나오지 않으므로 일을 망쳐버릴 것은 자명한 일이다.'라고 탄식한다.

난중일기(亂中日記) 1597年 6月 19日
'도원수 권율(權慄)이 오늘 올 것이다.'라고 했다. 도원수 권율(權慄)은 삼도통제사 원균(元均)을 사천 곤양으로 불러 곤장(棍杖)을 때리다.

박영남(朴永男)이 한산진으로부터 전언(傳言), 주장(主將, 원균 지침)이 실책과 과오를 받기 위해 도원수 권율(權慄)에게 붙

들려 갔는데 도원수의 명령은,

"언제는 수군 단독으로 부산으로 쳐들어간다고 하였으면서 인제 와서 수군, 육군이 합동으로 안골포의 적을 쳐부순 후 진격한다고 하니, 원수의 명령(命令)을 거부한 죄를 묻는다."

참모총장격인 도원수 권율(權慄)이 해군 참모총장격인 통제사 원균(元均)을 많은 군사가 지켜보는 목전(目前)에서 중죄인을 다루듯 형틀에 묶여서 볼기를 쳤다.

"도원수 영감! 어찌 이런 일이 있습니까?"

전쟁을 독려차 참관한 종사관 김식(金軾)이 적극적으로 말리자,

"부산에 쳐들어가 왜적을 무찌르자는데 왜 싸움터에서 등을 돌리며 도망치려고 하느냐? 부산으로 왜적을 치러 가겠다는 소리가 나오도록 매우 쳐라."

곤장 30대를 때린 후 그만둔다. 이에 분개한 원균은 모든 군선을 이끌고 부산으로 무리하게 출전한 결과다.

난중일기(亂中日記) 1597年 7月 7日

꿈에 원공(元公, 元均 지칭)과 한자리에서 만났는데 내가 원공 위에 앉아 음식상을 받자. 원공이 즐거운 기색이 보이지 않는다. 무슨 증조인지 모르겠다.

7月 16日 일어난 칠천량해전에서 조선 수군이 전멸함을 예고했을까.

이순신이 위치한 곳은 원수진(元帥陳)과 1~2km가량 떨어진 합천군 율곡면 모여곡이며 6月 4日~7月 17日, 약 40일가량 머물다.

통제사 원균(元均) 출정(出征)

원균은 죽기보다 더 치욕스럽고 자결하고 싶은 마음을 안고 싸움에 임한다. 원균이 이끄는 조선 수군은 본영(本營)이 있는 한산도에서 하루 물질하여 절영도에 도착한다. 그때 어둠 속에서 왜적들이 가까이 나타났다가 도망가고, 도망갔다가 다시 나타났다. '우리 수군이 무서워 감히 접근하기 힘들어 저럴 것.'이라며 안심한다.

전 통제사 이순신(李舜臣)이 없는 조선 수군을 얕잡아 보며 고의로 힘을 빼기도 하였으며 사자나 호랑이가 사냥감을 가지고 놀 듯할 즈음 거센 바람이 불고 높은 파도가 일기 시작했다.

한산도에서 부산까지 80km를 쉬지 않고 노를 저어 갔는데 왜적과는 싸워 보지도 못하고 조롱만 당하고 해는 저물었다. 조선 수군은 병시들을 잠재울 안정한 포구를 찾아 칠천 수로까지 노를 저어 도착한다.

통제사 원균(元均)의 조선 수군은 싸움 한번 제대로 집전(接戰)하지도 못하고 풍랑을 피하여 도주하다가 전몰(戰歿)하였다. 통제사 원균은 거제시 하청면 실전리, 이온리, 덕곡리 사이의 칠천량에서 왜장 협판안치(脇坂安治, 와키자카 야스하루), 가등가명(加藤嘉明, 가토 요시아키), 등당고호(藤堂高虎, 도도 다카토라)의 500~1,000척의 왜선들이 조총을 앞세워 포위망을 좁혀오자, 160척의 조선 수군은 전의(戰意)마저 상실하여 당해내지 못한다.

이때, 통제사 원균(元均)은 해상(海上)이 아닌 뭍으로 도망가다(고성군 광도면 추원포). 왜적의 칼날에 죽고, 전라우수사 이억기(李億祺), 충청수사 최호(崔浩)가 전사(戰死)하며 우리 조선 역사상 가장 치욕스럽게 '임진왜란 7년 전쟁 중 1만 명이 넘는 조선 수군이 떼죽음을 당할 줄 누가 알았으랴.'

이순신(李舜臣)이 없는 조선 수군, 참패를 당했으니 어찌 원통하다 아니하랴. 이순신(李舜臣)의 피나는 노력으로 구축한 조선 수군은 임금의 어리석음과 중신들의 파당으로 1597년 7월 15일 어이없이 궤멸을 당하고 천추(千秋)의 한(限)을 남겼으니, 하늘이여! 그때 거북선은 어디서 무엇을 했을까?

왜적들은 조선 수군이 보유한 '거북선'에서 쏘아대는 대포 등 화기에 접근하지 못하다가 대포 소리가 잠잠해지자 수십 척의 왜선들이 '거북선'에 접근하여 탈취했다고 한다. 왜적의 손에 들어간 거북선은 그 후 조선 역사에서 영원히 사라진다.

"15일 밤 자정, 왜적선 5~6척이 기습 공격을 가하여 모든 전선이 불에 탔으며 또 왜적선들이 우리 수군을 3겹, 4겹으로 포위하여 후퇴하였으나 불타고, 조선 수군 모두가 물에 빠지거나 불에 타서 전몰(戰歿)하고 말았으며, 저는 통제사(元均)와 뭍으로 도망 나와 구사일생으로 혼자 살아 나왔습니다."

통제사 원균(元均)의 출동을 강요하기 위해 대장선에 동승한 선전관 김식(金軾)이 조선 수군의 전멸 사실을 조정에 보고한 내용으로 임금과 대신들은 큰 충격에 빠진다. 이것이 칠천량 패전(敗戰)의 전말이다.

원균상

조경남의 난중잡록(亂中雜錄)에,
"원균이 당힐 수가 없어 지휘자들과 같이 닻을 올리고 흩어졌다. 배를 버리고 육지로 올라가니 일본군이 추격하여 원균을 칼로 쳐 죽였다(元均力不能支諸將碇而淸敵兵追不亂殺元均)."

선조수정실록
적이 조선 수군을 깨뜨렸다.
통제사 원균이 패하여 죽고, 전라우수사 이억기(李億祺), 충청수사 최호(崔湖) 등이 죽었으며, 경상우수사 배설(裵楔)은 도망하여 죽음을 면하였다. 애초 원균은 한산도에 도착하여 이순신이 세워 놓은 규약을 전부 변경시키고 형벌에도 법도(法道)가 없었으며 군중의 마음이 모두 떠났다. 머뭇거린다고 원균을 사천(泗川)으로 불러내서 군사들이 보는 앞에서 곤장을 쳤다.

통제사 원균은 분한 마음을 품고 마침내 조선 수군을 거느리고 출동, 절영도에 이르러 전군을 독려 싸웠다. 적은, 아군(我軍)을 지체할 목적으로 접근하였다가 피하기를 반복하였다. 밤이 깊어 바람이 심하게 불어서 우리 배가 사방으로 흩어지자 원균은 남은 배를 수습하여 가덕도로 돌아왔는데 사졸(士卒)들은 갈증이 심하여 다투어 배에서 내려 물을 먹었다. 그러자 왜적들이 갑자기 나와 엄습하였으며 원균 등이 황급히 어찌할 줄을 모르고 급히 배에 오르고 퇴각하여 고성 추원포(秋原浦)에 주둔하였는데 수많은 적선이 몰려와 몇 겹으로 포위하였다.

원균은 크게 놀라 여러 장수와 더불어 힘껏 싸웠으나 대적하지 못하고 배설이 먼저 도망하자, 조선군은 완전히 무너졌다. 이억기, 최호 등은 물에 뛰어들어 죽고, 원균은 해안에 내렸다가 적에게 죽임을 당하고 배설은 도망하여 한산도에 이르렀는데 조정에서 명하여 주륙하였다.

여수 충민사에 있는 전라 우수사 의민공 이억기 영정과 신위
_'조선수정실록' 31권 선조 30년 7월 15일, 16일, 적이 수군을 습격하여 깨뜨리니 원균과 이억기, 최호가 전사하다.

서산대사(西山大師)에 벼슬을 하사(下賜)

서산대사(西山大師, 1520~1604)에게 벼슬을 하사하다.
"서산대사는 심산유곡 절집에 몸을 매어두고 있었지만, 임진왜란이라는 국난(國難)을 당하자, 칼, 창을 들고 왜적을 무찔렀다. 선조 임금은 명하노라. 승 휴정(休靜), 유정(惟政)의 군사들이 정예로워 왜적을 참획(斬獲) 하는 공을 여러 번 세웠는데 군(軍)의 직(職)을 주는 것은 그가 원하는 바는 아니나 그로 방외(方外, 속세를 떠났다는 뜻)의 사람이니 파격적으로 특별한 상을 내려 훗날의 공효(功效)를 거두지 않을 수 없다. 또 유정에게도 당상관(堂上官)의 직을 제수하여 원근 승려들의 마음을 분발케 하라."

서산대사(西山大師)와 사명대사는 임진, 정유년에도 큰 공을 세웠으며, 북풍이 휘몰아치는 압록강, 선조 임금이 행재소(行在所)에서 넋을 잃고 있을 때 황급히 찾아온 이가 있었다. 그는 묘향산에서 단숨에 달려온 휴정 서산대사(西山大師)였다.

선조 임금은,

"이 어려운 시기에 짐을 찾아 주니 참으로 반갑구려, 대사! 나라를 구제(救濟)할 방법이 없겠소."라는 국왕의 물음에,

"국내의 치도(緇徒, 중)로서 늙고 병들어 싸움에 참가할 수 없는 자는 신(臣)이 명령하여 있는 곳에서 분향(焚香)을 올리며 부처님께 도와줄 것을 기도드리게 하고, 나머지는 신(臣)이 다 통솔하고 싸움터에 나가서 충적(忠赤, 誠心)을 다 하도록 하겠습니다."라고 대답했다.

선조 임금은 서산대사에게 8도(八道) 16종(十六宗) 도총섭(都摠攝) 직첩(職帖)을 주어 전체 의승군(義僧軍)을 관장케 한다. 서산대사는 순안 법흥사(法興寺)에 주둔하면서 조선 8도의 모든 사찰에 격문(檄文)을 보내 의승군을 모집하였다.

금강산 표훈사(表訓寺)에 있는 유정(四溟堂, 松雲大師)은 스승 서산대사의 명을 받고 강원도, 경기도를 중심으로 의승군을 모집하고 처영(處英, 雷默)은 지리산을 중심으로 각각 분기하여 전투를 벌여 큰 전과를 올린다((임란 이후 도총섭(都摠攝)은 남한산성 개운사(開雲寺), 북한산성 중흥사(重興寺), 수원 용주사(龍珠寺), 석왕사(釋王寺), 유점사(楡岾寺), 해인사, 법주사 등에 두었으며 국가에서 인정하는 최고의 승직(僧職)이었다)).

이때 유정은,

"안방에 들어온 도적을 포획하지 않고 염불만 할 것이냐?"라며 격문을 보내자 의승군이 구름같이 모여들었다. 처음엔 야음을 이용하여 선제공격하기도 하였으며 보급 추진 중인 부대를 기습 공격하여 전략상 왜적에 큰 손실을 입히기도 하였다. 또 점

차 전투 기술이 향상되어 자기 고장으로서 지형지물을 이용한 공격으로 많은 전과를 올리기도 하고 세작(간첩)을 이용한 공동작전으로 혁혁한 전공을 올렸다.

휴정은 의승군의 주장(主將)이고 유정은 부장(副將)으로 전투에 임했다. 난중잡록(亂中雜錄)에는 치량계토적(治糧械討賊)이라는 글씨로 보아 군량과 무기를 의승군 안에서 자체적으로 조달했음을 알 수 있다.

사명대사가 의승군에 보내는 격문

승도(僧徒)여! 일어나라
중생(重生)을 떠나 부처가 따로 없고
세속(世俗)을 띠나 승려가 따로 없다.
지금 이 강토(疆土)는 오랑캐의 침략으로 피바다를 이루며
우리 형제들은 곳곳에서 죽어만 가는데
왕(王)은 도성(都城)을 버리고 피난 가고
대대(代代)로 이어온 이 나라는 뿌리째 흔들리고 있다.
승도(僧徒)여! 일어나라
앉아서 개죽음을 당하느니보다
차라리 죽어서 겨레와 나라를 구(救)하자.

답설야중거(踏雪野中去) : 눈 덮인 들판을 걸어갈 때는
불수호난행(不須胡亂行) : 부디 난잡하게 걷지 마오
금일아행적(今日我行跡) : 오늘 내가 남긴 발자국은

수작후인정(遂作後人程) : 뒤에 오는 모든 사람들의 길잡이가 되기 때문이다

위의 시(詩)는 백범(白帆) 김구(金九) 선생이 독립운동 시 삶의 좌우명(座右銘)이 되었던 시이며 서울특별시 용산구 효창공원, 지방의 기념관에 보관되다(이승만 대통령과 손양원 목사도 즐겼다고 함).

대사는 어릴 때 부모를 읽고 사춘기에 방황하기도 하였으며 지리산의 숭인장로(崇仁長老)라는 고승의 문하생으로 들어가 수도 정진, 젊어서부터 선승으로 경향에 이름을 날리니 대사가 70세 되던 해, 1589年(선조 22年) 정여립(鄭汝立) 기축옥사가 터졌을 때 관련되어 서울로 압송되었다.

정여립과 내통한 무업(無業) 스님이 서산대사, 그의 제자 유정이 역모에 간련(干連, 범죄와 관련) 했다고 털어놓았기 때문이다. 묘향산에서 검거된 휴정(休靜) 서산대사로 선조 임금의 친국(親鞠, 임금이 죄인을 친히 심문함)을 당했으나 결백이 입증되어 임금의 특명으로 풀려나다.

선조 임금은 서산대사가 직접 지은 시집을 가지고 오라 했다. 서산대사의 뛰어난 시제(詩題)에 감탄하며 곧 석방하고는 손수 그린 묵죽(墨竹, 대나무 그림) 한 폭을 선물로 주다. 이에 감격한 서산대사는 시 한 수를 선조 임금에게 보냈다.

"오죽의 명산인 소상 강변에서 나는 일품의 대나무가 솟은 듯 그려 있구려, 이 그림을 스님인 내가 가지고 가면 방안에서도 서

걱서걱 가을바람 소리가 들리겠네."

   선조는 휴정을 무죄 방면하며 묵죽 한 폭을 하사했다. 그리고 이런 시를 함께 내렸다.
   잎은 스스로 붓끝에서 나왔고 : 葉自毫端出
   뿌리는 땅에서 나지 않았네 : 根非地而生
   달은 떠도 그림자 볼 수 없고 : 月來無見影
   바람 움직여도 소리 들리지 않네 : 風動不聞聲

   이를 본 선조 임금 역시 답서를 보냈다.
   "그대가 소상 강의 오죽이라는 대나무는 한낱
   내 붓끝에서 그려진 뿌리도 없는 보잘것없는 그림이니
   날은 떠도 그림자도 비치시 잃고 바람이 아무리 불이도
   풍류를 알릴 줄 모르는 죽은 것인데 무엇이 그다지 칭송하려 하는가."

   휴정 역시 그 자리에서 선조가 내린 시를 차운하여 시를 지어 바쳤다.
   소상강가 대 한 줄기 : 瀟湘一枝竹
   성주의 붓끝에서 나왔네 : 聖主筆頭生
   산승 향불 사르는 곳에 : 山僧香熱處
   잎마다 가을 소리 띠었네 : 葉葉帶秋聲

   임진왜란이 일어나자, 휴정 서산대사는 조선 8도에 격문(檄

文)을 보내서 전국 사찰에 의승군(義僧軍)을 조직, 평양성 전투, 강원도 전투 등 수많은 일본군을 무찌르다.

대사는 1604년 금강산에서 입적했다. 그때,

"나의 의발(衣鉢)은 해남 대흥사(大興寺)에 두라."

"왜 하필이면 멀고 구석진 곳이요?"

라고 제자들이 묻자.

"그곳 대흥사는 천년병화(千年兵火)가 미치지 않고 영원히 허물어지지 않는 불교의 법통(法通)이 이를 곳"이라며, 자신이 입고 있던 금난가사, 옥발, 수저, 신발, 염주, 교지 등을 두라며 유언을 남기다.

대흥사(大興寺)는 우리나라 최남단에 있는 두륜산(頭輪山)의 절경을 배경으로 자리한 사찰이다. 다음은 서산대사의 표현이다.

전쟁을 비롯한 삼재가 미치지 않는 곳(三災不入之處)

만 년 동안 훼손되지 않은 땅(萬年不殷之地) 그곳이 대흥사다.

대흥사는 승보사찰의 종가로 조선 불교의 중요한 위치를 차지할 도량으로 제1대 풍담(風潭) 스님으로부터 초의선사까지 13분의 대종사가 배출된, 차(茶) 문화의 성지(聖地)로 자리매김한 사찰이다.

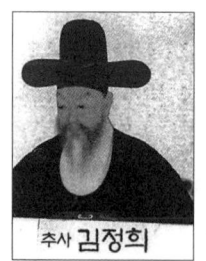

*대흥사는 명필들의 전시장

포충사(褒忠祠)의 편액은 정조(正祖) 임금의 글씨이며,

추사(秋史) 김정희(金正喜, 1786~1856),

1840년(현종 6년) 55세에 윤상도 옥사 사건에 모함을 받고 제주도 유배길에 오른 추사(秋史), 또는 완당(玩堂) 김정희, 대흥사 주지로 시무 중인 친구 초의선사(草衣先師)를 만난다. 동국진채(東國眞體)를 완성한 서예가 원교(圓嶠) 이광사(李匡師, 1705~1777), 그도 모함을 받고 완도 신지도에서 9년간 유배 생활을 끝내고 상경길에 해남 대흥사에 들어가 대웅보전(大雄寶殿)과 천불전(千佛殿)이란 편액을 남기고 떠났다.

또한, 창암 이삼만(1770~1847)은 가허루(駕虛樓)라는 편액을 남기다. 원교 이광사가 쓴 대웅보전의 편액을 유심히 본 추사는,

"이것도 글씨냐? 조선의 필체를 망가트렸다. 떼어 내라."

하였으며, 창암 이삼만이 쓴 가허루를 본 추사 김정희는,

"이 글씨로 시골에서 밥은 먹겠다. 글씨를 아는지는 몰라도 묵향을 모르는 사람."

이라며 모욕을 주다.

1849년(현종 15년) 64세

제주도 유배에서 풀려난 추사 김정희는 대흥사에 들러 자신이 잘못 보았다며 원교 이광사의 대웅보전을 다시 걸게 하였으며, 그 당시 세상을 떠난 창암 이삼만의 묘소 앞에서 과거의 잘못을 빌고 묘비명을 남기다.

대웅보전

추사 김정희 역시 대흥사에 무량수각이란 편액을 남기다.

무량수각

1844년(헌종 10年) 58세

　추사 김정희는 제자 이상적(李尙迪, 1803~1865)의 변치 않은 마음에 대한 고마움에 보답하는 뜻으로 국보(國寶) 180호로 지정된 '세한도(歲寒圖)'를 그려 주다. 추사 김정희로부터 '세한도'를 선물 받은 이상적은 뛸 듯이 기뻐하며 청나라로 가져간다. 청나라 책자(策者)들에게 선을 보인다.

　세한도를 보고 감동을 받은 청나라 학자 16명이 찬사의 글을 남겼으며 조선에 돌아와서는 이시영, 오세창, 정인보 선생들이 글을 남기고 세한도는 70cm, 발문의 길이 만도 13m이다.

　그 후 세한도는 경성대(서울대학교 전신) 교수였던 일본인 등총린(藤塚隣, 후지츠카치카시, 1879~1948)이 일본으로 가져갔으며 우리 고장 진도(珍島) 출신인 서예가 소전 손재형(손재형(孫在馨, 1903~1981) 선생이 1944년 일본에서 가지고 나왔으며 그 후 손세기, 손창근 선생이 국립박물관에 기증(국보 180호). 추사 김정희의 작품은 과천 과지초당에 전시하고 있다.

다시 보는 〈추사 글씨 귀향전〉

세한도
인쇄본. 1844년, 추사가 59세에 아끼던 제자 우선 이상적에게 그려준 서화합벽(書畵合璧)의 명품. 우선은 그후 이를 가지고 연경에 가서 청나라 명사 16인에게 제찬을 받아왔다. 이 〈세한도〉를 1930년경 후지츠카가 소장하게 되고, 제2차 대전 중 손재형이 일본으로 건너가 가져온 일화는 유명하다. 1939년 회갑을 맞은 후치츠카는 추사의 친필인 그림과 글씨만을 복제하여 100부 한정본으로 만들었다. 이 사진은 그 한정본의 하나다.

세한도

전하! 신에게는 12척의 전선(戰船)이 있습니다

'삼도수군통제사(三道水軍統制使)' 명을 받고 1597년 8월 15일 보성 열선루(列仙慺)에 나갔더니 선전관(宣傳官) 박천봉(朴天鳳)이 선조 임금의 분부를 받고 왔는데 8월 7일 만들어진 서류였다(宣傳官朴天鳳特有旨來).

통제사 이순신이 보성 열선루에 나간 것은 어사 임몽정(任蒙正), 선전관 박천봉을 만나기 위해서다. 이때 선조 임금은 '수군의 수효가 부족하니 적을 막을 수 없다. 현 상태로는 막을 수 없으니 수군을 패(敗)하고 육지에서 싸우라.'라는 임금의 유지(宥旨)이다.

"삼도수군통제사 이순신 삼가 아룁니다. 임진년(壬辰年) 이래 5~6년간 왜적(倭敵)들이 양호(兩湖, 충청, 전라)를 침범(侵犯)치 않은 것은 우리 조선 수군이 막았기 때문입니다. 지금 저에게는 12척의 전선(戰船)이 있습니다. 죽을힘을 다해 싸운다면 반드시 이길 수 있습니다. 만일 수군을 패하신다면 왜적은 다행으로 여겨 그들은 서해를 경유하며 도성(道盛)에 이를 것이니 이는 신(臣)이 가장 두려워하는 바입니다.

전선이 비록 적으나 미천(微臣, 미신)한 신(臣)이 죽지 않는 한 왜적은 감히 우리 조선 수군을 업신여기지 못할 것입니다. 저에게는 열두 척의 배가 있습니다(商有十二 微臣不死). 죽지 않고 살아 있습니다. 이 땅, 이 바다를 승리의 바라로 만들기를 맹세하였습니다."

今臣戰船 尙有十二(금신전선 상유십이)
戰船雖寡 微臣不死(전선유과 미신불사)
則不敢侮我矣(즉불감모아의)
_충무공전서 권지 P, 행록

난중일기 9月 2日
이날 새벽에 배설이 도망하였다(裵楔逃去)
경상우수사 배설은 칠천량 해전(海戰)에서 통제사 원균이 왜적에 포위되어 죽임을 당하자 12척의 전선을 이끌고 남해안으로 도주한다. 혼자 목숨을 부지하겠다고 싸움터를 벗어나 도주한다고 살 수 있을까?

8월 30일 병을 치료하겠다고 청한 후, 9월 2일 도망친다. 그는 1599년 3월 6일 도원수 권율(權慄)에 의해 선산에서 체포 사형에 처하다.

9月 9日(丁亥)

중양절(重陽節)이라 軍事들을 잘 먹이려고 하는데 부찰사(副察使) 군량 중 제주에서 소 5마리가 왔다. 녹도 송여종(宋汝悰)을 시켜 소를 잡아 군인들에게 나누어 먹였다.

난중일기 9月 15日(명량해전 전날)
여러 배를 거느리고 우수영 앞바다로 들어가 거기서 잤다. 신선(神仙)을 만나는 등 이상한 징조가 많았다(右水營前洋因留宿夜夢多異祥).

명량대첩(鳴梁大捷)

　명량해전은 진도(珍島) 녹진, 해남(海南) 화원반도 사이를 흐르는 230~300m 수로(水路)에서 벌어진 전투이며 조선 수군과 일본군과 싸움에서 대승(大勝)을 거둔 전투로 해전사(海戰史)에 영원히 기록된 전투가 명량대첩이다. 이곳은 10여km 떨어진 거리에서도 물소리가 들린다고 하여 명량 또는 울돌목이라고 한다.

　통제사 이순신(李舜臣)은 왜적선 3~400여 척이 남해, 서해를 경유 서울로 진격한다고 첩보를 입수, 결전의 날인 1597년 9월 16일(양력 10월 26일) 그날의 물때는 일곱물로써 바닷물이 가장 많이 들어오고 나가는 때이다. 진도 벽파진에서 해남 우수영 양도 쪽으로 조선 선단을 옮겨 진(陳)을 치고는 벌떼처럼 다가오는 왜적선을 향하여 지자포, 편자포, 총통, 화살을 집중포화하였다.

　"한 사람이 길목을 지키면 천 명도 물리칠 수 있다(一夫當逕

足懼千夫). 각 제장들은 동요하지 말고 죽을힘을 다해 싸워라."

이순신이 병사들에게 적극적으로 대응할 것을 독려하고 왜적의 대장선을 향하여 집중적으로 화포와 화살을 퍼붓는다. 이때, 붉은 비단옷을 입은 적장 마다시(馬多時, 구루시마 미치후사)가 대장선에서 떨어지자, 이순신과 같은 배에 타고 있던 향외 준사(俊沙)에 의해 구루시마가 확인되자 수군 병사 김들손이 그를 배 위로 건져 올렸다. 구루시마는 참살당했고 그의 목이 효수되자 일본 수군의 사기는 크게 저하되었다.

이때 물살이 아군(조선군) 쪽에서 적군(일본군) 쪽으로 바뀌자 이순신은 물살을 뒤에 업고 일제히 함성을 지르며 집중포화를 퍼붓자 그 소리가 천지를 진동했다. 물 흐름의 변화에 왜적선을 처참하게 무너졌다.

통제사 이순신이 이끄는 조선 수군 13척과 왜적 래도통총(來島通總, 구루시마) 등이 지휘하는 왜적선 133척 또는 330~500척과 싸움에서 대승(大勝)을 거두다. 삼도통제사 이순신(李舜臣)은 그날의 감격을 난중일기(亂中日記)에 천행(天幸, 天幸, 하늘의 뜻)이라고 적고 있다.

충무공이 병법에서 인용한,
"죽고자 하면 살고 살고자 하면 죽는다(必死則生 必生則死)."
와,
"한 사람이 길목을 지키면 천 명도 족히 두렵게 할 수 있다(一夫堂逕足懼千夫)."라는 부분은 중국의 전국시대에 오자(BC. 386~440)가 지은 병법에서 연유한 것으로 지목된다.

"무릇 병사들의 싸움터는 시체가 구르는 곳이다(凡兵戰之場 止屍之地)."

"죽으려 한다면 오히려 살고 요행으로 살려고 한다면 도리어 죽는다(必死則生 幸生則死)."

"길이 좁고 험하며 높은 산이 크게 가로막는 곳에서는 또한 한 사람이 목숨을 걸면 천 명을 두렵게 한다(路狹道險名山大塞一 人投命足懼千夫)."

명량대첩 이후의 변화

상금(賞金) 스무 냥 하사(下賜)

명량대첩이 끝난 지 20일이 지난 후에 선조 임금은 은전 스무 냥을 보내왔다. 그 후 선전관 이원길이 목포 앞바다인 고하도에 있는 이순신 통제사를 찾아와서 성유재란 시 칠천량해전에서 삼도수군통제사인 원균의 말을 듣지 않고 12척의 전선을 가지고 도주하였던 배설에 대하여 '이순신 장군이 틀림없이 통제영 내 어딘가에 숨겨 두고 있다는 첩보가 있어서 왔다.'라며 통제소에 있는 선박과 인원 장비에 대한 점고와 수색을 당하였다.

소고기 5근 하사와 선조 임금의 유시

선조 임금은 통제사 이순신 장군에 대하여,

"아직도 상례(喪禮, 모친 변씨 3년 喪)를 지키느라 고기를 먹지 않는다니 사사로운 정이 간절하구나. 싸움에 나가 용맹이 없으면 효도도 아닐 것이다. 채소와 나물만 먹고 능히 싸울 수 있겠느냐."

"그대는 내 뜻에 따라 방편을 쫓아라. 그러므로 술과 고기를 보내니 받으라."

전염병의 창궐

겨울철 들어 예년에 없던 괴질((怪疾, 후에 이질(痢疾)로 밝혀짐))이 통제영 내, 뿐만 아니라 피난민들과 지역 주민들에게도 돌아 많은 사람이 바람처럼 죽어갔다. 선실 내에서 시름시름 앓고 누워 있다가 물똥만 싸면서 죽어갔다. 수영 내에서 동료들을 장사 지내던 군사들마저 며칠 사이에 수십 명씩 죽어갔다.

동내 우물물과 먹는 샘물 모두를 폐쇄하는 등 극단의 조치를 했으나 이질이 지나간 마을은 전쟁을 방불케 할 만큼 동내뿐 아니라 모든 산야가 폐허로 변했다.

명량대첩에 대한 일본의 기록

1597년 9월 16일, 이순신 장군은 여러 장수를 격려하며 방전(防戰)에 힘썼다. 일본군은 분전(奮戰)하였으나 구루시마 미치후사(來島通總) 이하 10명 사망하고 도우도우 다카토라(藤當高虎)는 부상 당하고 모리 다카마사(毛利高政)는 물에 빠졌다가 위급하게 구제되는 등 마구 당했는데 배는 수척이 침몰했다.

저녁이 되자 이순신은 배를 당사도로 옮겨갔지만, 일본군은 수로(水路)에 밝지가 못하여 추적할 수 없어서 웅천(熊川)으로 선단을 철수시켜 야음에 대비하였다.

_著 參謀本部編 (朝鮮의 易)德幹書店 1995년 發行

임진왜란(壬辰倭亂)의 참상

1. 서애 유성룡(柳成龍)의 징비록

　난중일기(亂中日記)와 더불어 임진왜란을 생생하게 기록한 것으로도 유성룡의 징비록이나. 서애 유성룡은 벼슬에서 물러난 뒤 고향 안동으로 내려가 임진왜란의 실상을 징비록으로 남겼다.

　"책 제목인 징비(懲毖)라는 말은 '시경' 노비편 여기징이비후환(予其懲而毖后患)이며 내가 징계하여 후환을 경계한다."라는 뜻으로 임진왜란에 대하여 스스로 반성, 후환을 경계한다.

　'징비록' 속에는 전쟁으로 인해 고통받는 백성들의 모습을 그린 내용이 보이는데 그 참상이야말로 지옥이라 해도 과언이 아닐 정도다.

　마을은 온통 쑥대밭이 되고 인가(人家)는 모두 불에 탔으며, 골목마다 시체가 널려 있어 코를 막지 않으면 지나갈 수 없는 상황이었다. 설상가상으로 전염병까지 겹쳐 온 들판이 시체 태우는 냄새로 가득하고 빠져 죽은 군사와 백성들의 시체가 강을 가득 채울 정도였으니, 들판에는 농사를 짓지 않아 잡초만 무성하다. 산은 온통 불에 타 나무 구하기가 힘들었다고 한다.

먹을 것이 없어서 사람이 사람을 잡아먹는 일이 생기고 심지어 자식이 아버지를 잡아먹는 일도 있었으며, 산, 들, 강 마을에는 썩은 사체가 가득하니 지옥도 그런 지옥이 없었다. 유성룡은 임진왜란 시 영의정, 도제찰사 자리에 있었기 때문에 전쟁 전후 상황과 전개 과정을 누구보다 잘 알고 있는 인물이다.

그래서 징비록의 내용은 그의 사실적 경험을 토대로 서술되었다는 측변에서 매우 가치 있는 기록물이다.

갑오년(甲午年) 흉년이 겹쳐 무명 한 필 값이 쌀 한두 되요, 말 한 마리 값이 쌀 서너 말에 불과했다. 굶주린 백성들이 대낮에 사람을 죽여서 먹는 지경에 염병까지 겹쳐 길거리에서 죽은 자가 서로 베다시피 즐비했으며 수구문 밖에 쌓인 송장이 산더미를 이뤄 성벽보다 두어 길이 높았다.

_연려실기술, 난중잡록

이런 아비규환의 지옥에서 목숨을 구할 자가 조선 천지에 어디 있는가. 예로부터 임금의 하늘은 백성이라고 했다. 그러나 현실의 백성은 언제나 권력의 발아래 짓밟혀 웅그러지고 버려지기에 불과했다.

_이순신 동행, 이훈 씀

2. 적국(敵國) 전라도를 남김없이 쳐 죽여라

"일본의 풍신수길(豊臣秀吉, 도요토미 히데요시)은 병력을 조선(朝鮮)에 출병하면서 임진년(壬辰年)에 조선을 완전히 정복하지 못한 것은 전라도(祖國)를 그냥 놔뒀기 때문이며 적국을 남김없이 쳐 죽여라. 또한, 청국과 다른 도는 알아서 작전하라."

전라도는 정유년 8월 6일을 기점으로 이듬해인 무술년까지 미증유의 도탄에 빠져 피눈물을 쏟는다. 특히 이순신 장군이 바다를 찾아 전라도 해안을 가던 기간은 전라도 백성들의 고난이 극으로 치달은 시기였다.

그 당시 일본 대마도 주가 바친 조선 지도에는 여섯 가지 색으로 구분, 새로운 명칭을 붙여 왜장들에게 나누어 주었다.

풍신수길의 재침명령서(豊臣秀吉 再侵命令書)
赤國不殘愁一篇二成敗附 靑國基外之儀者可成程可相動事
적국 전라도를 빠짐없이 공격하고, 청국, 충청도와 그 외 지역도 가능하면 공격하라. 녹국(綠國), 평안, 강원(黃國), 함경도 흑국(黑國) 등, 정유재란은 이렇게 전라도를 침략 목표로 하는 왜적과의 전쟁이다. 전라도를 도륙 내기 위해 출동한 왜적은 부산에 상륙하여 군량은 현지 조달이 쉬운 추수기에 오늘 전라도 땅에 흉악한 발톱을 꽂다.

3. 정유재란 고을 전체가 쑥대밭이 되고

언제 어디서 죽을지 죽을 자리를 모르겠다. 이때 이순신 장군은 '나도 이 나라 백성도 매 한 가지다. 나라가 기우뚱거리는 판에 제 죽을 자리를 아는 자 몇이나 되겠나. 유량(流量)의 고통은 죽음보다 더 가혹했다. 질긴 목숨 한번 떨어지면 그만이지만, 유량은 시시각각 고통이었다.

한 끼 때울 꽁보리밥 한 주먹, 등 기댈 헛간 한구석, 발이 부르트고 살이 곪아 터져도 감쌀 된장 한 주걱, 구할 수 없는 참담한 채 떠돌았다. 배고파 울다 지쳐 고꾸라진 아이를 낯선 산기슭에 묻고 뒤돌아서는 아비, 그 어미에게는 피눈물마저 말라붙었다.

왜적이 남원성을 무너트리고 전쟁의 소용돌이에 휩싸여 이리저리 전국으로 튕겨 나가고 고을은 전체가 쑥대밭으로 변했다. 남원성이 무너지고 이렇게 전국이 곡성으로 낭자했다. 전라도 백성의 유랑은 이렇게 시작되어 이런 현상은 전쟁의 마지막 해인 1598년(무술년)까지 지속되었다.'

_이순신과 동행, 이훈

4. 총칼도 무섭지만, 특히 괴질(怪疾)이 더 무서웠다

전장(戰場)에서 죽고, 괴질에 죽고, 굶어 죽고…… 난리로 죽은 사람 열에 일곱은 전쟁에 끌려가서 죽고, 학살당하고, 굶어 죽고, 괴질에 죽고, 부역으로 죽었다. 총칼도 무섭지만, 특히 괴질이 더 무서웠다.

괴질은 아군, 적군, 백성을 가릴 것 없이 모두에게 무서운 적이었다. 임진왜란 7년 동안 괴질은 끊임없이 백성을 죽음으로 내몰았다. 이순신(李舜臣) 장군도 목숨이 위태로울 정도로 시달리다가 12일 만에 자리에서 일어났다.

1598년 순천 왜교성, 왜장 평손가(平孫家, 히데이)가 죽고 왜병들은 수도 없이 죽어 시신 태우는 연기가 밤낮으로 하늘을 가렸다. 한산도의 수군 역시 1593~1594년 괴질(콜레라, 열병)이 크게 번져 수군들 중 열에 여덟, 아홉이 죽었다. 광양현감 어영담도 이때 병사하고, 병에 걸리지 않은 자들은 모두 도망쳐 군선이 텅 비었었다.

전라좌수군 역시 1593~1594년까지 수개월 간 600여 명이 괴질로 죽었다. 괴질은 전후방을 가리지 않았으며, 위생과 영양 상태가 극도로 부족한 상태에서 발생하였으며, 한 번 발생하면 들불처럼 번졌으니 속수무책이었다.

피난민들에게는 당장 넘어야 할 죽음의 산이 두 개나 있었다. 하나는 굶주림이요, 또 나른 하나는 돌림병이다. 굶주림은 그래도 참을만했다. 다 같이 굶어 주렸기에, 다른 사람의 횅한 눈과 움푹 팬 볼을 보며 동병상련을 느낄 수 있었다.

그러나 돌림병은 전혀 다른 문제였다. 돌림병에 걸린 사람은 철저하게도 늘 혼자였다. 병의 고통보다 더 지독한 것이 바로 외로움이었다. 돌림병에 걸린 순간부터 짐승보다 못한 존재로 취급당하기 일쑤였다.

반가운 사람을 만나도 손을 잡을 수 없고 가족조차 몽둥이찜질을 하고 침을 뱉었다. 주위를 둘러봐도 아무도 없었다. 간혹 병든 사람끼리 이야기를 나눌 때도 있지만, 삶의 의지를 갖는 데는 전혀 도움이 되지 않았다.

대화를 하면 할수록 자괴감만 커졌다. 돌림병에 걸린 사람 중에 상당수의 사람은 병이 온몸에 퍼지기 전에 스스로 죽음을 택했다. 인간다움을 지키기 위한 마지막 노력이었지만, 아무도 그 처절한 고통과 힘든 결단을 지켜보지 않았다.

죽음을 결심할 때도 혼자였으며 죽음의 아가리로 들어갈 때도 혼자이고 죽어서도 혼자였다.

_'불멸의 이순신' 김택환 5권 중에서

굶어 죽고 전염병, 역질에 죽은 숫자가 전사자보다 많았다. 또한, 조선 여인들의 뱃속에는 왜놈, 되놈의 정자들이 꿈틀대고 있었으니…….

양반, 평민, 아내와 딸, 살아 있는 모든 여자가 유린당했다. 조선 역사상 오늘처럼 참혹한 적은 없었다. 곳곳에서 이씨 조선에 불안을 느낀 조선인은 '일본놈 세상이면 어떠냐! 이참에 양반놈, 사대부 놈들 혼 좀 내주자.'

세상이 뒤집어지기를 원하는 백성이 많았다.

_지봉유설

비각증(鼻角症, 유행성 독감), 학질로도 수없이 죽어갔다. 약이 있을 수 없다. 인동초를 달여 마시거나, 땀을 빼고 동변(童便, 12세 이하의 남자 아이의 소변)에 계란 노른자를 타서 마시거나 죽력(대나무 즙)과 생강이 고작이었다.

이런 처방도 민간에게는 가능하지만, 배 안에서 생활하는 수군이나 떠도는 병사들은 가당치 않았으니…….

정유재란이 터지자, 많은 군사가 명나라에서 파견되었다. 상부의 명에 의해 왔지만, 남의 나라에서 목숨 걸고 싸우려고 하겠는가. 또한, 이들은 호남, 영남에서 남의 부녀자를 빼앗아 살림을 차리고 사는 명나라 군사들이 수만 명에 달했다.

아내와 어미, 딸을 빼앗긴 백성들의 통곡 소리가 골골이 낭자했다니, 이들 장수들은 양호는 평양, 마귀는 서울, 양원은 남원, 모국기 성주, 진우충은 전주, 오위충(吳有忠)은 충주에 주둔한다. 그러나 어쩌랴. 백성들의 처지를 생각할 때가 아니라 당장 나라의 운명이 바람결에 촛불이니 백성은 생산하면 되지만 사직이 무너지면 끝장이다.

이런 시국에 백성들이 온전하기를 바라겠는가.

5.

가장 끔찍한 일은 정유재란 시 벌어진 코와 귀 사냥이었다. 왜적들은 전공(戰功)을 입증하기 위하여 머리를 자르는 대신 사람의 귀와 코를 잘라 가는 바람에 수많은 조선 백성이 희생되었다. 중, 게이넨의 일본에 남아 있는 기록에 의하면 영암 지역에서 일어난 끔찍한 일들을 전하고 있다. 왜적들은 산모는 물론이지만 태어난 지 며칠 되지 않은 갓난아이의 코까지 잘라버린 일이다.

일본의 풍신수길(豐臣秀吉, 도요토미 히데요시)의 헛된 야망을 대응하지 못한 군왕과 위정자들로 인하여 죄없는 백성들의 끊임없는 고통으로 희생하였다.

정경운(鄭景雲)은 먹고사는데, 지장 없는 양반이었지만, 1599

년 고등어라는 생선을 팔아야 할 정도였으니…… 체면을 목숨보다 귀하게 여기는 양반들이 토지가 폐허가 되고 종들이 도망친 상황에서 먹고살기 위해 양반 체면이 무슨 상관있으랴.

일본의 종군 승려(僧侶) 경념(慶念)의 일기,

상륙하자마자 무차별하게 사람을 베어 죽이거나 약탈하고 일본군의 발길이 닿는 곳마다 불 질러 화염에 싸였으며 아이들을 찔러 죽이고, 끌어다 버리고, 부모들의 눈앞에서 마구 베어 죽이는 등 인귀들의 울부짖음이 어찌 글로 표현할 수 있을까.

남원성이 함락하는 날, 무수히 쌓인 많은 시체, 사람이라면 도저히 눈을 뜨고 볼 수 없는 광경들…… 일본 침략군의 잔악성이 절정에 달했으며 그들은 조선인의 코와 귀를 절단하여 귀중품인 양 소금에 절여서 군별로 일본의 풍신수길에게 보냈다.

한 상자에 1천 개의 코와 귀가 들어가는데 장수, 1인당 5~6상자씩 보냈으며 그 수효의 많고 적음에 그들의 전공을 평가했다니 시체를 쌓아 불태우는 냄새가 천지를 덮었다니, 아! 현재 일본 경도시 동산구에 있는 이총(耳塚)은 그때 희생당한 전라도 사람들의 원혼이 서려 있으며 정유재란은 인간의 탈을 빌려 쓴 일본 침략군의 잔학성은 역사는 증명하고 있다.

정유재란 시 일본군의 편성
제1군 가등청정(加籐淸正, 가토 기요미사) 10,000명을 중심으로,
제2군 小西行長(고니시 유키나가 / 宇土城主) 14,000명(위

두 부대는 선봉 부대로 제비를 뽑아 2일마다 교대하고, 비번은 다음번에 대비할 것)

 제3군 黑田 長政(구로다 나가마사 / 中津城主) 10,000명
 제4군 鍋島 直正(나베시마 나오시게 / 佐賀城主) 12,000명
 제5군 島津養弘(사마즈 요시히로 / 栗野城主) 10,000명
 제6군 長宗我部元親(조소가배 / 高知城主) 13,300명
 제7군 蜂須賀家政(하지스 가이마사 / 德道城主) 11,100명
  毛利輝元(모리 테루모도 / 廣島城主) 30,000명
   字輝多秀家(우기다히데이 / 岡山城主) 10,000명, 두 부대 임무 교대

 부산성 수비 小早川秀秋(고바아끼아 / 名島城主) 10,000명
 군감 大田日吉(오오다가스요시) 390명
 안골포성 수비 立花宗茂(다지무내시게 / 柳川城主) 5,000명
 가덕도성 수비 高橋直次(다가하시 / 三池城主) 500명
   筄紫廣門(스구시히로도) 500명
 죽도성 수비 毛利秀包(모리히데가네)
 서생포성 수비 淺野幸長(야사노유기나카) 1,000명

 성을 수비할 부대원을 合하여 20,390명
 총 병력 수(總兵力數) 141,500명

이들은 1597년 1월 14일(양력 3월 1일) 제1군인 가등청정 부대가 지금의 부산시 서구 다대포에 도착 육로로 서생포 왜성에 들어왔듯 제2군인 소서행장은 두문포로 야음을 이용하여 들어

온다. 드디어 코와 귀를 베어 가고 수십만의 포로를 데려가는 아비규환(阿鼻叫喚)의 살육 전쟁이 개시(開始)되다.

임진왜란의 결산서(決算書)

1. 선조 임금의 주장

임진왜란의 승리는 명나라 덕분이다. 명나라가 파병한 것은 짐(朕, 임금 자신)이 의주(義州)로 갔기 때문이다. 왜적을 평정(平定)한 것은 명군 덕분이며, 조선의 장수들은 명군의 뒤를 쫓아다니면서 요행으로 왜적의 머리나 얻었을 뿐 일찍이 적의 우두머리 하나 베거나 적진 하나 함락시킨 일이 없으며, 그 가운데 이순신, 원균 두 장수와 권율의 행주대첩이 다소 빛난다.

또한, 명군이 조선에 들어오게 된 것 역시 호종(扈從, 피난 갈 때 동행) 신하들이 험한 길을 걸으면서 천조(天朝, 명나라) 호소했기 때문이다. 조선이 명나라를 군신(君臣)으로 섬긴 지 200여 년, 의로는 군신이요, 은혜로는 부자(父子)와 같도다.

임진, 정유, 조선을 구해준 그 은혜, 억만 세세토록 잊을 수 없도다. 어위 한 지 40년, 지성으로 사대하에 평생토록 잊은 적이 없도다.

아! 조선의 영원한 은국(恩國)이여!

진토(塵土) 되도록 갚을 길이 없도다.

_조선왕조실록 선조 29年 12月 1日

참전국 병력 손실

군별		임진왜란	정유재란	계	손실률
조선군	투입 병력	60,000명	37,600명	97,600명	72%
	손실 병력	50,000명	20,000명	70,000명	
명군	투입 병력	74,000명	117,000명	191,000명	44%
	손실 병력	25,000명	58,700명	83,700명	
일본군	투입 병력	197,700명	37,600명	339,100명	35%
	손실 병력	87,800명	29,000명	116,800명	

2. 이순신(李舜臣)은 해왕(海王)

임진왜란 7년 전쟁은 승리한 전쟁이다. 왜적의 수륙(水陸) 양면 작전은 패전(敗戰)을 거듭하였으며 일본 풍신수길(豊臣秀吉)의 야망이 망상(妄想)으로 무너졌다. 설날 떡국은 북경(北京) 천안문에서 먹겠다고 장담했으나 왜적들의 침략 전선은 평양을 넘지 못했다.

이순신, '나는 조선의 장수다. 장수로 전장에 나가야 하고, 싸우면 반드시 승리해야 한다.' 자기의 길, 장수의 길, 성웅(聖雄)의 길, 위대함보다 고난과 어려움을 남도 백성들과 함께 극복하는 용기, 그 지혜는 해왕(海王)으로 만백성(萬百姓)을 구원시키다.

이순신, 가장 행복하였던 순간에 영원한 죽음을 맞이하다. 충무공, 승리의 역사 위에 민족의 태양으로 조선 천지를 만승지국 (萬乘之國)을 만들다.

항왜원조(抗倭援朝)란 무엇인가
항왜원조(抗倭援朝) - 왜적(倭敵)에 대항(對抗)하고 조선(朝鮮)을 명(明)나라가 지원(援助)해 준다.
1592~1598년까지 조선이라는 국제 전쟁의 무대에서 7년이라는 장구한 전쟁을 치르고 나서 전쟁에 참여하였던 조, 명, 일 3국의 시각 차이는 너무나 크다.

※ 조선(朝鮮), 임진왜란, 정유재란
난(亂)이란 난리(亂離)의 준말로서 1592년 일본에 거주하는 왜구늘이 쳐늘어와 인명을 살상하고 시설물을 파피하고 빙화하는 등 세상을 어지럽히고 질서를 어지럽히는 등 난동을 부리는 집단으로 규정하고 있다.
또한, 60갑자 중 임진년에 일어난 왜구들의 난동을 일컬으며, 정유재란은 정유년에 두 번이나 왜구들이 쳐들어와 난동을 부렸다고 해석하고 있으며,

※ 일본(日本), 문록(文祿), 경장(慶長)
일본에서는 분로쿠 에키(文祿의 役), 케이조 에키(慶長의 役)이라 부른다.
문록, 경장은 1592~1614년까지 쓰였던 일본 천황의 연호다. 문제는 역(役)이다.

일본에서 역이란 하인이 상관의 명령이나 말을 듣지 않는다는 좁은 의미도 있지만 혼내준다, 손봐준다는 의미가 있으며 풍신수길이 일본 천하를 통일하고 신국(神國)을 건설하였는데 조선이 호락호락하지 않고 말을 듣지 않으니 손봐준다. 버릇을 고쳐준다는 뜻으로 침략전쟁을 합리화시켰다.

임진, 정유재란이란 명칭을 두고도 현해탄의 거리처럼 생각과 인식의 차가 크다.

※ 여진족,

1598년 누르하치가 이끌었던 만주의 여진족은 조선 조정에 사신을 보내어 여진족도 조선을 도와 일본과 대항하기 위하여 군대(軍隊)를 파견하겠다는 뜻을 전해왔다.

조야(朝野)의 뜻이 분분하였으나 군대 지원 문제를 명나라와 타협한 결과 명의 반대로 파병의 뜻을 이루지 못했다.

※ 명나라,

항왜원조(降倭援朝): 조선에 침입한 왜적을 몰아내고 조선을 돕는다.

동원지역(東援之役): 동쪽인 조선을 돕는다. 망(亡)해 없어질 조선이란 나라를 명나라가 도왔기 때문에 나라가 존재할 수 있었다.

재조지은(再造之恩): 두 번이나 망했던 조선을 명나라가 살려냈다. 그 은혜를 잊어서는 안 된다.

임진, 정유재란 이후 조선의 정치, 경제, 문화에도 적지 않은 간섭과 감독이 있었으며, 광해군 책봉 시 수만 냥의 은(銀)이 상납 된 결과로 기회만 있으면 은을 요구하는 등 그 피해가 백성들의 삶을 더욱 피폐하게 만들었다.

임진왜란 이후

1628~1637년(인조 5~14년) 만주의 여진족이 명나라를 점령하고 중원 땅에 청(淸)나라를 세우다.

청나라는 정묘호란(丁卯胡亂), 병자호란(丙子胡亂)으로 두 번, 조선을 침략하기에 이른다.

조선 조정은 동래 왜관(倭館)을 통하여 일본에 침략 사실을 알리면서 원군(援軍)을 청하다. 왜적들에게 그 많은 죽임을 당해 놓고도 일본에 원군을 청했다.

썩어빠진 조선의 위정자들을 벗해야 할까?

_인조실록

여수의 타루비(墮淚碑)

1598년 이순신 장군이 노량해전에서 전사한 후, 23년이 지나도록 전라좌수영 대첩비(大捷碑)를 세울 때까지 묘비도 세울 수 없었다.

그동안 유일한 것은 장군을 추도(追悼)하기 위해 세운 비 중 가장 먼저 세워진 비가 전라좌수영에 있는 여수 타루비(墮淚碑)이다. 전라좌수영 대첩비와 동령소갈비(東嶺小碣碑)와 함께 서 있는 타루비는 이순신 장군을 따르는 전라좌수영의 민중과 유형 장수와 수졸들의 뜻을 모아 1603년 가을에 세웠다.

타루의 명칭은 눈물을 흘린다는 뜻으로 중국 고사에서 유래한다. 중국 진서(晉書) 양호전(羊祜傳)에 의하면, 진나라 때 양양 지방의 태수였던 양호가 오나라와의 전쟁에서 큰 공을 세우고 백성을 잘 보살폈으며, 그 덕을 사모한 양양 사람들이 현산 위에 비를 세우고 언제나 그 비를 보고 감동의 눈물을 흘렸다고 하며 타루비라 불렀다.

여수, 전라좌수영의 타루비는 공적도 없고 내용도 없는 아주 초라한 비석이다. 왜 공덕비, 물망비라 하지 않고 타루비(墮淚碑)라 했다. 타루비의 눈물에는 죽음과 슬픔, 삶과 통한이 서린 것은 틀림없으며, 조선 백성들은 여수를 중심으로 한, 남도 백성을 보살폈던 진한 추도의 마음에서 타루비를 보며 눈물을 흘렸을 것이다.

　타루비에는 애틋한 추모(追慕)와 루흔(淚痕)만 남아 있다. 타루비는 진안현감 심인조(沈仁祚) 글씨이며 해남현감 유형(柳珩)은 전라좌수영의 수족들과 뜻을 함께하다.

노량해전의 전말(顚末)

정유재란(丁酉再亂)은 임진왜란(壬辰倭亂) 시 전라좌수영을 중심으로 한 수군(水軍)과 의병(義兵)들의 끈질긴 저항으로 호남 곡창을 점령하지 못하고 일본군 20여 만 명이 침략하였으나 패배하고 만다.

이에 풍신수길(豊臣秀吉, 도요토미 히데요시)은 전라도 침공을 목표로 삼는다.

1597년 1월

일본군 제1대장 가등청정(加籐淸正)이 부산으로 침입하고 제2대당 소서행장(小西行長)은 남해안으로 재침을 가(加)한다. 7일에는 600척의 선박에 14만 명이 동원된다.

조선에서는 명나라에 원병(援兵)을 청하기에 이르고, 자신들도 침략할 것이라는 위협을 느낀 명나라에는 경략, 형개(荊芥), 양호(陽鎬)와 조명(朝明) 연합군을 편성하여 일본군에 대한 반격 계획을 사로병진작전(四路幷進作戰)이라 명하며 대비에 만전을 가한다.

명, 수군의 참전(參戰)

명나라에서는 수군(水軍)의 조선국 파견을 두고 전황(戰況)을 살피다가 병부시랑 형개(邢玠)가 황제에 건의하여 조선 파견이 결정된다.

1597년 원균(元均)이 지휘하던 조선 수군이 대패(大敗)하고 남원 전투에서 총병 양원(楊元)이 왜적에 패하자 명나라 남해안인 절강(浙江), 산동(山東)의 해상 재해전을 일본에 빼앗길지 모른다며 보호 차원에서 파견한다.

처음엔 유격 계금(季金)이 질강성의 수군 3,200명을 조선에 출병, 충남, 오천항에 입항(계금 창덕비 실존, 노승석 박사 발췌), 그 후 진린(陳璘)이 수군을 이끌고 서울로 들어와 1598년 7월 고금도에서 이순신과 합류하여 조명 연합작전에 들어간다.

진린(陳璘)의 성품에 대하여 당시 영의정이었던 유성룡은 다음과 같이 진린을 평가하고 있다.

"상(선조 임금)이 청파(靑坡, 한강 지칭)까지 마중 나가 진린을 전송하였다. 나는(柳成龍) 진린의 군사가 수령을 때리고 욕하기를 함부로 하고, 노끈으로 찰방(察訪) 이상규(李尚規)의 목을 매어 끌어서 얼굴이 피투성이가 된 것을 보고 역관을 시켜 말렸으나 듣지 않았다.

나는 같이 앉아 있는 재상들을 보고 말하기를 '안타깝게도 이순신의 군사가 또 장차 패(敗)하겠구나!' 진린과 같이 군중에 있으면 견제를 당하고 의견(意見)이 달라서 반드시 장수(將帥)의 권한(權限)을 빼앗고 군사들을 학대할 것이다. 이것을 제지하면 화를 더 낼 것이고 그대로 두면 한정이 없을 것이니 이순신의 군사가 어찌 패전을 면할 수 있겠는가, 하니 여러 사람이 동조하고 탄식할 뿐이었다."

진린(陳璘)은 1598년 6월 26일 서울 한강(동작나루)에서 선조 임금이 베푼 전별연에서도 '배신(陪臣)들 중 혹 명(命)을 어기는 자가 있으면 일체 군법(軍法)으로 다스려 용서하지 않을 것입니다.'라고 하여 조선 조정을 긴장시켰으며, 선조 임금은 비변사에 조치하도록 하였다(따로 이순신에게 부탁하기도 하고).

"명나라 장수가 아군과 함께 거처하여 방해되는 일이 많이 있습니다." 또 "모든 일에 있어서 어렵고 쉬운 것을 막론하고 독촉이 성화같고 심지어는 중요한 시기에 대처할 때도 자기들 마음대로 하여 우리의 뜻이 통하지 않고 있습니다. 그리고 공을 세울 만한 것에는 아군은 손도 대지 못하게 하고 잘못한 일이 있을 때는 우리에게 책임을 돌리는 등 지난날의 일은 사사건건 이와 같았습니다. 수군의 경우는 모두 새로 유랑하는 백성을 어렵게 모아 구성하였는데, 지금 허다한 명의 장수들이 진중(陣中)에 내려가서 절제를 핑계로 엄격하고 다급하게 처치한 때라 다시 흩어져 버릴 우려가 없지 않겠습니까."라며 이순신 장군은 우려하고 있다.

사로병진작전(四路幷進作戰)

　사로병진작전이라 정유재란 시 조선에 침입한 일본군이 주둔했던 울산, 사천, 순천 지역의 왜적을 조명(朝明) 연합군이 군대를 나누어 공격, 섬멸하자는 작전명령이다.

　이를 동로(東路), 중로(中路), 서로(西路), 수로(水路)로 나눈다.

・동로군(東路軍)-울산 주둔.

　명나라 제독 마귀(麻貴)와 경상좌병사 김응서(金應瑞)와 연합, 울산에 주둔한 왜장 가등청정(加藤淸正, 가토기요마사)를 공격하는 작전명령.

・중로군(中路軍)-사천 주둔.

　명나라 제독 동일원(董一元)과 경상도우병사 정기룡(鄭起龍)이 연합, 사천에 주둔한 왜장 도진의홍(島津義弘, 시마즈 요시히로)을 공격하는 작전명령.

・서로군(西路軍)-순천 주둔.

　명나라 제독 유정(劉綎), 조선의 도원수 권율(權慄)과 연합하여 순천에 주둔한 왜장 소서행장(小西行長, 고니시 유키나카)를 공격하는 작전명령.

・수로군(水路軍)-광양만 주둔.

　명나라 제독 진린(陳璘), 삼도통제사 이순신이 연합 순천에 주둔한 왜장 소서행장(小西行長, 고니시 유키나카)를 바다(광양만)에서 협공한다는 전략(戰略)이다.

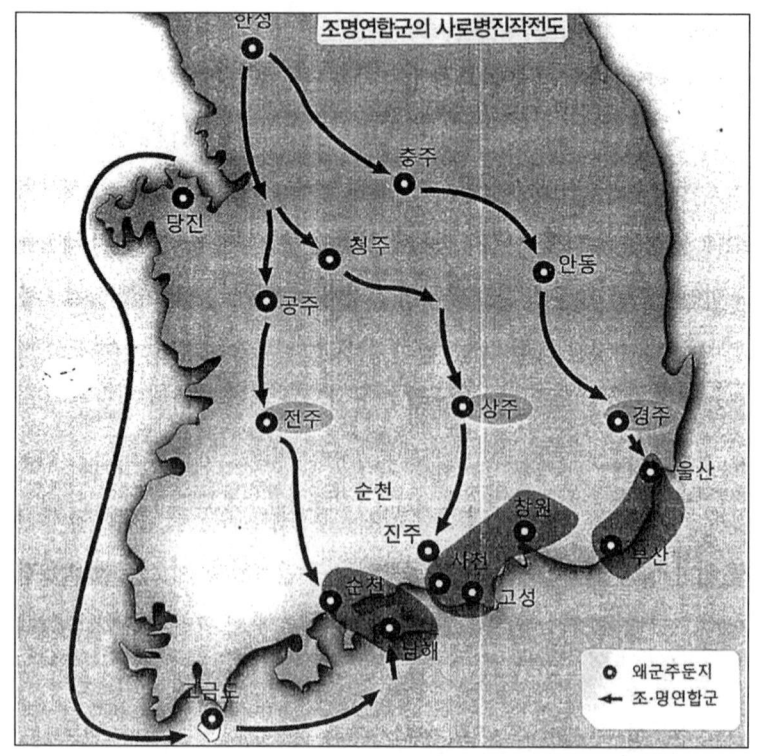

대규모로 주둔하고 있는 일본군을 조명 연합, 육해군이 1598년 9월 20일 일제히 총공격을 하는 특급작전명령이다(그러나 동로, 중로, 서로, 수군만 빼고 결과는 패하고 말았다).

왜교성 전투의 서막(序幕)

왜교성 전투란 3국 조, 명, 일(朝, 明, 日本)이 여수반도의 끝자락인 묘도(猫島)를 중심으로 한 광양만에서 정유, 무술년의 마지막인 1598년 9월 20일~11월 19일까지 2개월에 거쳐 서로군(西路軍)의 육군과 수군이 상호 공방전을 벌렸던 국제 전쟁이다.

왜교성 전투는 1592년~98년까지 장장 7년에 거쳐 진행되었던 전투이며, 노량해전으로 이어진 전투다. 특히 통제사 이순신(李舜臣)이 순국(殉國)한 전투로서 조선인의 저력을 유감없이 발휘(發揮)한 전투다.

왜교성 전투는 3단계로 나눌 수 있다.

9월 20일~10월 7일 조명연합군의 수륙양면 전투이며, 10월 16일~11월 19일 묘도(猫島)를 벗어나 광양만 끝자락인 노량해전으로 이어지는 전투형태를 말한다.

결진지(結陣地) 광양만

1598년 무술년(戊戌年) 9월 15일

통제사 이순신(李舜臣)은 명나라 제독 진린(陳璘)과 합동으로 함대를 편성, 통제영(統制營)이 있는 완도 고금도(古今島)를 떠나 나로도(羅老島)에 도착한다. 나로도를 출발한 조명(朝明) 연합 함대는 여수시 화정면 상화도(上花島), 하화도(下花島)를 경유하여 백야도로 돌아 가막만 금죽도(金竹島) 경도골 포장에서 일박, 신월도, 경도 수로(水路)를 지나 지금의 돌산대교 밑을 지나 장군도를 경유하여 여수시 중앙동(이순신 광장)을 경유한다.

파왜(破倭)의 고장 전라좌수영 여수(麗水), 전력을 다하여 이루어 놓은 전라좌수영, 그 승리(勝利)의 현장이 잿더미로 변하다. 전라좌수영은 원균(元均)이 지휘하는 칠천량 해전에서 조선 수군이 전멸하였다는 말을 듣고, 전라좌수영에 불을 질러 진해루(鎭海樓)를 비롯한 모든 전각과 병영, 군량미 등 모두를 불태운 현장을 목격하며 조, 명 합동 함대는 한려수도(閑麗水道) 시발점인 오동도 앞(현 엑스포장) 부근을 경유한다.

만성리 해수욕장, 오천동(현 해양경찰 교육원), 신덕동 부근의 섬도, 백도 부근(백서랑)에서 숙영, 사개도((沙介島, 현재 사개도라는 지명은 없으나 사포(沙浦)라는 지명은 있으며 현재는 GS칼텍스 원유 부두임))를 경유, 유도, 묘도(猫島)의 선장개((船藏漑, 조선의 전선(戰船)을 감추었다는 바닷가 해안으로 '漑, 물 댈 개'로 난중일기를 번역한 노승석 박사 발췌함)에 이순신이 이끌고 있는 조선 수군이 정박하고, 광양(光陽) 제철 쪽 묘도 도둑골에는 명나라 수군, 제독 진린(陳璘)이 지휘하는 명군이 위치한다.

선장개와 도둑골은 4km 거리를 두고 수없이 조우하며 7년 전쟁의 끝자락 노량해전을 마무리했던 곳이다. 묘도 하늘이 점지해 준 땅, 보성, 장흥의 정성이 명량대첩을 이루었듯 묘도의 정성이 노량대첩을 이루다.

괴섬, 고양이섬, 묘도(猫島), 조선 수군의 선박을 감추었던 선장개(船藏漑), 승리를 수없이 다짐하며 7년 전쟁의 마지막 결전지이다.

명 제독 진린과 통제사 이순신의 대화

일본과 화친을 허락해 달라고 말하자, 이때 이순신은,
"대장 된 사람이 화친을 말하면 안 됩니다. 이 원수는 결코 놓아 보낼 수는 없습니다. 왜장 소서행장(小西行長)은 임진, 무술, 7년간을 조선 국토를 초토화시켰으며, 무수한 양민 300~400만 명을 죽인 불구대천의 원수이거늘, 어떤 일이 있더라도 생포, 목을 베어 죽여야 할 인물이요."

이때 진린은,

"남해에 있는 적을 토벌하러 가자."라고 하자,

"남해에 있는 자들도 모두가 우리 조선의 백성이요."

"하지만 적에게 붙은 이상 토벌한다면 힘 안 들이고 벨 수 있소."

그러자 이순신은,

"귀국의 황제께서 적을 무찌르라 명했지요. 또 조선 백성들 생명을 구하라고 했지 도리어 그들을 죽이라는 것은 황제의 진의가 아닐 것이요."

진린은 성을 내며,

"황제께서 내게 긴 칼을 주었소." 하자,

이순신은,

"한 번 죽는 것은 아까울 것이 없소. 나는 대장으로 결코 적을 놓아주고 우리 백성을 절대 죽일 수는 없소."

풍신수길(豊臣秀吉) 전란(戰亂)에 대한 예수회 프란치스코 보고서
(진주국립박물관)

임진왜란(壬辰倭亂)의 주범(主犯). 풍신수길, 1598년 6월 단오절 행사 후 중병을 얻어 자리에 눕는다. 그는 6세 된 외아들 풍신수뢰(豊臣秀賴, 도요토미 히데요리)를 후계자로 남길 방법을 궁리한 후, 덕천가강(德川家康, 도쿠가와 이에야스), 모리휘원(毛利輝元, 모리 데루모토), 우희다 수가(宇喜多 秀家, 우키타 히데이에), 전전이가(前田利家, 마에다 도시이에)와 사망 직전 4 대자(大者)에게,

"나(豊臣秀吉)는 명(命)을 다했노라. 의 소원이 있다면 아직 일본을 통치할 정도가 못 되는 어린 자식을 두고 떠난다. 일본의 통치는 그대들에게 넘기고자 한다. 단, 내 자식이 장성하면 그에게 일본을 넘겨라."라는 말을 남기고 1598년 8월 18일 63세를 일기로 사망한다.

"한갓 이슬로 떨어져 이슬로 사라지는 것이 인생이런가. 나고야에 이룬 대업도 꿈속의 꿈이던가."라는 한 편의 시를 남겼다.

덕천가강(德川家康, 도투가와 이에야스) 외 4대자(大者)는 풍신수길의 사망을 숨기고 그가 지시한 것처럼 꾸며 철군 명령을 조선 출병군에게 전달한다. 일본으로부터 철군 명령을 받은 왜군 부대는 명분 찾기에 부심하며 대책을 숙의한 끝에 뇌물(賂物) 공작(工作)을 해결의 수단으로 삼기에 이른다.

순천 왜교성의 왜장 소서행장(小西行長, 고니시 유키나카)은 명나라 제독 유정(劉綎)과 수군 제독 진린(陳璘)에게 강화하자며,

"유정에게는 수급(首級, 전장에서 벤 적군의 목) 2천을, 진린에게는 1천을 줄 터이니 광양만에서 빠져나갈 수 있도록 철군(撤軍)을 허용해 줄 것"을 요청하니 진린은,

"나에게도 수급 2천을 주면 보내줄 수 있다."라고 하자 그때부터 예물, 보검 등 뇌물을 보내자 그는 조선의 통제사 이순신에

게도 허락을 얻으라고 하였으나 이순신은 일언지하에 거절하고 만다.

결국, 진린의 묵인하에 남해의 우군에 구원을 요청한다. 그 명분으로,

"남해에 사위가 있는데 그와 만나 의논해야 할 일이 있으므로 사람을 보내어 불러오려 하니 그곳으로 배를 보내주길 바란다." 라는 것이다.

이때 이순신은,

"사위를 불러온다는 것은 구원병(救援兵)을 청(請)하는 것이니 절대 허락할 수 없는 일이요." 하고 끝까지 반대했지만, 명나라 수군 대장 진린 제독은 그 말을 듣지 않고 11월 14일 왜선 1척에 왜인 8인을 태워 보낸다.

"왜선이 남해로 나간 지 4일이 지났으니 필시 구원병이 올 것이다. 먼저 나가 요격하겠다."라며 묘도에서 나가자, 이때도 진린은 허락하지 않았으나 이순신이 출동 나팔을 불며 진군해 나가자, 그때야 진린 제독도 뒤따라 나왔다. 이때 명나라 부총병 등자룡(鄧子龍)과 통제사 이순신이 선봉(先鋒)에 서자 진린은 유격장 진장, 계금, 복일승과 같이 뒤따라 오다.

통제사 이순신(李舜臣)의 결의(決意)

통제사 이순신은 지금의 '임진왜란' 7년 전쟁의 마지막 결전(決戰)임을 충분히 예상하며,

"조선 땅에 쳐들어온 왜적(倭賊), 그들이 살아서 일본으로 돌

아간다는 일이 있어서는 안 된다." 천인공노(天人共怒)할 죄를 지어 놓고, 천추(千秋)의 한을 남긴 그 왜적들을 지금 이 시기에 이때를 놓친다면 인귀(人鬼)의 탈을 쓴 그들의 죄상을 누가, 어떤 방법으로 응징할 것인가. 얼마나 많은 우리 백성을 도륙한 장본인들…… 증오스러워 도저히 용서할 수 없는 집단이지만, 남의 나라에 쳐들어올 때는 마음대로 허가도 없이 들어왔는데, 나갈 때도 마음대로 출국한단 말이냐. 그렇게 대접할 수는 없지 않은가? 일본으로 모두 살아서 돌아가게 두지는 않을 것이다. 모두 수장시켜 죽여야 한다. 다시는 이 땅 조선을 넘볼 수 없도록…….

철천지 원수를 그냥 보낼 수는 없지. 암!

기도문(祈禱文)

하늘(天地神明)이시어! 조선수군 삼도통제사(朝鮮水軍 三道統制使) 이순신 간절히 기도드립니다.

이 땅 조선의 철천지원(徹天之冤)인 왜적을 무찔러 전쟁을 종결(終結)할 수만 있다면……

침입(侵入)하였던 왜적선(倭敵船)을 단 한 척이라도 일본으로 되돌려 보낼 수 없다면……

단 한 명의 왜적도 살려 보낼 수 없다면……

이순신, 이 목숨을 천지신명께 바치겠나이다.

천지신명(天地神明)이시어! 간절히 간절히 기도하나이다.

천지신명(天地神明)이시어! 다시는 조선에 왜적의 침입이 없다면 이 목숨 천지신명께 바치겠나이다.

此讐若除 死卽無憾(차수약제 사즉무감)

하늘이시어, 적을 물리치는 날, 이순신은 죽음으로 보답하겠습니다. 꼭 죽음으로 보답하겠나이다.

1598년 무술년(戊戌年) 11월 18일 이순신

이때 남해에 주둔한 왜장 도진의홍(島津義弘, 시마즈 요시히로)은 왜선 500척을 거느리고 노량을 지나 왜교성의 소서행장(小西行長, 고니시 유키나카)를 구하려고 출항하고, 명나라 수군들은 노량 서쪽 죽도 쪽을 선점하고 통제사 이순신은 동쪽 관음포 쪽을 선점한다. 일본군이 노량에 오기 전 전투에 유리한 위치를 선점하고, 새벽녘 척후선으로부터 어둠을 뚫고 일본 함대가 노량 수로에 진입한다는 보고를 받는다.

1598년 11월 19일 새벽 2시경, 왜적의 구원병이 노량 수로 좌단에 도착하자, 명수군, 진린 제독은 진격(進擊) 명령을 내린다. 통제사 이순신(李舜臣) 장군은 드디어 입을 열었다.

"출전(出戰) 명령(命令)이다. 함부로 망동하지 말고 정중하기를 산 같이 하라(물령망동 정중여산 : 勿令妄動 靜重如山)."

명수군은 호준포를 비롯한 각종 포화를 왜선단을 향하여 집중적으로 발사하여 적선을 무력화시켰으며, 이순신 장군이 지휘하는 조선 수군은 지자, 현자를 비롯한 총통을 동시다발로 공격하여 소낙비가 오듯 화살을 쏘아 왜적선들이 숨돌릴 틈도 없이 부서지고 불에 타고 큰 피해를 입히다.

또한, 바람을 등진 화공전으로 수십 척의 선박을 불태우고 통제사 이순신과 장수들은 생사(生死)를 가리지 않고 피아간 치열한 전투가 계속되었다. 왜적들은 도주 수로인 줄 알고 관음포 내항으로 몰리자 조명 수군이 표적으로 공격하니, 상호 최후 발악으로 공방전이 지속되었다.

이때 조경남(趙慶男)은 난중잡록(亂中雜錄)은,

"순신이 친히 북채를 들고 앞장서서 적을 추적해 무찌르는 중에 적이 배의 뒤편에 서 있다가 순신을 향해 일제히 쏘았다."

이때 먼동이 트기 시작할 무렵, 하늘의 별이 떨어지는 날인 1598년 11월 19일 07~08시경, 노량 앞바다인 관음포구 퇴로를 차단하고 우리 수군과 왜적과의 일전에서 수많은 왜적을 수장시킨다. 대장선(지휘선) 3층, 지휘부를 나와 1층 선수(船首, 뱃머리)에서 도망가는 적을 뒤쫓다가 적의 조총 탄환이 왼쪽 가슴을 뚫고 나갔다.

심장에 치명상을 입고 순국하신다. 이때가 11월 19일 여명(黎明), 동틀 무렵이었다. 당시 판옥선 배 안에는 맏아들 회(薈, 32세)와 맏형님의 넷째아들인 조카 완(莞, 20세)과 종, 금이(金伊)가 보는 앞에서 54세를 마지막으로,

"전방급(戰方急) 지금 싸움이 한창이니 신물어아사(愼勿言我死) 삼가 내가 죽었다는 말을 하지 말라." 하신다.

노량해전의 싸움이 끝난 후 명나라 진린 제독이 갑판 위에서 머리를 묻고 통곡한다. 이때도 군관 송희립(宋希立)과 해남 현감인 유형(柳珩)이 유탄을 여섯 군데나 맞아 기절하였다가 살아났다고 고하며, 송희립이 이 장군의 북채를 쥐고 지휘했다고 한다((전쟁이 끝난 후인 1604년, 일본 덕천가강의 초청으로 탐적

사(探賊使)라는 임무를 띠고 사명대사와 같이 다녀왔던 손문욱이 이 장군의 북채를 들고 지휘했다고 한다)).

또 이순신을 가장 존경하고 아끼던 장수인 유형(柳珩)은,

"대장이 만일 조금이라도 공(功)을 이룰 마음을 갖는다면 대개는 몸을 보존하지 못하는 법이다. 나는 적이 물러가는 그날 죽는다면 아무런 유감도 없을 것이다."

진린(陳璘)은,

"통제사의 구원으로 나는 살았건만 통제사는 어찌하여 그렇게 가신단 말이오. 그대는 과연 천하(天下)의 용장이었소."

이때가 선조 31년(1598) 11월 19일이며 양력으로는 12월 16일이다.

서로대첩(西路大捷)

왜장(倭將) 소서행장(小西行長)이 왜성대에서 동쪽으로 쫓겨갈 때, 접반사(接伴使) 김수(金晬)가 문을 열고 싸우자고 적극적으로 청했으나 명의 장수 유정(柳廷)은 노기를 띠고 출동하지 않고 도리어 업신여김이나 당하고 왜적에게 식량이나 제공하는 처사를 두고 분개하지 않은 신료들이 없을 만큼 전쟁을 회피한 무능한 장수가 유정이었다.

고니시가 도망간 사흘 후, 전리품을 챙기고 조선 부녀자들을 간첩질했다고 목을 베어 숫자를 늘리고, 승전보고서를 작성하여 명나라 황제에게 특사 편으로 보낸다. 이것이 바로 명나라 장수 유정의 서로대첩(西路大捷)의 전말이다.

사로병진작전 시 조명연합군의 병력 현황

구분	명군	조선군(무술년 10월 현재)	병력 합계
동로군	24,000명	5,514명	29,514명
중로군	26,800명	2,215명	29,015명
서로군	21,900명	5,928명	27,828명
수로군	19,400명	7,328명	26,728명
합 계	92,100명	20,985명	113,085명

왜장 소서행장(小西行長)

심복 부하 대다수를 노량해전에서 조명 연합 수군에 수장(水葬)시키고 패군(敗軍) 지장으로 이순신 장군이 전사(戰死)한 7일 후인 1598년 11월 25일 부산에 집결한 후, 대마도(對馬島) 일기도(壹岐島)를 경유하여 12월 1일 박다(博多, 하카다, 지금의 후쿠오카)인 일본 땅에 도착한다.

1600년 일본
동군(東軍)-덕천가강(德川家康, 도쿠가와 이에야스) 외 다수.
서군(西軍-풍신수길(豊臣秀吉, 도요토미 히데요시) 외 다수.

동군(東軍), 서군(西軍) 편을 나누어 세키가하라 전투에서 덕천가강의 동군이 승리한다. 서군에 가담한 소서행장은 덕천가강으로부터 활복을 명 받는다.

덕천가강(德川家康, 도쿠가와 이에야스): 일본 신권을 장악

1603년 일본 천황으로부터 정이대장군(征夷大將軍)이라는 칭호를 받고 막부정부 260년간 통치한다. 모두가 충무공 이순신 장군의 공(功)이다. 노량해전에서 소서행장, 도진의홍의 왜적들을 두 번 다시 조선을 넘보지 말라며 철저하게 싹쓸이해 준 고마움을 그는 알기나 할까?

 진린(陳璘) 제독은 선조 임금을 면대한 자리에서,
 "이순신은 천지를 주무르는 재주와 무너지는 나라를 바로 잡은 공이 있다."
 라며 황제에게까지 알린 바 있다.
 이순신 유경천위지지제보천욕일지공(李舜臣 有經天緯地之才 補天浴日之功)

이순신 장군의 사후(死后) 행적(行蹟)

 1598년 11월 19일 노량해전에서 순국. 2, 3일가량 노량에서 해전을 마무리하고, 11월 25일경 통제영이 있는 완도 고금도에 도착. 10여 일간 월송대(月松臺) 안치(혹자는 40일 안치했다고 함). 강진, 마량을 경유, 해남, 나주, 육로로 아산 도착.
 1599년 2월 금성산에 장사. 16년 후 어라산 이장.
 1604년 선무공신(宣武功臣) 1등에 책훈.
 교서 내용,
 "옥포에서 떨치매 하늘은 요망한 기운을 걷어주고 노량에서 모조리 무찌르매 바닷물이 피로 변했도다. 날아오는 적탄에 어깨를 뚫어도 얼굴빛이 변하지 않고, 대포 불이 몸을 그을려도 눈도 깜짝 아니하며 드디어 만 척의 왜적을 무찔러 그들의 좀 먹어 들어옴을 막고 다시 삼한의 자손들을 살려냈거니, 누가 그 큰 공에 어깨를 겨루리오."

1643년 충무(忠武)라는 시호를 내리다.

제 몸을 위태로이 하면서 임금을 받듦이 충(忠)이라 하고, 요충을 꺾어 모욕을 막아냄을 가로되 무(武)라 하는 것이다.

위신봉상왈충 절충어모왈무(危身奉上曰忠 折衝禦侮曰武)

이순신(李舜臣) 장군의 죽음이 전사인가? 자살인가?

조선 중기의 문신 이민서(李敏敍, 1633~1688)가 쓴 김덕령(金德齡) 장군의 공적 평전 내용 중,

"이순신(李舜臣)은 왜적과 싸울 때 면주(免冑) 하여 탄환을 맞고 전사했다(李舜臣 方戰 免冑自中丸乆死)."

면주(免冑), 투구를 벗는다는 의미, 임금에 대한 충성심으로 적과 싸울 때 격분한 나머지 투구를 벗고 싸우는 모습을 형용할 말로 귀결(歸結)되다.

_이순신 연구소 노승석 박사 풀이
충남 아산군 음봉면 어라산에 있는 이순신 묘소

1592년 /월 7일 한산도 해진에서

이순신 장군이 이끄는 전라좌우수군과 왜장(倭將) 협판안치(脇坂安治) 이끄는 한산해전의 왜선 73척 중 59척을 대패(大敗)하고 다 부서진 14척을 인솔 구사일생으로 도주한 협판안치는 두려움에 떨고 무인도에 들어가 일주일가량 미역만 먹고 구사일생으로 살아남다.

그는 "내가 제일 두려워하는 사람은 이순신이다.

　　　가장 미운 사람도 이순신이고

　　　가장 좋아하는 사람도 이순신이다.

　　　가장 흠모하는 사람도 이순신이며,

　　　가장 죽이고 싶은 사람도 역시 이순신이다.

　　　오손도손 이야기하고 싶은 사람 역시 이순신이다."

1592년 4월 13일 일본군의 침략으로 발생한 임진왜란은 6년 7개월간, 사상(史上) 유례(類例)없는 참혹(慘酷)한 생채기만 남기고 1598년 11월 19일 대단원의 막을 내리다.

  고음내(古音川)의 지고지순함이여
  만 백성의 가슴속에 살아 숨 쉬는 성자여
  영원한 해왕으로 그의 소임을 다하다
  임이시여!
  사랑합니다. 참으로 존경합니다.
  010-2612-0603 남영식 드림

참고 문헌

1. 이충무공 전서(上, 下), 이은상, 성문각
2. 이순신 연구논총(1~39권), 순천향대학교 이순신 연구소
3. 태양이 비치는 길로(上, 下), 이은상
4. 성웅 이순신, 이은상
5. 충무공의 생애와 사상, 조성도, 명문당
6. 신은 준비를 마치었나이다, 김종대, 가디언
7. 난중일기(증보편, 유적편), 노승석, 여해
8. 파워 인맥 백의종근, 제장명, 행복한 미래
9. 이충무공의 진중일기, 임기붕, 범우
10. 전라좌수영 연구, 문영구, 대한건설
11. 징비록, 이재호, 정형수 외
12. 임진일기, 김문정, 더스토리
13. 이순신 정신과 리더십, 구능회 외, 자연과 인물

외 다수

" 별책 부록 "

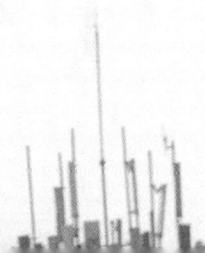

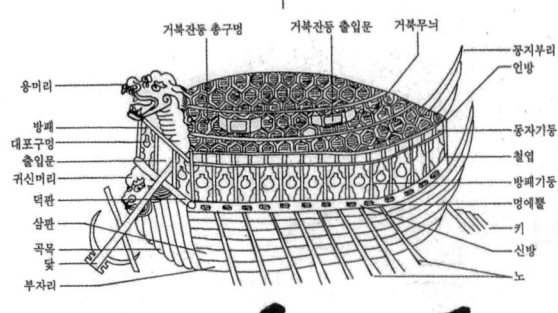

전라좌수영 거북선 (全羅左水營龜船)

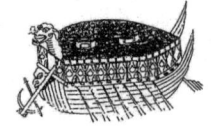

三道水軍統制營
全羅左水營本營
거북선의 故鄕

거북선(龜船)
거북선은 목선(木船)인가, 철선(鐵船)인가?
내부 구조는 2층인가? 3층인가?
어느 때, 어느 곳에서 만들어 진수했는가?

1. 거북선의 유래(由來)

거북선은 천하무적(天下無敵)의 전함임은 틀림이 없다. 우리는 거북선 하면 이순신(李舜臣), 이순신 하면 거북선이 떠오른다.

우리 역사에 등장한 시기는 태종 때이다. 1413년(태종 13年), 임금이 신하들과 함께 개경을 행차하다. 임진강에서 거북선과 왜선(倭船)이 훈련하는 수전(水戰)을 관전했던 것이 시초이다.

2. 만들게 된 배경

이순신 장군은 어찌하여 거북선이란 특사한 병기(兵器)를 여수 전라좌수영에서 만들기를 창안하였을까?

그 당시 조선(朝鮮)의 방어 체재는 진관체제(鎭管體制)였다. '내 고장은 내가 지킨다.'라는 지금의 향토방위 체계와 동일한 방법이다.

거북선은 이순신 장군이 전라좌수사로 부임하면서 왜적의 침략을 방어하기 위해, 여수를 중심으로 5관 5포를 왜적(倭賊)으로부터 보호, 방어하기 위해 평소의 깊은 생각, 자문으로 고안하여 거북선이란 오늘날의 잠수함이며, 최첨단의 군함이며, 핵무기보다 더 무서운 무기를 만들다(내부 구조는 군사기밀이다).

그 당신 인간이 개발한 최상의 특수 무기임은 분명하다.

3. 거북선의 모형

거북선은 철갑선이다. 아니, 목선(木船)이다.

오래전부터 '달걀이 먼저냐, 닭이 먼저냐?'가 논란이 되었다. 거북선이 철갑선이라고 주장한 곳은 일본이지만, 영국도 마찬가지로 철갑선이라고 주장했다.

일본인이 번역한 '고려선 전기(高麗船 轉記)'의 내용으로 안골포의 치열한 해전을 설명하며 '고려 맹선(거북선)은 철(鐵)로 요해 되었다.' 영국인 힐버트 역시 '거북선은 세계 최초의 철갑선이다.'라고 하였으며, 국내라고 가만히 있었겠는가. 단재 신채호 선생은 조상의 업적을 기술하며 '거북선은 철갑선'이라고 주장하였고, 남천우(南天祐), 장학근(張學根), 김재근(金在根), 최두환(崔斗煥), 조성도(趙性燾) 교수는 '거북선이 철갑선'이라고 주장한 곳은 일본이라고 말하며 '거북선 상단에 칼송곳(刀針, 도추)를 꽂았다'라고 했지, 철갑을 입혔다는 기록이 없으며, 박혜일 교수는 '거북 등판에 철갑(쇠붙이)을 입히면 선수(船首)가 무거워 전복될 위험이 있다.'라고 말을 하였다.

그렇다고 일본의 조총이나 대포 등 왜적의 화공(火攻)을 철갑이나 쇠붙이가 아니라면 어찌 피했을까. 거북선 전체에 쇠를 붙이지는 않았어도 적의 표적이 될 만한 중요 부분에 쇠 판자 같은 쇠를 부탁하지 않았을까(표적, 박혜일 교수는 철갑선이라고 주장).

4. 거북선을 몇 층인가

거북선은 2층이다. 아니 3층이다. 층수에 대한 논란이 있다.

1층, 병사들의 숙소, 식량, 식수, 취사(땔감), 군수물자 보관, 휴게실.

2층, 노 젓기, 활쏘기, 각종 총포 조준 발사, 화약 보관 등.

3층, 선장 총지휘, 사주경계, 관측, 포수들의 전투장(상갑판 장대 지휘).

거북선이 3층이라면 움직임이 둔하여 자유롭지 못하고, 돌격전술, 당파전술(撞破戰術), 함포 전술, 생명인 거북선에 논란의 여지가 있다.

5. 어찌 생겼을까

이순신 장군의 조카 이분행록(李芬行錄)을 적는다.

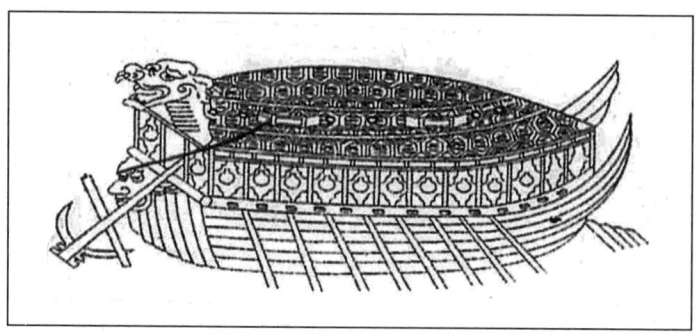

전라좌수영 거북선의 외부 모습

배 앞에는 용의 머리를 설치하고, 입에는 각종 포를 쏘며 상판에는 쇠못(刀針)을 박고, 크기는 판옥선만 하고…… 거북선은 우리가 알고 있는 단순한 배가 아니다. 특별한 목적으로 특수하게 제작 설계된 최신의 돌격선이다.

아무 예고도 없이 평화스러운 마을에 나타나 죄 없는 양민을 학살, 약탈하고, 칼 잘 쓰는 사무라이들, 특히 우리는 활쏘기에 능하지만, 일본은 칼을 잘 쓴다. 일본 해적들의 침입을 막기 위해 특별하게 고안된 병기이며 구축함이다.

왜적과 싸울 때 상대방에게 위치를 감추기 위해 입에서는 유황 연기를 피워 위치를 보호하고, 당파전술로 돌격의 임무를 수행한 거북선을 뉘라서 그 위력에 대적(對敵)할 자 있겠는가.

6. 출동과 설계

거북선은 1592년 임진년(壬辰年) 5월 29일 사천해전에 처음 출동하여 전투에 참여한다. 사천해전(泗川海戰)에서 왜적선 13척을 분멸(焚滅)하고 대승을 거둔다.

"이번 싸움이 얼마나 치열했는지 군관 나대용(羅大用)이 적의 탄환을 맞았고, 나(李舜臣) 역시 왼쪽 어깨에 탄환을 맞았다. 중상은 아니지만, 어깨뼈가 깊이 상했고, 갑옷을 입고 있어서 상한 구멍이 헐어 완쾌되지 않아 민망합니다(유성룡에게 보낸 편지)."

거북선의 설계, 이순신 장군은 나대용을 감독관으로 삼고 정걸(丁傑), 송덕일(宋德馹), 이언양(李彦良)이 거북선을 만들다.

행주대첩(幸州大捷)을 승리로 이끈 도원수 권율(權慄)은,

"이순신 장군은 채암공(나대용의 호)이 없었다면 이같이 큰 공을 세울 수 없었고, 나대용 역시 이순신이 아니면 어찌 공을 세울 수 있으랴."

임진왜란 첫 모습의 거북선을 장계로 전한다.

먼저 거북배로 하여금 왜선의 아랫부분을 향해 곧장 들어가게 했습니다. 용의 입에서 현자 대포 철환을 올려 쏘고, 천자와 지자, 대장군전을 쏘아 그 배를 깨뜨려 부수었습니다. 여러 척의 배가 학익진을 펼쳐 둘러서고, 거북배로 하여금 뚫고 들어가게 했습니다. 천자와 지자총통을 쏘아 큰 왜선을 꿰뚫어 격침시켰습니다.

_1592년 6월 14일 당포에서 왜적을 이긴 이순신이 선조에게 보낸 보고서

7. 전라좌수영의 군사들

거북선의 주특기는 선제기술, 당파전술, 함포술이 결합된 승리의 합작품이다. 빠르게 돌진, 왜적 선에 접근과 동시에 천자, 지자 등 화포를 집중적으로 발사하고, 왜적선을 무력화시킨 후 깨부수고 불을 질러 분멸시키는 승리의 완제품이다.

국가의 운명이 바람 앞의 등불처럼 위태로울 때 그 위기를 극복하는데 승리의 원동력은 조선 수군이며 그 중심이 전라좌수영의 수군들이다. 어찌 그뿐인가! 특별한 시기에 특별한 병기 '거북선'의 성능을 이해하고 작동하여 운용할 수 있는 완벽한 기술은 유일하게 전라좌수군이다. 전라좌수군!

전라좌수영, 본영(本營), 방답(防踏) 거북선 2척

충무공전서, '거북선을 창제하고 운용할 수 있는 곳인 전라좌수군이다.'

사대문궤(事大文軌), 조선 국왕이 명나라에 보낸 문궤(文軌)에 의하면 거북선은 전라좌수군이 운영하며, 경상우수군, 충청은 보유하지 못함. 승리의 주역인 전라좌수영의 군사들, 승리의 고장에서 제작 건조하여 마지막 전투(칠천량해전)까지 생과 사의 운명을 함께한 전라좌수군이다.

8. 거북선의 건조 장소

전라좌수영인 여수에서 만들었다. 그러면 두 척인가, 세 척인가! 척수에 대한 차이는 있어도 학자들은 여수에서 만들었고 일치한다. 그러면 여수 어디에서 만들었을까. 본영(本營)인가, 5관 5포인가. 그 시대에 거북선 같은 첨단 무기를 개발한 것은 조선 민족의 큰 자랑이다. 한마디로 결정적 시기에 건조, 결정적 역할의 소임은 동서고금에도 없다. 여수 향토사(충무공과 이순신) 1962년 출간.

1479년(성종 10년) 여수에 전라좌수군절도사(좌수사) 신설.

1592년 임진왜란 시 전라좌수사 이순신을 중심으로 수군의 승리.

1895년 일제에 의해 전라좌수영이 폐영(廢營)될 때까지 여수시 중앙동 진남관 밑 농구정(弄龜亭) 앞 선창에서 역사적인 거북선이 건조하였다는 것이 인근 주민의 다수설이다.

춘원 이광수(李光秀)는 1930년 동아일보에 '이순신선'을 연새하였던 소설가이며 선각자인 춘원 이광수는, '여수 중앙동 진남관(鎭南館) 밑 농구정 선창에서 거북선이 건조되었다.'

동아일보에 이순신전을 연재하며 사료 수집차 여수에 내려와 지역 주민과 촌로(村老)들의 의견을 들었을 것으로 예상된다.

여수 읍지(麗水邑誌) 1963년(여수향토사, 김낙원)

거북선을 최초로 건조한 장소는 진남관 밑 복파당(伏波堂) 앞 선창이며 현 망해루(望海樓) 밑에 농구정이라는 정자가 있었는데 건물이 노후되어 무너지고 난 후 뜻있는 유지들이 복원을 시도하다가 제정 난으로 복원하지 못함을 못내 아쉬워했다.

9. 거북선 전조 장소

시전선도(柿田船所) 여수시 시전동 소재, 순천부사 소속으로 되어 있으나 위치가 여수시 시전동으로 타 지역은 도시 확충으로 모두 없어지고 유일하게 현존하고 있으며 어머니 변씨 부인이 거주하는 고음내(古音川)와 지근거리(3km)이며 외부에 감추어진 최적의 건조 장소로 여겼으나 선박 수리소는 가능하나 거북선 건조로는 미약한 곳이다.

난중일기 인용

1592년 2월 1일 선창에 나가 널빤지를 골랐다(거북선에 필요한 널빤지를 이순신 本人이 골랐다).

2월 8일 거북선에 사용할 범포(帆布, 돛에 사용할 천) 29필을 수령했다.

3월 27일 전라좌수영(여수) 앞바다에서 거북선에 장치할 대포를 실험 사격하였다.

4월 12일 드디어 거북선에서 지자, 현자 포를 쏘았다(4월 13일 왜적이 부산에 쳐들어왔으니 하루 전에 완성하다).

여수(本營)의 정당성

여수 전라좌수영 선소라야, 좌수사 이순신 본인이 수군과 거북선 관련 지휘, 보급, 제작, 건조, 수리 등 필요사항 지휘, 용의. 전라좌수영(本營)에서 '본영 거북선', '방답 거북선' 두 척을 만들어 각각 장소로 나누어 준 것으로 이해되며, 최초의 건조기는 지금의 진남관(鎭南館) 밑 선소가 확실하다.

10. 몇 척을 건조하였는가

이순신 장군의 장계에 의하면 본영, 방답 각각 1척씩 보유했다.

견내량 파왜병장(見乃梁 破倭兵將, 閑山大捷) 시,

전라좌수영 귀선(全羅左水營 龜船)

전사 : 김말손 외 1명, 부상 : 김연호 외 4명

부산대첩(釜山大捷) 장계 내용

전라좌수영 귀선, 부상 정인이 2인

방답 거북선, 부상 종 춘세 1인

임진년, 거북선 출동 참전은 본영, 방답 각 1척(2隻)

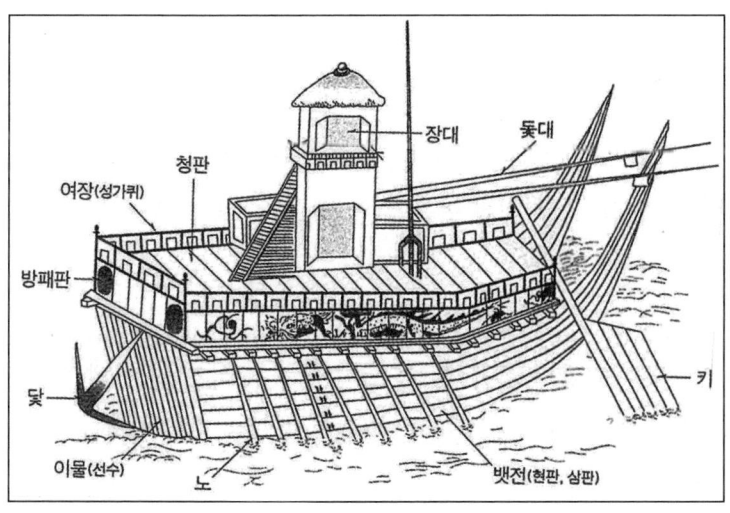

판옥선

거북선 척수의 오류(순천 거북선의 실체)

난중일기 1593년 7월 13일 본영(여수)에서 탐후선이 왔다. 순천의 거북선 격군, 경사도 사람 종, 태수가 도주하여 처형했다

(순천의 격군은 거북선에서 일하는 사람). 경상도 출신이라는 기록 외 순천이라는 지명과 관련된 '순천 거북선'이라는 거북선은 이순신 장군을 비롯하여 어느 곳에도 기록이 없다.

난중일기 1594(甲午) 2月 15日
날이 새자 거북선 2隻(본영 거북선, 방답 거북선)이 보성군선(寶城軍船) 1隻, 계 3隻을 나무를 실어오게 했다.

이날의 일기에 귀선양척(龜船兩隻)이라 하고 거두절미 순천 귀선(順天龜船)은 존재하지 않았다.

11. 선인(先人)들은 거북선을 어찌 보았는가

선조 임금, '거북선을 만들었다는데 어찌 생긴 배인가(上曰 龜船 之制若何)?'

남이공, '상방의 곁은 철판으로 씌워졌고 이로 인해 왜적의 접근이 어려우며 모형은 거북이 형태와 같사옵니다. 전하.'

선조수정실록(宣祖修正實錄), 거북선은 배 위에 매목(枚木)을 깔아, 거북이 등처럼 만들고 그 위에는 통행할 수 있도록 십(十)자 길을 내고 칼송곳(刀針)을 꽂았으며, 좌우 총구멍이 각각 6개씩 있었는데 군사들이 그 밑에 숨었으며 사방으로 포를 쏠 수도 있으며 이동할 때는 날아간 듯 빠르다. 넓은 바다를 휘

젓는 모습은 왜적을 공포에 떨게 하였다.

서애 유성룡(柳成龍)은 어찌 보았는가.
전후좌우 화포를 많이 싣고 이리저리 마음대로 드나들기를 마치 베 짜는 북(梭)과 같이 행동하고, 적의 배를 만나면 대포를 쏘아 부수고 일시에 합동으로 쳐부수니 연기와 불길이 하늘 가득하고 왜적의 전선은 수없이 불타다.

난중잡록(亂中雜錄), 의병장 조경남(趙慶男) 자신이 참전하여 이순신의 배는 항상 거북이 같았으며, 적진 속에 쉽게 돌진하고 거북선이 출동했다 하면 왜선(倭船)들은 살아남지 못했다.

매천 황현(黃玹), 일제강섬기 시내 마지막 신비인 매친은 전라좌수영인 여수에서 거북선을 노래하다.
"좌수영의 남문이 활짝 열리자 둥둥 북을 울리며 거북선이 나타나네. 거북인가 거북 아니고 배인가, 배도 아닌 것이 집채만 한 물결 일어나니…… 노 젓는 장부들 파도 속에 앉았다가 누웠다가 하네……

노산 이은상(李殷相)
거북선은 이순신 장군의 창작품이며, 세계 최초의 잠수함이다. 거북선은 임진왜란 전에도 존재했지만, 이순신 장군의 발명품과 동시에 창작품이다.

12. 조성도(趙性燾) 교수의 주장

충무공 연구의 대가이신 조성도 교수 역시 비밀병기인 거북선을 최초로 건조한 곳은 전라좌수영(本營) 여수 전양(麗水前洋, 여수 앞바다)이라고 정리하고 있다. 그러면 거북선은 잔라좌수영, 언제, 어디에서 최초로 건조했는가?

정확하게 알려진 기록은 현재까지는 없으며 구전(口傳) 등에 의한 사실은 전라좌수영(本營) 선창에서 건조했을 것으로 예상한다.

호좌수영지(湖左水營誌)

전라좌수영(本營) 관련 가장 오래된 사서(史書) 선창은 거북선을 최초로 건조한 곳은 선창재남문외(船艙在南門外)로 표시되어 있고, 좌수영 남문 밖(진남관) 밑 선소다.

김재근(金在根) 교수의 '거북선의 조선학 고찰'

거북선의 전투원과 노군은 모두 계단 밑 동일 장소에 모여 노역하고 궁수(弓師), 발포(發捕) 등 각종 전투를 수행해야 하므로 탄옥선 보다 거북선이 불편했을 것이며, 거북선의 활동은 사천, 당포, 한산, 부산 등 해전의 승리가 두드러진 방면 세월이 지날수록 전투에 대한 출전 횟수가 줄어들었으며, 거북선을 만들자고 아이디어를 낸 사람은 누구인가. 실전에 옮긴 이는 이순신이다. 그러므로 충무공 이순신 장군이 거북선을 개발했다.

13. 결언

거북선은 이순신(李舜臣) 장군이 전라좌수사로 부임, 왜적의 침략을 방어하기 위하여 오늘날의 잠수함, 핵무기보다 더 무서운 거북선이란 신무기를 만들다.

거북선은 특별한 목적으로 특수하게 설계된 당파전술의 돌격선이며 이순신 장군의 신(神) 같은 통찰력(洞察力)과 예지력(豫知力)은 어찌, 장하다 아니하랴. 또한, 천우신조(天佑神助)가 아니랴.

전라좌수영(本營) 여수에서 창제(創製), 끝까지 운용한 전라좌수군, 호남이 없고, 여수가 없었다면 나라와 사직이 존재하였을까?

천추(千秋)에 자랑스러운 여수(麗水), 이순신(李舜臣) 장군의 인생을 완성시킨 호국의 성지. 조선천지에 충효열의(忠孝烈義)를 논한다면 여수가 으뜸이라 말하지 않던가.

거북선 찬가
이 땅 겨레의 혈관 속 줄기찬 전통의 힘을 뭉쳐
구만리 하늘이라도 솟구쳐 오를 불기둥 같은 정성을 뭉쳐
피와 땀과 슬기와 금강석보다 더 굳은 얼을 뭉쳐
한바다 청파 위에 던지니 슬기롭다 그 이름 거북선
그것은 힘이었다 정성이었다
그리고 깰 수 없는 얼 덩이었다
파도보다 더 높은 자세로
휩쓸고 달리는 바다의 철벽이었다

승리의 역사를 지고 바다 위에서
조용히 그 모습 거두고 말았어도
겨레의 가슴마다에 새겨진
오! 우리들의 힘이여 정성이여
그리고 깰 수 없는 얼 덩어리

_1967년 12월 28일 이은상 글, 손재형 씀(여수 자산공원 이순신 동상)

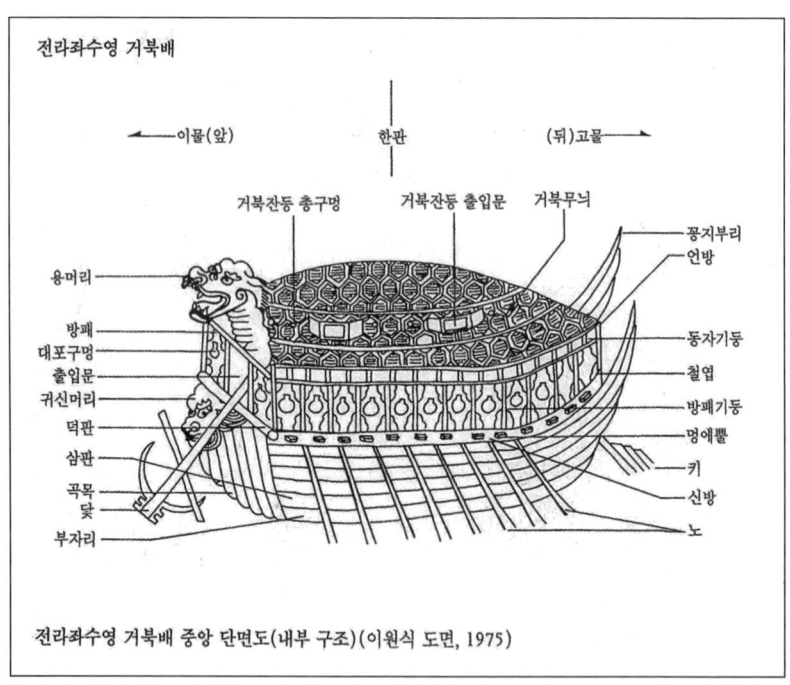

이순신(李舜臣)!

구국(救國)의 목표(目標)를 구현(具現)해낸 정돈(整頓)된 지도자 이순신(李舜臣)!

정성스러운 사람은 일을 당하기 전에 철저하게 대비(對比)한다면서요.

"나는 조선(朝鮮)의 장수다. 장수(將帥)는 전쟁(戰爭)에 나가야 하고, 나갔다 하면 반드시 이여야 한다. 자기(自己)가 맡은 책임(責任)과 의무(義務)를 완수(完遂)하기 위하여 최선(最善)으로 위기(危機)를 극복(克復)하고 바른길을 걸었다."

태산(太山)처럼 닥쳐올 위난(危難)을 이국(異國)의 바다를 다시는 범(犯)하지 못하도록 응징(膺懲)하는 그대는 해왕(海王)이었고 하늘이었습니다.

후손으로서 참된 가치를 구현하고자 열성을 다할 것을 다짐하며 아쉽게 글을 접습니다. 감사합니다.

남영식 삼가 드림